CONTEÚDO DIGITAL PARA ALUNOS

Cadastre-se e transforme seus estudos em uma experiência única de aprendizado:

1 Escaneie o QR Code para acessar a página de cadastro.

2 Complete-a com seus dados pessoais e as informações de sua escola.

3 Adicione ao cadastro o código do aluno, que garante a exclusividade de acesso.

2052193A1101370

Agora, acesse:
www.editoradobrasil.com.br/leb
e aprenda de forma inovadora
e diferente! :D

Lembre-se de que esse código, pessoal e intransferível, é válido por um ano. Guarde-o com cuidado, pois é a única maneira de você utilizar os conteúdos da plataforma.

Adilson Longen

- Licenciado em Matemática pela Universidade Federal do Paraná (UFPR)
- Mestre em Educação com linha de pesquisa em Educação Matemática pela UFPR
- Doutor em Educação com linha de pesquisa em Educação Matemática pela UFPR
- Professor do Ensino Fundamental e do Ensino Médio

2.º ANO

Ensino Fundamental
Anos Iniciais

MATEMÁTICA

Palavra de origem africana que significa "contador de histórias, aquele que guarda e transmite a memória do seu povo".

São Paulo, 2019
4ª edição

Dados Internacionais de Catalogação na Publicação (CIP)
(Câmara Brasileira do Livro, SP, Brasil)

Longen, Adilson
　　Akpalô matemática, 2º ano / Adilson Longen. – 4. ed. – São Paulo: Editora do Brasil, 2019. – (Coleção akpalô)

　　ISBN 978-85-10-07452-0 (aluno)
　　ISBN 978-85-10-07453-7 (professor)

　　1. Matemática (Ensino fundamental) I. Título. II. Série.

19-26373　　　　　　　　　　　　　　　CDD-372.7

Índices para catálogo sistemático:
1. Matemática : Ensino fundamental 372.7

Maria Alice Ferreira – Bibliotecária – CRB-8/7964

4ª edição / 1ª impressão, 2019
Impresso na AR Fernandez Gráfica

Rua Conselheiro Nébias, 887
São Paulo, SP – CEP 01203-001
Fone: +55 11 3226-0211
www.editoradobrasil.com.br

© Editora do Brasil S.A., 2019
Todos os direitos reservados

Direção-geral: Vicente Tortamano Avanso

Direção editorial: Felipe Ramos Poletti
Gerência editorial: Erika Caldin
Supervisão de arte e editoração: Cida Alves
Supervisão de revisão: Dora Helena Feres
Supervisão de iconografia: Léo Burgos
Supervisão de digital: Ethel Shuña Queiroz
Supervisão de controle de processos editoriais: Roseli Said
Supervisão de direitos autorais: Marilisa Bertolone Mendes

Supervisão editorial: Rodrigo Pessota
Coordenação pedagógica: Josiane Sanson
Consultoria técnica: Eduardo Wagner
Edição: Andriele de Carvalho Landim
Assistência editorial: Cristina Perfetti e Viviane Ribeiro
Copidesque: Gisélia Costa, Ricardo Liberal e Sylmara Beletti
Revisão: Alexandra Resende, Elis Beletti e Marina Moura
Pesquisa iconográfica: Elena Molinari e Jaqueline Lima
Assistência de arte: Letícia Santos
Design gráfico: Estúdio Sintonia e Patrícia Lino
Capa: Megalo Design
Imagens de capa: Africa Studio/Shutterstock.com, LattaPictures/iStockphoto.com e Liderina/iStockphoto.com
Ilustrações: Bianca Pinheiro, Brambilla, Carlos Jorge, Cibele Santos, Claudinei Fernandes, DAE (Departamento de Arte e Editoração), Danilo Dourado, Eduardo Westin/Estúdio Epox, Estúdio Udes, Ilustra Cartoon, Izidro Santos, Jótah, Luana Costa, Marcelo Azalim, Milton Rodrigues, Rafael Gonzales e Weberson Santiago (aberturas de unidade)
Produção cartográfica: DAE (Departamento de Arte e Editoração)
Coordenação de editoração eletrônica: Abdonildo José de Lima Santos
Editoração eletrônica: Adriana Tami, Armando F. Tomiyoshi, Gilvan Alves da Silva, José Anderson Campos e William Takamoto
Licenciamentos de textos: Cinthya Utiyama, Jennifer Xavier, Paula Harue Tozaki e Renata Garbellini
Controle de processos editoriais: Bruna Alves, Carlos Nunes, Rafael Machado e Stephanie Paparella

O poema *O relógio* de Vinícius de Moraes foi autorizado pela VM EMPREENDIMENTOS ARTÍSTICOS E CULTURAIS LTDA, além de © VM Cultural e © CIA. DAS LETRAS (EDITORA SCHWARCZ)

PREZADO ALUNO,

APRESENTO A VOCÊ UM CAMINHO DIFERENTE PARA APRENDER MATEMÁTICA.

ESTE LIVRO É UM DOS INSTRUMENTOS QUE O AJUDARÃO DURANTE ESTE ANO A TRILHAR ESSE CAMINHO.

VOCÊ ENCONTRARÁ AQUI DIVERSAS ATIVIDADES, MOMENTOS DIFERENTES E INTERESSANTES, CURIOSIDADES E ATÉ AQUELES DESAFIOS QUE LHE PERMITIRÃO DESENVOLVER-SE COM AUTONOMIA.

ESPERAMOS QUE VIVENCIE ATIVAMENTE CADA UMA DESSAS PÁGINAS E, NO FINAL DO ANO, POSSA CONCLUIR QUE NÃO SÓ APRENDEU COMO TAMBÉM FEZ MATEMÁTICA.

BOA JORNADA!

O AUTOR

SUMÁRIO

UNIDADE 1
NÚMEROS 6

- UM DIA NA PRAIA 8
- ELEFANTES INCOMODAM? 9
  NÚMEROS DE 1 A 10
- A SELEÇÃO FEMININA DE FUTEBOL 12
  NÚMEROS ATÉ 19
- AS ESTRELAS NA BANDEIRA DO BRASIL 18
  DEZENAS: NÚMEROS ATÉ 100
- FOLCLORE BRASILEIRO 24
  SEQUÊNCIAS NUMÉRICAS E COMPARAÇÃO
- QUEM CHEGOU PRIMEIRO? 30
  NÚMEROS ORDINAIS
  - ➤ COMO EU VEJO:
    O ATENDIMENTO PREFERENCIAL 36
  - ➤ COMO EU TRANSFORMO 38
- ➤ REVENDO O QUE APRENDI 40

UNIDADE 2
ADIÇÃO E SUBTRAÇÃO 46

- UM DIA NA FEIRA 48
- O PASSEIO DA TURMA 49
  ADIÇÃO: PROCEDIMENTOS
- BRINCANDO COM BLOCOS OU DE RODA? 55
  SUBTRAÇÃO: PROCEDIMENTOS
- GUARDANDO PARA COMPRAR 61
  RESOLUÇÃO DE PROBLEMAS
  - ➤ MATEMÁTICA EM AÇÃO 66
- ➤ REVENDO O QUE APRENDI 68

UNIDADE 3
GEOMETRIA PLANA 72

- OLHANDO DE CIMA 74
- MOSAICOS COM PEDAÇOS DE PAPEL 75
  QUADRADO E RETÂNGULO
- ENCONTRE O QUE ESTÁ DESENHADO! 79
  CÍRCULO E TRIÂNGULO
- CAMINHO PARA O POSTO 85
  NOÇÕES DE VISTAS DE OBJETOS E FORMAS
- ENTRANDO NA SALA DE AULA 88
  LOCALIZAÇÃO E TRAJETOS
  - ➤ MATEMÁTICA EM AÇÃO 92
- ➤ REVENDO O QUE APRENDI 94

UNIDADE 4
SISTEMA DE NUMERAÇÃO DECIMAL 98

- A BRINCADEIRA DO BINGO 100
- O BOLO DE ANIVERSÁRIO 101
  UNIDADES, DEZENAS E CENTENAS
- O QUE É ALGARISMO? 108
  ALGARISMOS E DECOMPOSIÇÃO DE UM NÚMERO
- AJUDANDO QUEM PRECISA 113
  ADIÇÃO: NÚMEROS COM DOIS ALGARISMOS
- LUGARES OCUPADOS 119
  SUBTRAÇÃO: NÚMEROS COM DOIS ALGARISMOS
- QUANTO DINHEIRO! 123
  AS CENTENAS E O NÚMERO 1 000
- EMBALAGENS DE CLIPES 127
  COMPOSIÇÃO E DECOMPOSIÇÃO DE NÚMEROS
  - ➤ MATEMÁTICA EM AÇÃO 132
- ➤ REVENDO O QUE APRENDI 134

UNIDADE 5
GEOMETRIA ESPACIAL 138

- VAMOS COLORIR O QUARTO DE LARISSA? 140
- HOJE É DIA DE BRINCAR COM SUCATA 141
  FIGURAS GEOMÉTRICAS ESPACIAIS
  - ▸ #DIGITAL 143
- QUAIS SÃO OS NOMES? 144
  CUBO, BLOCO RETANGULAR E PIRÂMIDE
- OS GRANDES SILOS 147
  ESFERA, CILINDRO E CONE
  - ▸ COMO EU VEJO: A RECICLAGEM 152
  - ▸ COMO EU TRANSFORMO 154
- ▸ REVENDO O QUE APRENDI 155

UNIDADE 6
MULTIPLICAÇÃO E DIVISÃO 158

- RECEITA DE BOLO 160
- NÚMERO DE VEZES! 161
  MULTIPLICAR E DIVIDIR
  - ▸ #DIGITAL 168
- ROSAS E MAIS ROSAS 169
  MULTIPLICAÇÃO POR 2, 3, 4 E 5
- FORMANDO GRUPOS 175
  IDEIAS DA DIVISÃO
- A DONA ARANHA 182
  DIVISÃO: A METADE, A TERÇA PARTE, A QUARTA PARTE
- ▸ REVENDO O QUE APRENDI 188
- ▸ PARA IR MAIS LONGE 191

UNIDADE 7
NOÇÕES DE ESTATÍSTICA E PROBABILIDADE 192

- SUCOS E SANDUÍCHES 194
- QUAL É SUA OPINIÃO? 195
  ANALISANDO TABELAS E GRÁFICOS
- SOL, CHUVA OU NUBLADO? 199
  CONSTRUINDO TABELAS E GRÁFICOS
- JOGANDO DADOS 203
  NOÇÕES DE PROBABILIDADE
  - ▸ MATEMÁTICA EM AÇÃO 210
- ▸ REVENDO O QUE APRENDI 212

UNIDADE 8
GRANDEZAS E MEDIDAS 216

- A DISTÂNCIA ATÉ O POSTE 218
- O RELÓGIO 219
  MEDIDA DE TEMPO
- O TAMANHO DO NOSSO DINHEIRO 227
  MEDIDA DE COMPRIMENTO
- ANDANDO NA ESCOLA 233
  O METRO E O MILÍMETRO
- A BALANÇA 237
  MEDIDA DE MASSA
- QUANTOS LITROS? 242
  MEDIDA DE CAPACIDADE
- ▸ REVENDO O QUE APRENDI 248
- ▸ PARA IR MAIS LONGE 251
- **+ ATIVIDADES** 252
- **REFERÊNCIAS** 276
- **ENCARTES** 277

UNIDADE 1
NÚMEROS

OS ALUNOS ESTÃO TENTANDO RESOLVER UM QUADRADO MÁGICO NO QUAL A SOMA EM CADA LINHA, EM CADA COLUNA E EM CADA UMA DAS DUAS DIAGONAIS DEVE SER 15.

▶ ENTÃO, COMO VOCÊ COMPLETARIA O QUADRADO MÁGICO?

UM DIA NA PRAIA

OBSERVE A CENA E, SEM CONTAR, ESCREVA NA COLUNA **ESTIMATIVA** QUANTO DE CADA ELEMENTO VOCÊ ACHA QUE A CENA CONTÉM.

	ESTIMATIVA	CONTAGEM
CRIANÇAS		
ADULTOS		
BALDINHOS		
PAZINHAS		
CADEIRAS		

AGORA, CONTE CADA UM DOS ELEMENTOS NA CENA E PREENCHA A COLUNA **CONTAGEM**. DEPOIS, RESPONDA ORALMENTE ÀS SEGUINTES QUESTÕES:

- VOCÊ ACERTOU AO ESTIMAR AS QUANTIDADES?
- QUAL É O ELEMENTO COM A MAIOR QUANTIDADE?
- QUAL É O ELEMENTO COM A MENOR QUANTIDADE?

ELEFANTES INCOMODAM?
NÚMEROS DE 1 A 10

LEIA COM A TURMA A CANTIGA DO ELEFANTE.

1 ELEFANTE INCOMODA MUITA GENTE,
2 ELEFANTES INCOMODAM, INCOMODAM MUITO MAIS.
3 ELEFANTES INCOMODAM MUITA GENTE,
4 ELEFANTES INCOMODAM, INCOMODAM, INCOMODAM, INCOMODAM MUITO MAIS.
5 ELEFANTES INCOMODAM MUITA GENTE,
6 ELEFANTES INCOMODAM, INCOMODAM, INCOMODAM, INCOMODAM, INCOMODAM, INCOMODAM MUITO MAIS.
[...]

VOCÊ SABE O QUE É UMA MANADA DE ELEFANTES?

MANADA DE ELEFANTES É O COLETIVO DE ELEFANTES, ISTO É, MAIS DE UM.

▶ ELEFANTES ASIÁTICOS NO SRI LANKA.

OBSERVE A MANADA DE ELEFANTES NA FOTOGRAFIA. QUANTOS ELEFANTES VOCÊ ACHA QUE HÁ NELA? MARQUE UM **X**.

☐ MAIS DE 10. ☐ MENOS DE 10.

1 LIGUE AS IMAGENS AOS NÚMEROS CONFORME A QUANTIDADE DE ELEFANTES DE CADA MANADA.

PAUL HAMPTON/DREAMSTIME.COM
E ISSELEE/ DREAMSTIME.COM

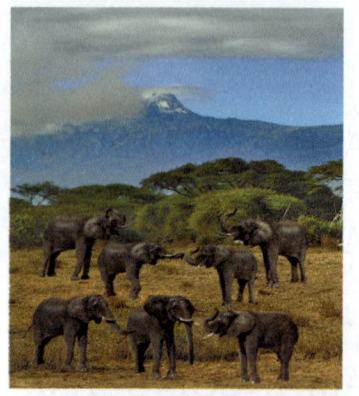

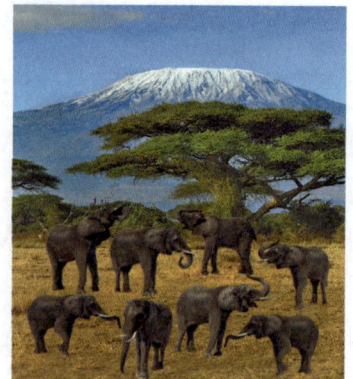

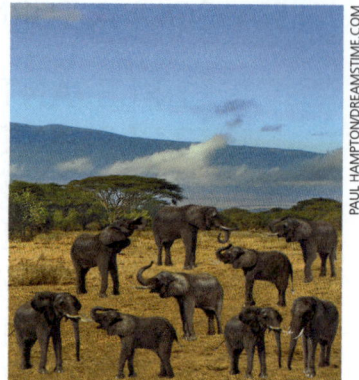

▸ ELEFANTES NA SAVANA AFRICANA.

9 (NOVE)	7 (SETE)	8 (OITO)

2 OBSERVE AGORA OS ANIMAIS DA FAZENDA DO SEU JOSÉ. COMPLETE COM A QUANTIDADE E O NOME DOS NÚMEROS.

OS ELEMENTOS NÃO ESTÃO REPRESENTADOS EM PROPORÇÃO.

5

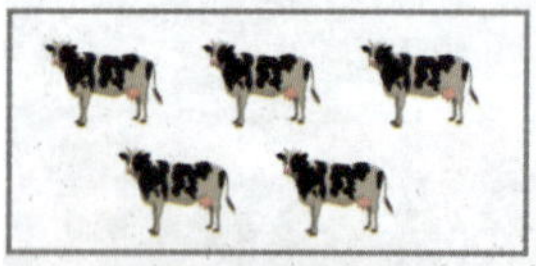

CINCO

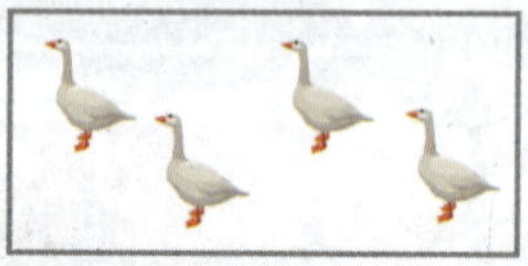

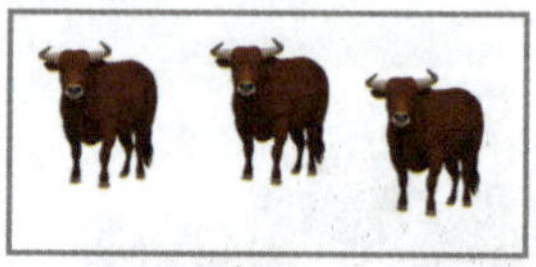

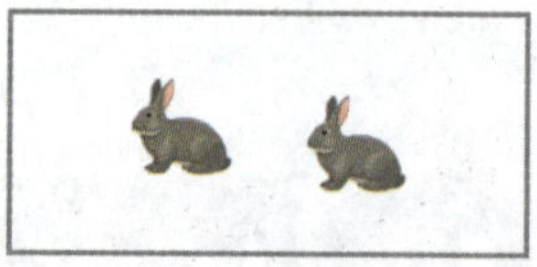

ILUSTRAÇÕES: SPREADTHESIGN/
SHUTTERSTOCK.COM

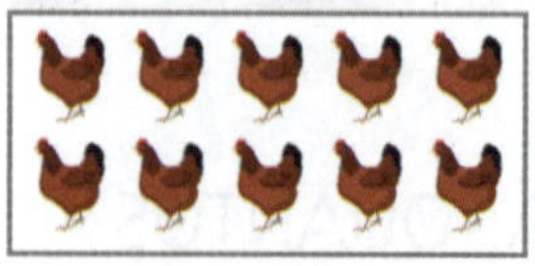

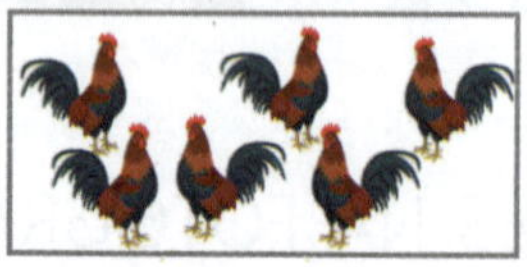

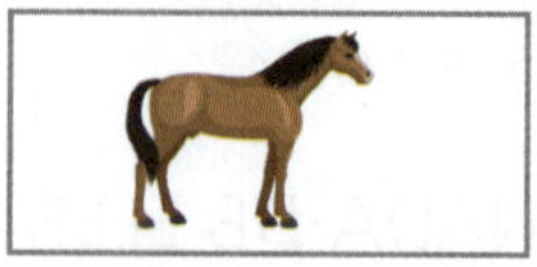

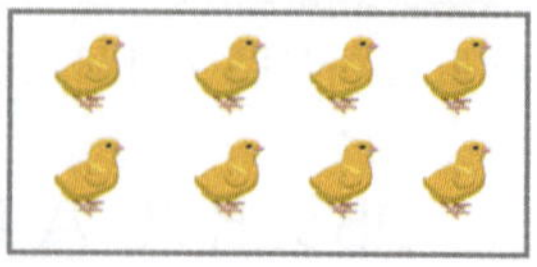

3 VAMOS COLORIR OS PINTINHOS? ESCOLHA A COR E PINTE-OS.

AGORA, RESPONDA:

A) QUAL É O TOTAL DE PINTINHOS NA FIGURA? _____

B) QUANTOS DELES ESTÃO À **FRENTE** DA GALINHA? _____

C) E QUANTOS ESTÃO **ATRÁS** DA GALINHA? _____

4 OBSERVE A TURMA EM FILA ANTES DE ENTRAR NA SALA DE AULA E LEIA A CANTIGA:

MARCHA, SOLDADO,
CABEÇA DE PAPEL
SE NÃO MARCHAR DIREITO
VAI PRESO NO QUARTEL

CANTIGA.

AGORA, RESPONDA:

A) QUANTAS CRIANÇAS ESTÃO NA FILA? _____

B) QUANTAS SÃO AS DE CAMISETA VERMELHA? _____

C) QUANTAS ESTÃO ENTRE AS DE CAMISETA VERMELHA? _____

A SELEÇÃO FEMININA DE FUTEBOL
NÚMEROS ATÉ 19

ESTA É A SELEÇÃO FEMININA DE FUTEBOL DO BRASIL QUE PARTICIPOU DOS **JOGOS OLÍMPICOS** EM 2016 NO RIO DE JANEIRO:

- VOCÊ SABE EM QUAL POSIÇÃO JOGA A ATLETA COM UNIFORME DE COR DIFERENTE? RESPONDA ORALMENTE.

- QUANTAS JOGADORAS ESTÃO DE CAMISA AMARELA? _____

- QUAL É O NÚMERO TOTAL DE JOGADORAS? _____

ALÉM DOS TITULARES, UM TIME DE FUTEBOL É FORMADO TAMBÉM PELOS RESERVAS. VAMOS CONTAR QUANTOS JOGADORES HÁ EM CADA TIME?

DEPOIS DO NÚMERO 10, VAMOS ADICIONANDO DE 1 EM 1, OU SEJA, DE UNIDADE EM UNIDADE, PARA OBTERMOS OS PRÓXIMOS NÚMEROS.

OBSERVE O MATERIAL DOURADO E COMPLETE:

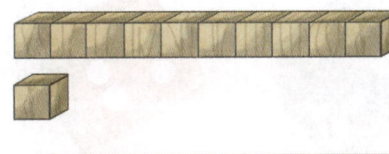

10 + _____ = _____ (LEMOS: **ONZE**)

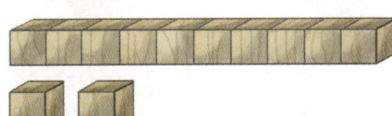

10 + _____ = _____ (LEMOS: **DOZE**)

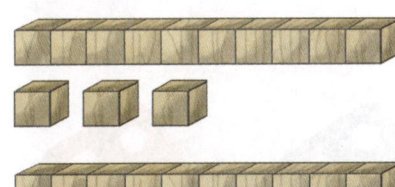

10 + _____ = _____ (LEMOS: **TREZE**)

10 + _____ = _____ (LEMOS: **CATORZE**)

1 OBSERVE A QUANTIA QUE CADA UM DOS IRMÃOS TEM E COMPLETE AS FRASES:

AS CÉDULAS E MOEDAS NÃO ESTÃO REPRESENTADAS EM PROPORÇÃO.

A) MARCOS

10 REAIS MAIS _____ REAIS É IGUAL A _____ REAIS

B) GABRIELA

10 REAIS MAIS _____ REAIS É IGUAL A _____ REAIS

2 AS CRIANÇAS ESTÃO JOGANDO DADOS. CADA UMA NA SUA VEZ JOGA 2 DADOS E SOMA OS PONTOS. OBSERVE E COMPLETE AS OPERAÇÕES.

A) PAULA:

_____ + _____ = _____

C) JOAQUIM:

_____ + _____ = _____

B) TEREZA:

_____ + _____ = _____

D) RODOLFO:

_____ + _____ = _____

3 AO JOGAR OS DADOS, PEDRO DISSE QUE CONSEGUIU 6 PONTOS NO TOTAL. QUANTOS PONTOS VOCÊ ACHA QUE ELE CONSEGUIU EM CADA DADO? PINTE OS DADOS PARA RESPONDER.

4 LIGUE AS ADIÇÕES CORRESPONDENTES AOS DEDOS LEVANTADOS.

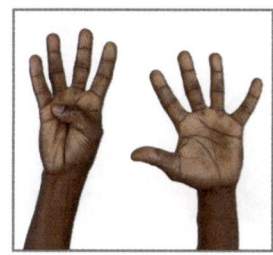 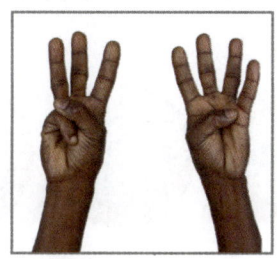 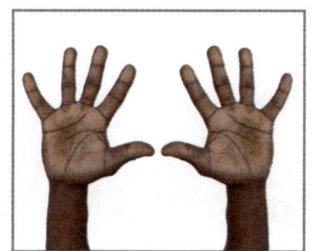 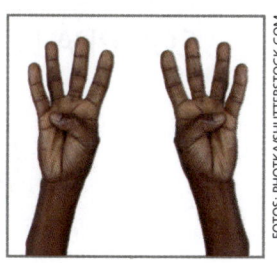

4 + 4 = 8   4 + 5 = 9   3 + 4 = 7   5 + 5 = 10

5 OBSERVE AS PEÇAS DE DOMINÓ. VOCÊ DEVERÁ COLORIR CONFORME O CÓDIGO DE CORES.

🟨 SOMA DOS PONTOS **IGUAL** A 7

🟦 SOMA DOS PONTOS **MENOR QUE** 7

🟩 SOMA DOS PONTOS **MAIOR QUE** 7

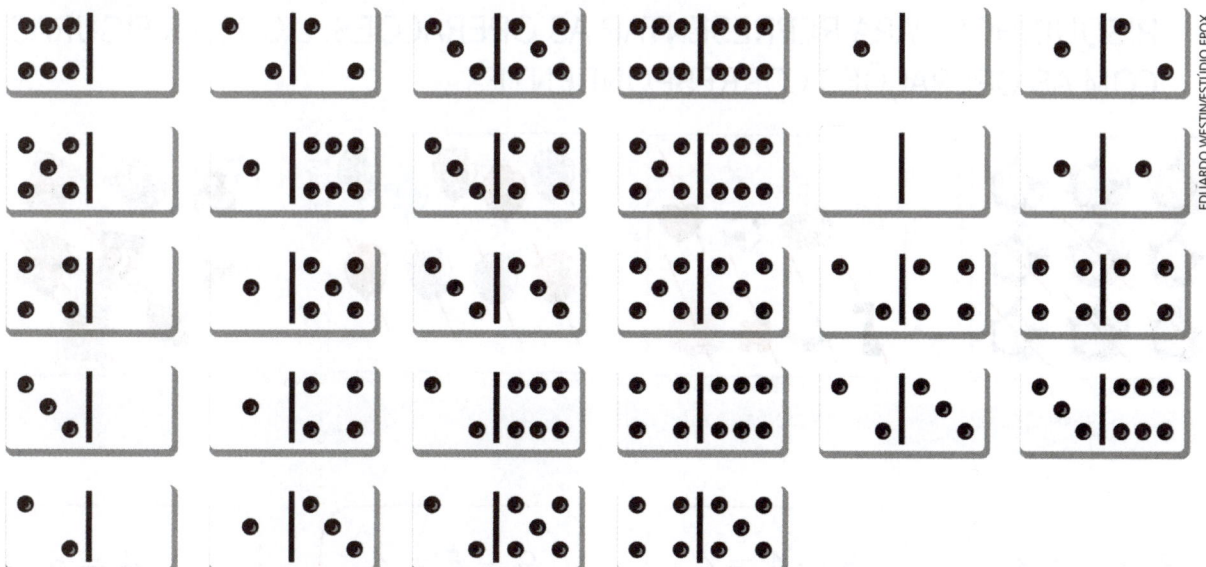

6 PARA COMPRAR UM SUCO E UM SANDUÍCHE, MARCOS PRECISA DE 9 REAIS. ELE JÁ TEM 5 REAIS. DESENHE A QUANTIA QUE FALTA PARA COMPRÁ-LOS.

◆ AGORA COMPLETE A SUBTRAÇÃO:

$$9 - 5 = \underline{\qquad}$$

7 QUANDO SUBTRAÍMOS QUANTIDADES, PODEMOS UTILIZAR RISQUINHOS PARA REPRESENTAR AS OPERAÇÕES. LIGUE AS FIGURAS COM AS OPERAÇÕES CORRESPONDENTES.

$8 - 5 = 3$ $8 - 4 = 4$ $9 - 5 = 4$ $9 - 4 = 5$

8 DEPOIS DA GINCANA, A PROFESSORA FEZ UM GRÁFICO COM OS PONTOS DE CADA UMA DAS EQUIPES. OBSERVE.

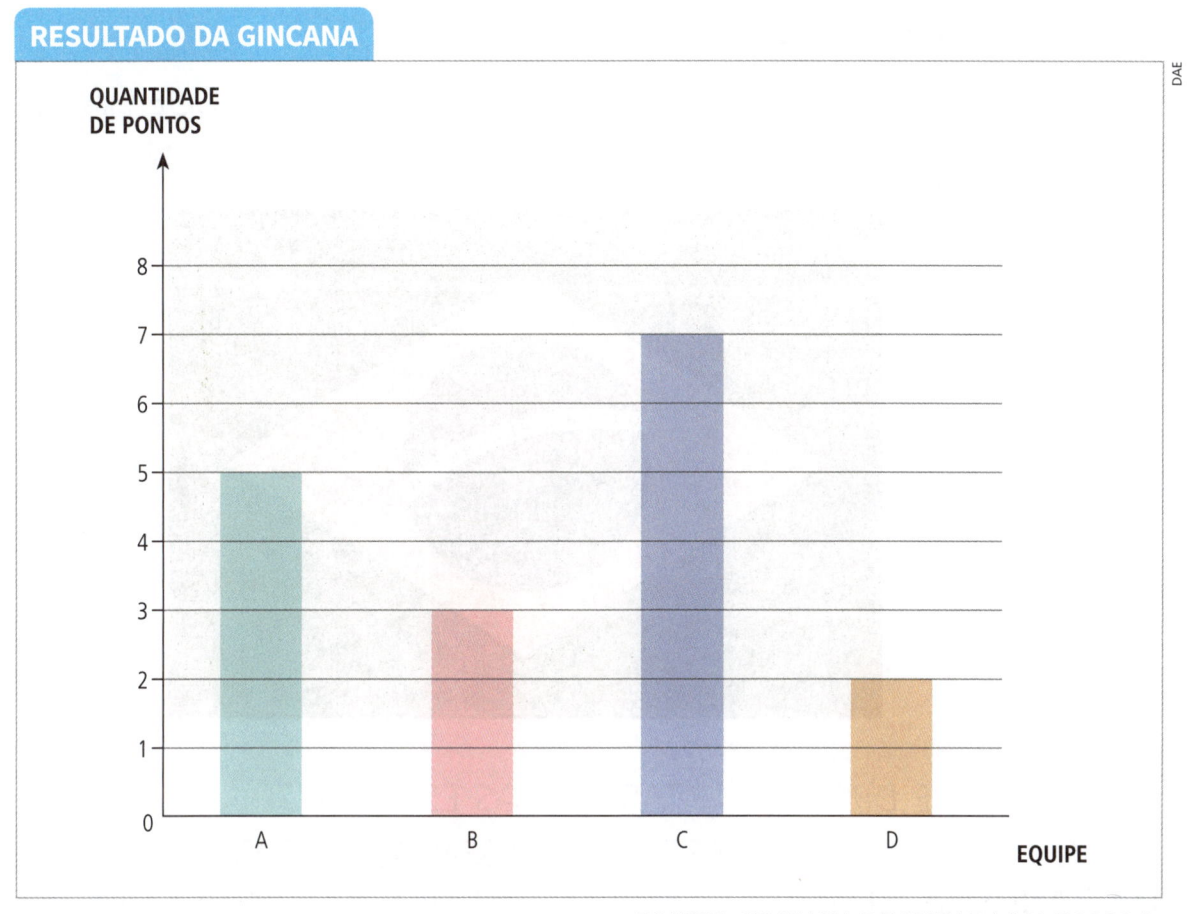

FONTE: GINCANA REALIZADA NA ESCOLA.

A) QUAL É O NOME DO GRÁFICO?

_____

B) QUAL FOI A EQUIPE VENCEDORA?

_____

C) QUANTOS PONTOS A MAIS TEVE A EQUIPE VENCEDORA DO QUE AQUELA QUE FICOU EM SEGUNDO LUGAR?

_____

D) QUAL É A DIFERENÇA DE PONTOS ENTRE AS EQUIPES **C** E **B**?

_____

AS ESTRELAS NA BANDEIRA DO BRASIL

DEZENAS: NÚMEROS ATÉ 100

VOCÊ JÁ OBSERVOU A QUANTIDADE DE ESTRELAS QUE HÁ NA **BANDEIRA DO BRASIL**?

VOCÊ SABE DIZER QUANTAS SÃO AS ESTRELAS?

NO QUADRO ABAIXO ESTÃO REPRESENTADAS TODAS AS ESTRELAS DA BANDEIRA. SEPARE AS ESTRELAS EM DEZENAS PARA CONTAR.

COMPLETE:

- SÃO _____ DEZENAS DE ESTRELAS MAIS _____ UNIDADES DE ESTRELAS.

- SÃO _____ ESTRELAS AO TODO NA BANDEIRA BRASILEIRA.

1 **DEZENA** CORRESPONDE A **10 UNIDADES**: **10** (DEZ)
2 **DEZENAS** CORRESPONDEM A **20 UNIDADES**: **20** (VINTE)
3 **DEZENAS** CORRESPONDEM A **30 UNIDADES**: **30** (TRINTA)
4 **DEZENAS** CORRESPONDEM A **40 UNIDADES**: **40** (QUARENTA)
5 **DEZENAS** CORRESPONDEM A **50 UNIDADES**: **50** (CINQUENTA)
6 **DEZENAS** CORRESPONDEM A **60 UNIDADES**: **60** (SESSENTA)
7 **DEZENAS** CORRESPONDEM A **70 UNIDADES**: **70** (SETENTA)
8 **DEZENAS** CORRESPONDEM A **80 UNIDADES**: **80** (OITENTA)
9 **DEZENAS** CORRESPONDEM A **90 UNIDADES**: **90** (NOVENTA)

1 OBSERVE AS TARTARUGAS FILHOTES INDO PARA O MAR.

AGRUPE AS TARTARUGAS DE 10 EM 10 PARA CONTAR QUANTAS HÁ E COMPLETE AS FRASES.

A) SÃO _____ DEZENAS DE TARTARUGAS MAIS _____ UNIDADES DE TARTARUGAS.

B) TOTAL DE TARTARUGAS: _____ + _____ = _____.

DEZENOVE **19**

2 OBSERVE AS PESSOAS QUE PARTICIPARÃO DE UMA CORRIDA NO PARQUE.

A) EM SUA OPINIÃO, SEM CONTAR, QUANTAS PESSOAS APARECEM NA ILUSTRAÇÃO ACIMA?

☐ MENOS DE 10. ☐ MAIS DE 10.

B) AGORA EXPLIQUE PARA OS COLEGAS COMO VOCÊ FARIA PARA CONTAR ESSAS PESSOAS E CONFIRME SUA ESTIMATIVA.

C) SE EM 1 DEZENA HÁ 10 UNIDADES, QUANTAS DEZENAS DE PESSOAS APARECEM NA ILUSTRAÇÃO?

☐ MENOS DE 2 DEZENAS. ☐ MAIS DE 2 DEZENAS.

3 DESENHE AS PEÇAS DO MATERIAL DOURADO NECESSÁRIAS PARA FORMAR AS QUANTIDADES INDICADAS.

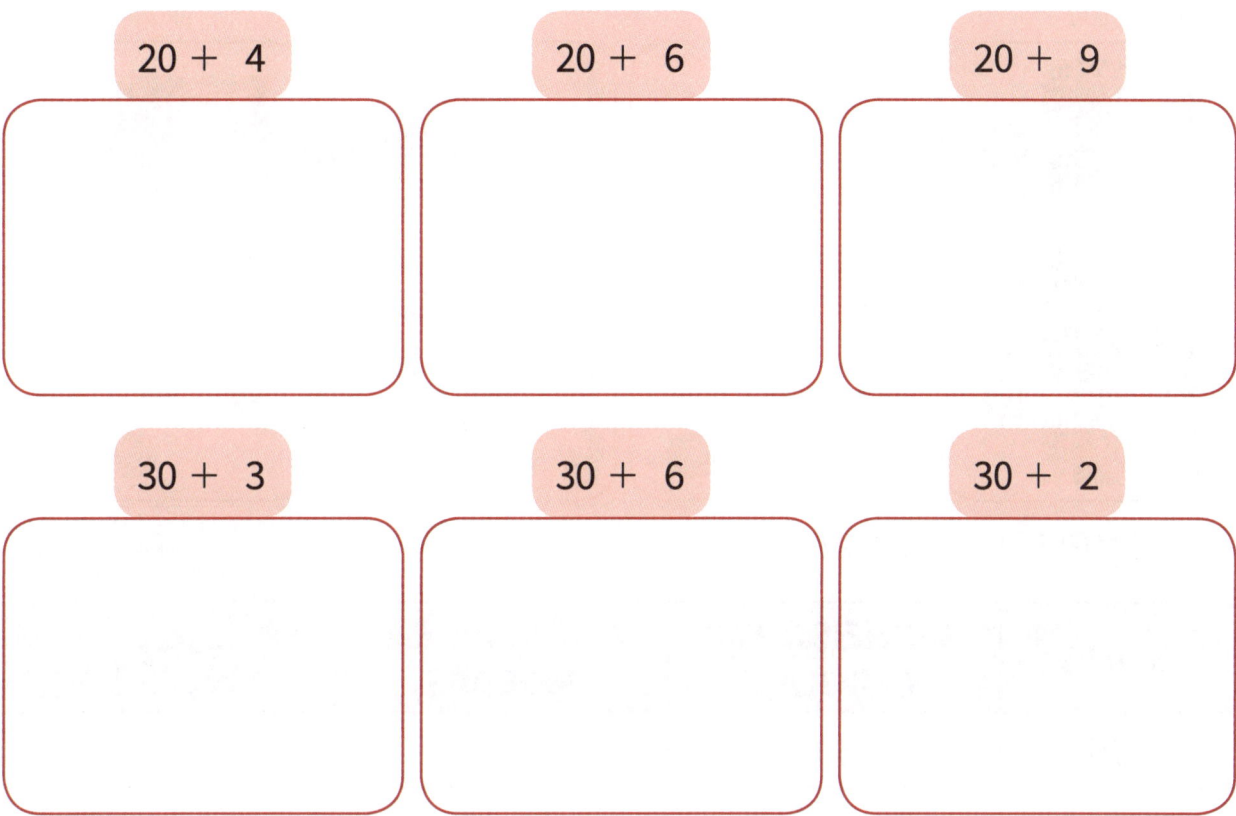

4 SIGA A ORIENTAÇÃO DO PROFESSOR E PREENCHA O CALENDÁRIO DO MÊS ATUAL.

A) QUAIS DIAS DO MÊS CAEM NO **DOMINGO**? PINTE-OS DE VERMELHO NO CALENDÁRIO.

B) QUAL É O TOTAL DE DIAS DESSE MÊS?

_____

5 OBSERVE A QUANTIA EM REAIS QUE CADA UM DOS QUATRO AMIGOS GUARDOU PARA IR A UM PASSEIO DA ESCOLA:

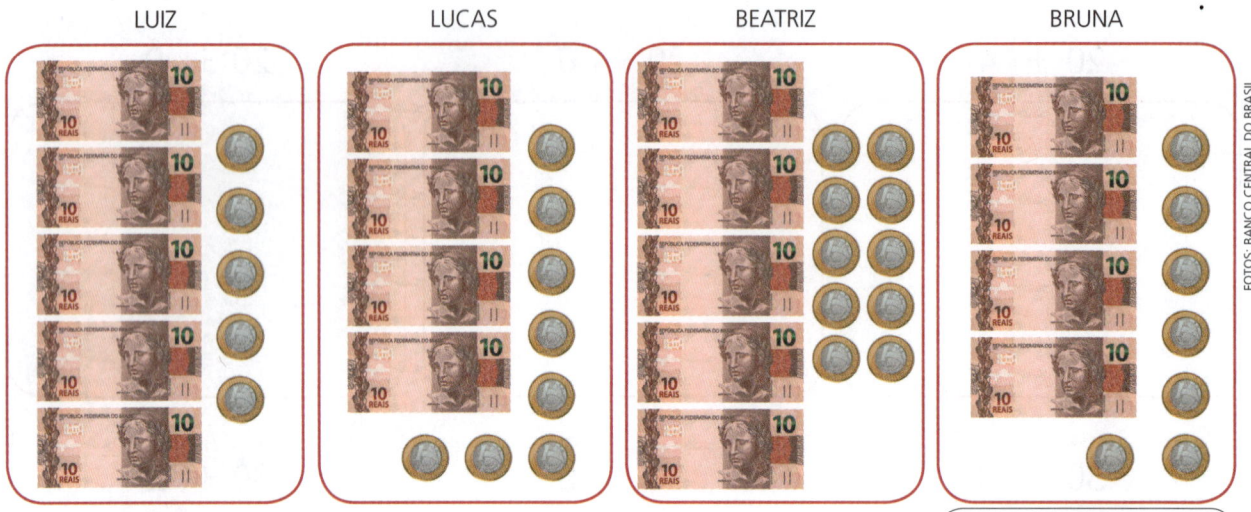

AS CÉDULAS E MOEDAS NÃO ESTÃO REPRESENTADAS EM PROPORÇÃO.

COMPLETE O QUADRO:

NOME	DINHEIRO EM CÉDULAS	DINHEIRO EM MOEDAS	TOTAL
LUIZ	50		
LUCAS			48
			60
BRUNA			

A) QUAL DOS AMIGOS GUARDOU MAIS DINHEIRO? _____

B) E QUAL GUARDOU MENOS? _____

C) ESCREVA POR EXTENSO A QUANTIA QUE CADA UM DOS QUATRO AMIGOS JUNTOU.

LUIZ: _____

LUCAS: _____

BEATRIZ: _____

BRUNA: _____

6 OBSERVE A PONTUAÇÃO DOS ALUNOS DA TURMA DE CARLOS EM UMA GINCANA REALIZADA NA ESCOLA.

ANDRÉ – 56
LUIZ – 36
ANITA – 88
PEDRO – 94
BRUNA – 67
SÔNIA – 100
JOSÉ – 98
SUELI – 44

NOME	PONTOS

AGORA PREENCHA O QUADRO DA MAIOR PONTUAÇÃO PARA A MENOR.

7 COMPLETE OS ESPAÇOS COM O NÚMERO QUE VEM IMEDIATAMENTE ANTES E O QUE VEM IMEDIATAMENTE DEPOIS DO NÚMERO APRESENTADO. VEJA O EXEMPLO.

| 59 | 60 | 61 |

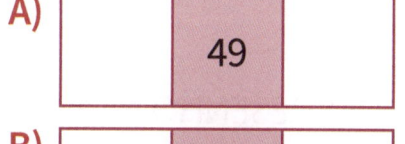
A) 49

D) 76

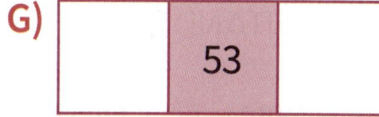
G) 53

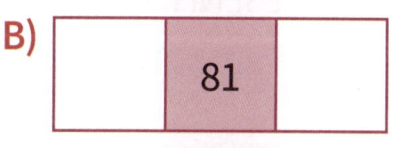
B) 81

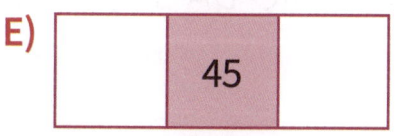
E) 45

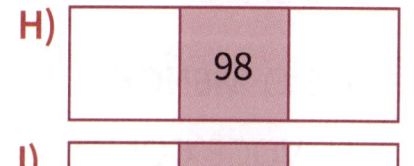
H) 98

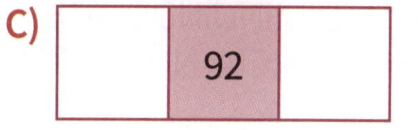
C) 92

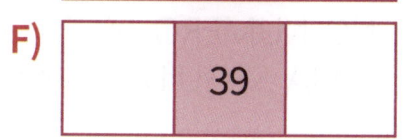
F) 39

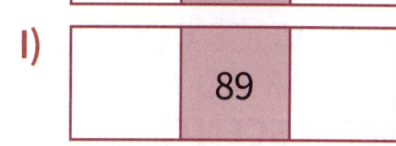
I) 89

FOLCLORE BRASILEIRO
SEQUÊNCIAS NUMÉRICAS E COMPARAÇÃO

VOCÊ SABE O QUE É **FOLCLORE**?

JÁ OUVIU FALAR DE ALGUM PERSONAGEM DO FOLCLORE BRASILEIRO? CONVERSE COM OS COLEGAS A RESPEITO DISSO.

UM DESSES PERSONAGENS É LEMBRADO POR MEIO DA DANÇA **BUMBA MEU BOI**. ELE É REPRESENTADO POR QUAL ANIMAL?

_____

PARA DESCOBRIR COMO É A FANTASIA DESSE ANIMAL, LIGUE OS PONTOS DE 1 A 59.

AO LIGAR OS PONTOS DE 1 A 59, NESTA ORDEM, VOCÊ SEGUIU UMA SEQUÊNCIA NUMÉRICA **CRESCENTE**, POIS OS NÚMEROS FORAM AUMENTANDO.

- QUAL É O **MAIOR** NÚMERO DA SEQUÊNCIA DO DESENHO? _____

- E O **MENOR**? _____

SE VOCÊ COMEÇASSE NO NÚMERO 59 E FOSSE DIMINUINDO ATÉ CHEGAR AO NÚMERO 1, TERIA SEGUIDO UMA SEQUÊNCIA NUMÉRICA **DECRESCENTE**.

1 EM ALGUMAS BRINCADEIRAS UTILIZAMOS SEQUÊNCIAS NUMÉRICAS. A **AMARELINHA** É UMA DELAS. PREENCHA A AMARELINHA COM OS NÚMEROS QUE FALTAM.

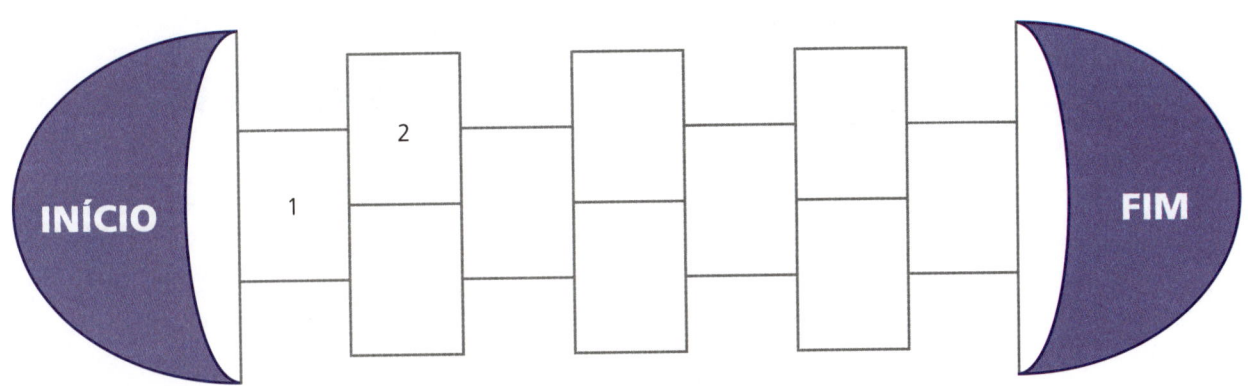

A) VOCÊ ESCREVEU OS NÚMEROS EM ORDEM:

☐ CRESCENTE.   ☐ DECRESCENTE.

B) QUAL NÚMERO VEM LOGO DEPOIS DO 7? _____

C) E QUAL VEM IMEDIATAMENTE ANTES DO 6? _____

2 NA RÉGUA, TAMBÉM PODEMOS OBSERVAR OS NÚMEROS FORMANDO UMA SEQUÊNCIA:

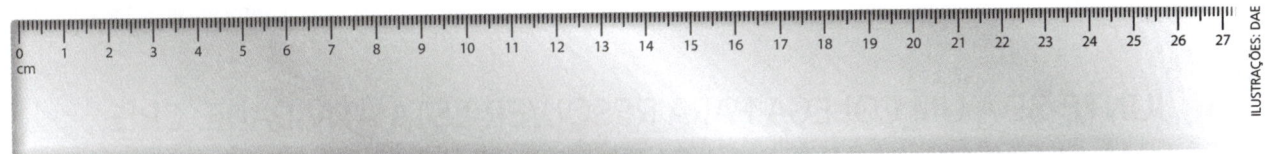

ELA MOSTRA OS NÚMEROS, DA ESQUERDA PARA A DIREITA, EM ORDEM **CRESCENTE**, ISTO É, DO MENOR PARA O MAIOR.

A) EM UMA RÉGUA MAIOR, QUAIS SÃO OS PRÓXIMOS TRÊS NÚMEROS DEPOIS DO 27? _____

B) OLHANDO OS NÚMEROS DA RÉGUA, JÚLIA ESCREVEU A SEGUINTE SEQUÊNCIA. COMPLETE-A:

0, 3, 6, _____, _____, _____, _____, _____, _____, _____, 30.

3 AGORA COMPLETE A SEQUÊNCIA, MAS CUIDADO: ELA É DECRESCENTE.

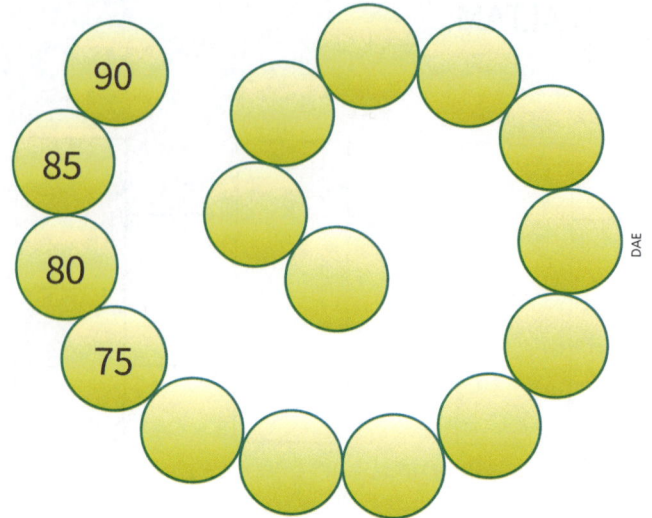

A) COMO ESTA SEQUÊNCIA É FORMADA?

_____

_____

B) QUAL É O MENOR NÚMERO DA SEQUÊNCIA? _____

C) QUAIS NÚMEROS DA SEQUÊNCIA SÃO MENORES QUE 30?

_____

4 JUNTE-SE A UM COLEGA PARA RESOLVER ESTA ATIVIDADE. CRIE UMA SEQUÊNCIA NUMÉRICA PARA QUE SEU COLEGA DESCUBRA O PADRÃO E OS TERMOS QUE FALTAM. COLOQUE A SEQUÊNCIA EM UMA FOLHA SEPARADA PARA SEU COLEGA.

◆ SEQUÊNCIA: _____, _____, _____, _____,

_____, _____, _____, _____, _____, _____,

◆ PADRÃO: _____

_____

5 ASSIM COMO NUMA RÉGUA, PODEMOS REPRESENTAR OS NÚMEROS NUMA **RETA NUMÉRICA** POR PONTINHOS.

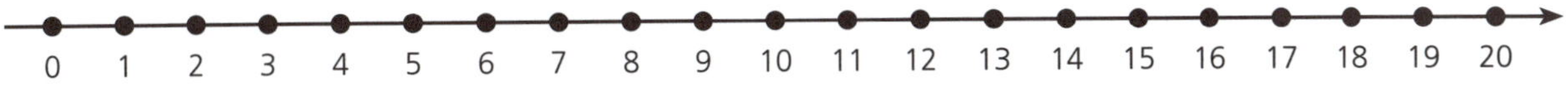

A) OBSERVANDO QUE NA RETA OS NÚMEROS VÃO AUMENTANDO DA ESQUERDA PARA A DIREITA, COMPLETE AS FRASES ESCREVENDO **MAIOR DO QUE** OU **MENOR DO QUE**.

- 12 É _____ 19

- 12 É _____ 7

B) ESCREVA UM NÚMERO MENOR DO QUE 20. _____

C) ESCREVA UM NÚMERO MAIOR DO QUE 10. _____

6 CADA SEQUÊNCIA A SEGUIR TEM UM SEGREDO. DESCUBRA ESSES SEGREDOS E EXPLIQUE-OS.

A) 97 → 86 → 75 → 64 → 53

_____

B) 2 → 14 → 26 → 38 → 50

_____

C) 89 → 76 → 63 → 50 → 37

_____

7 DESCUBRA O SEGREDO DE CADA SEQUÊNCIA E COMPLETE-AS.

A) 0 ➡ 4 ➡ 8 ➡ 12 ➡ ____ ➡ ____ ➡ ____ ➡ ____ ➡ ____

B) 0 ➡ 5 ➡ 10 ➡ 15 ➡ ____ ➡ ____ ➡ ____ ➡ ____ ➡ ____

C) 72 ➡ 66 ➡ 60 ➡ 54 ➡ ____ ➡ ____ ➡ ____ ➡ ____ ➡ ____

D) 84 ➡ 80 ➡ 76 ➡ 72 ➡ ____ ➡ ____ ➡ ____ ➡ ____ ➡ ____

8 NESTA BRINCADEIRA, VOCÊ VAI ENCONTRAR O CAMINHO QUE LIGA O CACHORRINHO À CASA DELE. COMECE NO NÚMERO 1 E, DE 1 EM 1, VÁ ATÉ O 20.

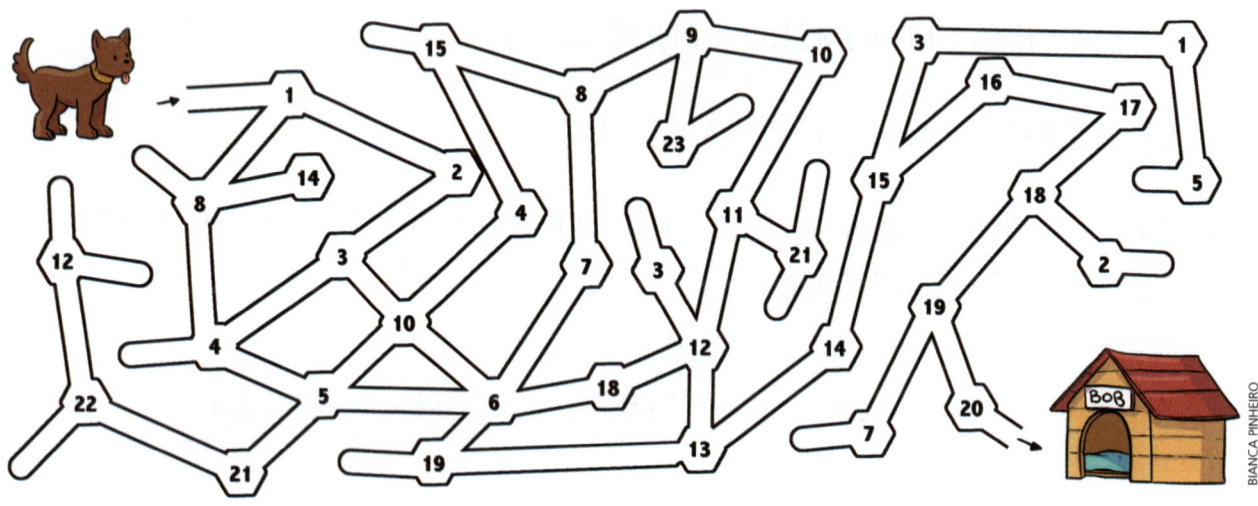

A) AGORA, ESCREVA OS NÚMEROS DO CAMINHO QUE O CACHORRINHO PERCORRE PARA CHEGAR À CASA DELE.

_____

_____

B) ESCREVA ESSA SEQUÊNCIA EM ORDEM DECRESCENTE.

_____

_____

9 OBSERVE ATENTAMENTE A SEQUÊNCIA DE FIGURAS FORMADAS POR PEQUENOS TRIÂNGULOS.

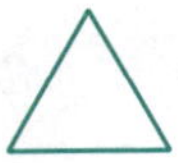

▶ Figura 1.

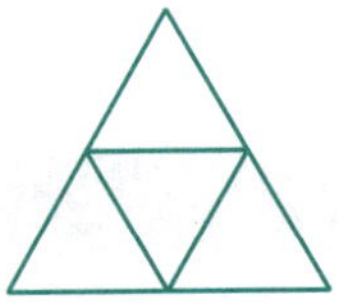

▶ Figura 2.

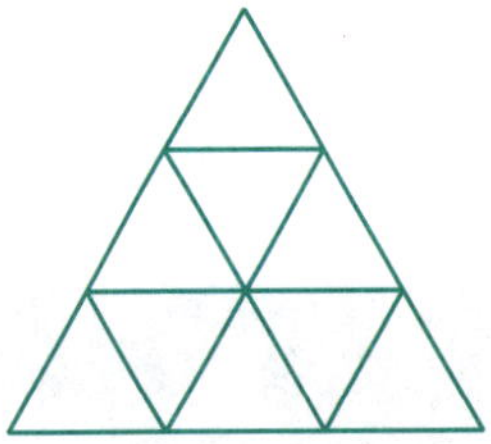

▶ Figura 3.

DESENHE NO QUADRO A SEGUIR A FIGURA 4 DESSA SEQUÊNCIA.

10 CRIE UMA SEQUÊNCIA COM 3 FIGURAS GEOMÉTRICAS E DESENHE NO QUADRO ABAIXO.

QUEM CHEGOU PRIMEIRO?
NÚMEROS ORDINAIS

CINCO AMIGOS PARTICIPARAM DE UMA CORRIDA DE BICICLETA. OBSERVE A CHEGADA.

- QUAL DELES ESTÁ EM ÚLTIMO LUGAR? _____

- QUAL DELES ESTÁ EM **PRIMEIRO** LUGAR? _____

- E EM **SEGUNDO** LUGAR? _____

- E QUAL DELES ESTÁ EM **TERCEIRO** LUGAR? _____

AGORA, OBSERVE O PÓDIO COM OS 3 PRIMEIROS COLOCADOS NA CORRIDA.

AO UTILIZARMOS AS PALAVRAS **PRIMEIRO**, **SEGUNDO** E **TERCEIRO**, ESTAMOS INDICANDO AS POSIÇÕES DE UMA ORDEM ESTABELECIDA. SÃO OS CHAMADOS **NÚMEROS ORDINAIS**.
- PRIMEIRO OU 1º;
- SEGUNDO OU 2º;
- TERCEIRO OU 3º.

VOCÊ SABE QUAIS SÃO OS PRÓXIMOS NÚMEROS ORDINAIS?

1 OBSERVE A IMAGEM ABAIXO E RESPONDA ÀS PERGUNTAS.

A) COMO A DÉCIMA PESSOA DA FILA ESTÁ VESTIDA?

_____

_____

B) SE VOCÊ CHEGASSE AGORA À FILA, QUAL SERIA SUA POSIÇÃO?

_____

C) É POSSÍVEL PAGAR O INGRESSO COM APENAS DUAS CÉDULAS SEM RECEBER TROCO? COMO?

_____

2 VOCÊ SABE O QUE SÃO **JOGOS PARAOLÍMPICOS**?

A) NA PARAOLIMPÍADA DE 2016, REALIZADA NO RIO DE JANEIRO, O BRASIL FICOU EM OITAVO LUGAR NO QUADRO DE MEDALHAS. OBSERVE O QUADRO ABAIXO COM AS 10 PRIMEIRAS POSIÇÕES E COMPLETE-O.

	1º		CHINA
	2º		GRÃ-BRETANHA
	3º		UCRÂNIA
	4º		ESTADOS UNIDOS
(QUINTO)	5º		AUSTRÁLIA
(SEXTO)	6º		ALEMANHA
(SÉTIMO)	7º		PAÍSES BAIXOS
(OITAVO)	8º		BRASIL
(NONO)	9º		ITÁLIA
(DÉCIMO)	10º		POLÔNIA

B) QUE PAÍS FICOU EM 9º LUGAR NO QUADRO DE MEDALHAS?

_____

C) E EM 1º LUGAR? _____

3 LEIA O TEXTO COM OS COLEGAS.

É PROIBIDO:

DAR PIPOCA À FOCA,
CACO AO MACACO,
GARRAFA À GIRAFA,
PÃO AO LEÃO,
DIÁRIO AO DROMEDÁRIO,
TURBANTE AO ELEFANTE,
CANO AO PELICANO,
DARDO AO LEOPARDO,
HERA À PANTERA,
DADO AO VEADO,
BROINHA À DONINHA,
PENTE À SERPENTE.

ELIAS JOSÉ. *BICHO QUE TE QUERO LIVRE*. ILUSTRAÇÕES DE ANA RAQUEL. 2. ED. SÃO PAULO: MODERNA, 2002. P. 8. (COLEÇÃO GIRASSOL).

A) CONSIDERANDO TODOS OS ANIMAIS DO TEXTO, INDIQUE A ORDEM EM QUE OS SEGUINTES ANIMAIS APARECEM NELE.

GIRAFA

DROMEDÁRIO

PELICANO

PANTERA

OS ELEMENTOS NÃO ESTÃO REPRESENTADOS EM PROPORÇÃO.

B) RESPONDA CONFORME O TEXTO:

◆ O QUE É PROIBIDO DAR AO LEÃO? _____

◆ O QUE É PROIBIDO DAR AO LEOPARDO? _____

◆ E À SERPENTE? _____

4 COMPLETE OS ITENS A SEGUIR COM O NOME DO JOGADOR E O NÚMERO DE PONTOS.

A) 1º LUGAR: _____, COM _____ PONTOS.

B) 2º LUGAR: _____, COM _____ PONTOS.

C) 3º LUGAR: _____, COM _____ PONTOS.

D) 4º LUGAR: _____, COM _____ PONTOS.

Pedro	Laura	João	Manuel

5 O NOSSO ALFABETO TEM 26 LETRAS. LIGUE A LETRA COM A RESPECTIVA ORDEM NO ALFABETO.

A   C   M   P   Q   T   U   Z

21ª letra   26ª letra   20ª letra   1ª letra   13ª letra   16ª letra   3ª letra   17ª letra

6 PINTE OS CARRINHOS DE ACORDO COM AS INSTRUÇÕES. INSTRUÇÕES (DE CIMA PARA A BAIXO):

- O 1º CARRINHO DE **AZUL**;
- O 3º CARRINHO DE **LARANJA**;
- O 4º CARRINHO DE **MARROM**;
- O 2º CARRINHO DE **CINZA**.

7 ESCREVA POR EXTENSO.

A) 2º _____

B) 5º _____

C) 8º _____

D) 20º _____

E) 13º _____

F) 15º _____

8 OS ANIMAIS FORMARAM UMA FILA PARA ENTRAR NO CURRAL.

RESPONDA:

A) QUEM É O TERCEIRO DA FILA? _____

B) E O 5º? _____

C) E O PRIMEIRO? _____

D) E O 2º? _____

9 EM SUA TURMA, QUEM É:

A) O 10º DA CHAMADA? _____

B) O 9º DA CHAMADA? _____

C) O ÚLTIMO DA CHAMADA? _____

D) O 1º DA CHAMADA? _____

COMO EU VEJO
O ATENDIMENTO PREFERENCIAL

NO BRASIL HÁ UMA LEI QUE DIZ: AS PESSOAS COM DEFICIÊNCIA, OS IDOSOS COM IDADE IGUAL OU SUPERIOR A 60 (SESSENTA) ANOS, AS GESTANTES, AS LACTANTES, AS PESSOAS COM CRIANÇAS DE COLO E OS OBESOS TERÃO ATENDIMENTO PRIORITÁRIO, NOS TERMOS DA LEI.

DIVERSAS PLACAS SÃO COLOCADAS EM LUGARES PÚBLICOS PARA QUE AS PESSOAS SE LEMBREM E RESPEITEM ESSA LEI. OBSERVE OS SÍMBOLOS AO LADO E COMPLETE-OS COM O QUE CADA UM REPRESENTA.

_____

_____

_____

_____

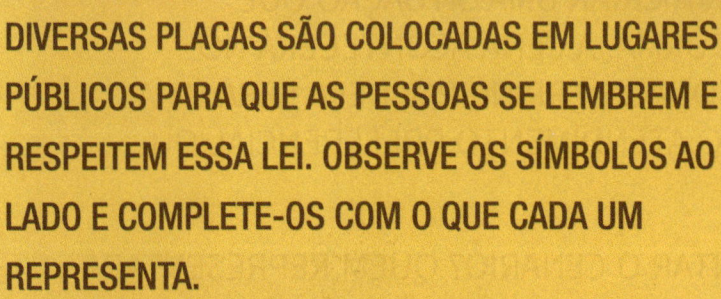

1. VOCÊ CONHECIA A LEI SOBRE O ATENDIMENTO PREFERENCIAL?
2. COMENTE COM OS COLEGAS O QUE VOCÊ ACHA DESSA LEI: ELA ESTÁ CORRETA?
3. NA SUA CIDADE AS PESSOAS RESPEITAM ESSA LEI?

TRINTA E SETE 37

COMO EU TRANSFORMO
AS ATITUDES CIDADÃS

ARTE HISTÓRIA LÍNGUA PORTUGUESA

O QUE VAMOS FAZER?
UMA ENCENAÇÃO SOBRE O ATENDIMENTO PREFERENCIAL.

PARA QUE FAZER?
PARA CONSCIENTIZAR AS PESSOAS DA IMPORTÂNCIA DO ATENDIMENTO PREFERENCIAL.

COM QUEM FAZER?
COM OS COLEGAS E O PROFESSOR.

COMO FAZER?

1. OBSERVE A IMAGEM ABAIXO E TENTE LEMBRAR-SE DOS LOCAIS EM QUE ELA PODE SER ENCONTRADA. EM SEGUIDA, ELABORE UMA LISTA COM O NOME DESSES LOCAIS.

Assento Preferencial Priority Seat
Idosos acima de 60 anos, gestantes, pessoas com deficiência, pessoas com criança de colo.
O uso deste assento será livre somente na ausência de pessoas nessas condições.
Leis Federais 10.048/00 - 10.741/03 e Decreto Federal 5.296/04

LÉO BURGOS

2. ESCOLHA, COM OS COLEGAS, UM DOS LOCAIS DESCRITOS NA LISTA E AJUDE O PROFESSOR A CRIAR UMA SITUAÇÃO QUE SERÁ REPRESENTADA PELA TURMA. A CENA ACONTECERÁ NO LOCAL ESCOLHIDO E O PERSONAGEM PRINCIPAL DELA SERÁ UMA PESSOA QUE TEM DIREITO AO ATENDIMENTO PREFERENCIAL OU AO ASSENTO RESERVADO.

3. O QUE É PRECISO PARA MONTAR O CENÁRIO? QUEM REPRESENTARÁ CADA PERSONAGEM? ORGANIZEM AS TAREFAS E OS PAPÉIS, E LEMBREM-SE DO CONVITE PARA A APRESENTAÇÃO.

4. NO DIA DA ENCENAÇÃO, NÃO SE ESQUEÇA DE AGRADECER A PRESENÇA DOS CONVIDADOS.

COMO FOI APRESENTAR UMA CENA DE TEATRO PARA OUTROS COLEGAS?

DESAFIOS

1 VAMOS PINTAR OS CARROS DE CORRIDA? OBSERVANDO A ORDEM EM QUE OS CARROS ESTÃO EM RELAÇÃO À LINHA DE CHEGADA, PINTE-OS CONFORME AS INSTRUÇÕES:

- O 1º LUGAR DE AZUL;
- O 4º LUGAR DE VERDE;
- O 7º LUGAR DE PRETO;
- O 10º LUGAR DE VERMELHO;
- OS DEMAIS DE MARROM.

EM QUE POSIÇÕES ESTÃO OS CARROS QUE VOCÊ PINTOU DE MARROM?

_____

2 DESCUBRA QUAL É A JANELA DO ESCRITÓRIO EM QUE MARILDA TRABALHA. O PRÉDIO TEM UM ANDAR TÉRREO E MAIS 6 ANDARES.

- NÃO ESTÁ NO ANDAR TÉRREO.
- ESTÁ ACIMA DO 4º ANDAR E ABAIXO DO 6º ANDAR.
- É A 6ª JANELA DA ESQUERDA PARA A DIREITA.
- DESCOBRIU? MARQUE COM **X**.

TRINTA E NOVE **39**

REVENDO O QUE APRENDI

1 OBSERVE A QUANTIA EM REAIS QUE CADA UM DOS AMIGOS TEM E COMPLETE.

AS CÉDULAS E MOEDAS NÃO ESTÃO REPRESENTADAS EM PROPORÇÃO.

FOTOS: BANCO CENTRAL DO BRASIL

A) ANA

7 NOTAS DE _____ REAIS E

4 MOEDAS DE _____ REAL

_____ REAIS MAIS _____ REAIS

É IGUAL A _____ REAIS

B) PEDRO

7 NOTAS DE _____ REAIS E

3 MOEDAS DE _____ REAL

_____ REAIS MAIS _____ REAIS

É IGUAL A _____ REAIS

2 CONTORNE OS PALITOS PARA FORMAR UM GRUPO COM 10 PALITOS.

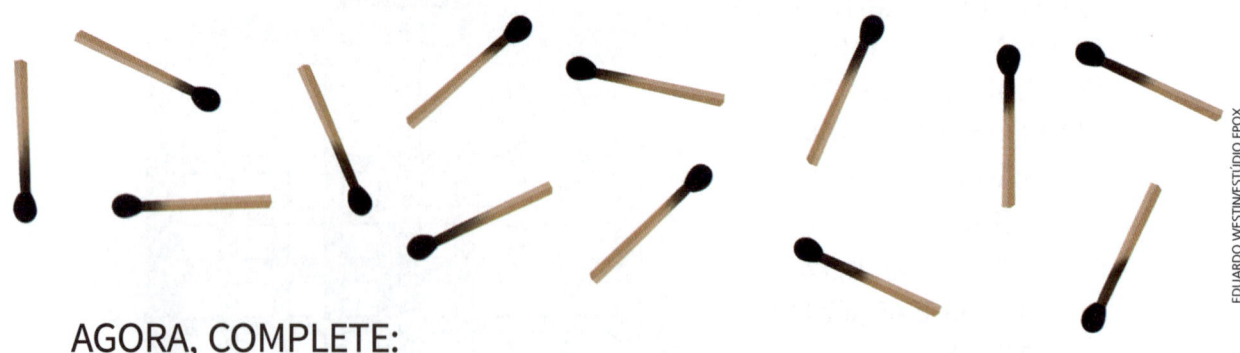

EDUARDO WESTIN/ESTÚDIO EPOX

AGORA, COMPLETE:

A) NA FIGURA HÁ _____ GRUPO COM _____ PALITOS E MAIS _____ PALITOS;

B) AO TODO HÁ _____ PALITOS.

3 ERA ANIVERSÁRIO DA MÃE DE CARLOS. O PAI DELE SEPAROU ROSAS VERMELHAS E ROSAS AMARELAS PARA DAR DE PRESENTE A ELA.

A) ELE SEPAROU MAIS ROSAS VERMELHAS OU MAIS ROSAS AMARELAS?

_____

B) QUANTAS ROSAS A MAIS?

_____

4 ESTA SEQUÊNCIA TEM UM SEGREDO. DESCUBRA QUAL É E COMPLETE-A.

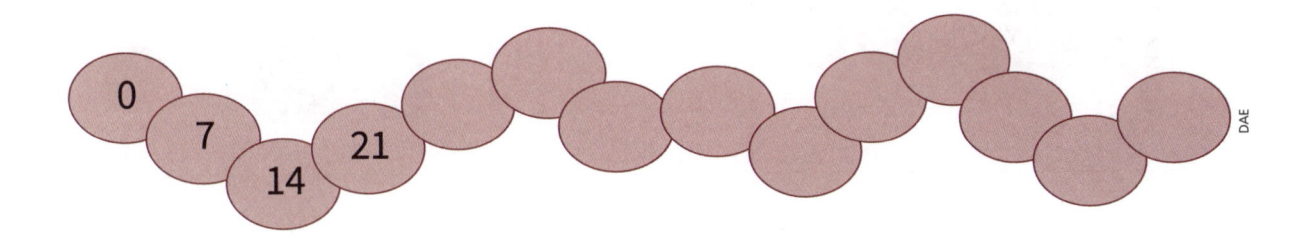

0, 7, 14, 21, ...

A) EXPLIQUE AOS COLEGAS QUAL É O SEGREDO.

_____

B) ESCREVA UM NÚMERO DESSA SEQUÊNCIA QUE É MAIOR QUE 35.

_____

C) AGORA INVENTE UMA SEQUÊNCIA COM 10 NÚMEROS, MOSTRE-A AO PROFESSOR E, DEPOIS, AOS COLEGAS.

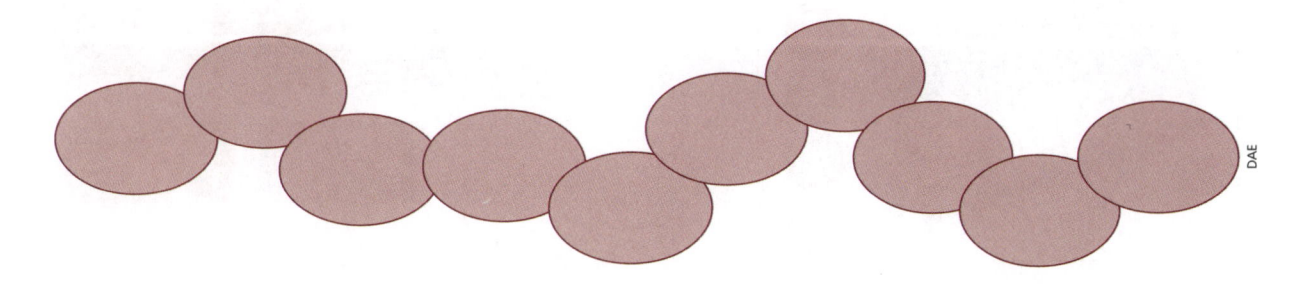

5 FAÇA A CORRESPONDÊNCIA DAS QUANTIAS DA COLUNA DA ESQUERDA COM AS QUANTIAS DA COLUNA DA DIREITA.

6 COMPLETE O QUADRO COM OS NUMERAIS QUE FALTAM E, DEPOIS, PINTE DE:

- ■ O NÚMERO QUE REPRESENTA UMA DEZENA E 9 UNIDADES;
- ■ O NÚMERO QUE REPRESENTA 6 DEZENAS E 3 UNIDADES;
- ■ O NÚMERO QUE REPRESENTA 9 DEZENAS;
- ■ O NÚMERO QUE REPRESENTA DUAS DEZENAS E MEIA.

10	11			14	15				19
20								28	
30		32	33				37		
	41			44		46			49
			53		55			58	
60						66			
		72					77		
	81							88	89
			93		95				

7 AGORA LEIA COM A TURMA A PARLENDA E, DEPOIS, RESPONDA ÀS QUESTÕES.

CADÊ O TOUCINHO QUE ESTAVA AQUI?
O GATO COMEU.
E O GATO?
FOI PRO MATO.
E O MATO?
PEGOU FOGO.
E O FOGO?
A ÁGUA APAGOU.
E A ÁGUA?
O BOI BEBEU.
E O BOI?
FOI CARREGAR MILHO.
E O MILHO?
A GALINHA COMEU.
E A GALINHA?
ESTÁ BOTANDO OVO.
E O OVO?
A CRIANÇA COMEU.
E A CRIANÇA?
FOI PARA ESCOLA.

PARLENDA.

A) QUAL É O PRIMEIRO ANIMAL QUE APARECE NA PARLENDA?
_____

B) QUAL ANIMAL APARECE EM 2º LUGAR? _____

C) QUEM COMEU O OVO? _____

DESAFIO

1 VOCÊ RESOLVEU O DESAFIO DO INÍCIO DA UNIDADE? SE NÃO CONSEGUIU, TENTE DE NOVO. DEPOIS, PROCURE RESOLVER ESTE DESAFIO DE PLACAS LENDO AS DICAS.

PRIMEIRO, VEJA A PLACA DO CARRO DA DIRETORA MARILDA QUANDO ELA CHEGOU À ESCOLA.

AGORA, LEIA AS DICAS DOS SÍMBOLOS NUMÉRICOS QUE FORMAM, DA ESQUERDA PARA A DIREITA, O NÚMERO DA PLACA:

- DO PRIMEIRO PARA O SEGUNDO, AUMENTA UM; DO SEGUNDO PARA O TERCEIRO, AUMENTAM DOIS;
- O ÚLTIMO É O RESULTADO DA ADIÇÃO DOS OUTROS TRÊS.

QUAL É A PLACA? _____

PARA IR MAIS LONGE

Livros

▶ **A ORIGEM DOS NÚMEROS**, DE MAJUNGMUL E JI WON LEE. SÃO PAULO: CALLIS, 2010. (COLEÇÃO TAN TAN).

A OBRA REVELA COMO AS PESSOAS CONTAVAM ANTES DE CONHECER OS NÚMEROS. UMA MANEIRA ERA MOSTRAR OS DEDOS DOS PÉS E DAS MÃOS. VOCÊ VAI CONHECER A IMPORTÂNCIA DA INVENÇÃO DOS NÚMEROS.

▶ **OS FILHOTES DO VOVÔ CORUJA**, DE EUN HEE NA E SOOK KYUNG KIM. SÃO PAULO: CALLIS, 2010. (COLEÇÃO TAN TAN).

O LIVRO CONTA A HISTÓRIA DO VOVÔ CORUJA, QUE OBSERVA OS FILHOTES QUE NASCEM E OS QUE PARTEM DA FLORESTA, FAZENDO OPERAÇÕES MATEMÁTICAS: A ADIÇÃO E A SUBTRAÇÃO.

UNIDADE 2
ADIÇÃO E SUBTRAÇÃO

LUCAS QUER DESCOBRIR A IDADE DE SEU PAI, QUE FORNECEU AS SEGUINTES DICAS:
- É UM NÚMERO QUE TERMINA EM 1;
- É MENOR QUE 39 E MAIOR QUE 19;
- ELE JÁ VIVEU MAIS QUE 22 ANOS.

20, 21, 22, 23, ...

38, 37, 36, 35, 34, 33, ...

UM DIA NA FEIRA

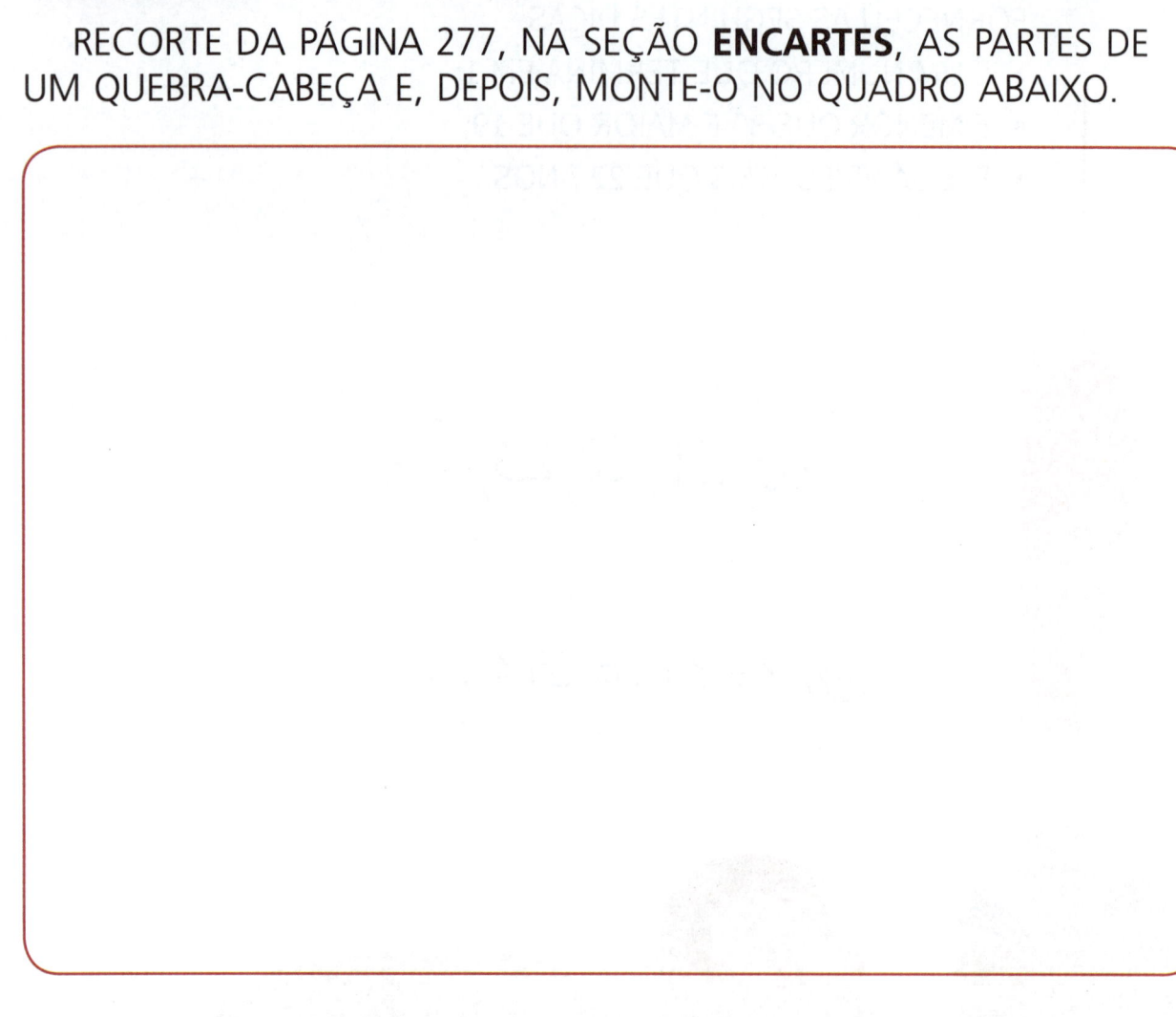

RECORTE DA PÁGINA 277, NA SEÇÃO **ENCARTES**, AS PARTES DE UM QUEBRA-CABEÇA E, DEPOIS, MONTE-O NO QUADRO ABAIXO.

OBSERVANDO A CENA QUE VOCÊ MONTOU, RESPONDA ORALMENTE: VOCÊ SABE QUE LUGAR É ESSE? O QUE AS PESSOAS FAZEM NESSE LUGAR?

A SENHORA REPRESENTADA QUER COMPRAR 1 ABACAXI E 2 MAÇÃS. OBSERVE A CENA E RESPONDA: QUANTO ELA GASTARÁ NESSA BARRACA? _____

ELA PAGOU COM UMA NOTA DE 20 REAIS. COMO GASTOU MENOS QUE ISSO, O FEIRANTE DEVOLVEU-LHE ALGUM TROCO. QUANTO ELA RECEBEU? CONTORNE AS MOEDAS PARA INDICAR ESSE TROCO.

O PASSEIO DA TURMA
ADIÇÃO: PROCEDIMENTOS

A VIAGEM FOI PROGRAMADA PARA O FERIADO.

A TURMA TODA ECONOMIZOU PARA O PASSEIO NO ZOOLÓGICO DA CIDADE.

CADA UM TINHA DE PAGAR 11 REAIS PELO ÔNIBUS E OUTROS 15 REAIS PARA O LANCHE QUE FARIAM JUNTOS.

EM SUA OPINIÃO, QUANTO CADA UM PAGARIA?

☐ MENOS DE 20 REAIS.

☐ 20 REAIS

☐ MAIS DE 20 REAIS.

CONTORNE AS CÉDULAS E MOEDAS QUE VOCÊ ESCOLHERIA PARA PAGAR, MAS SEM PRECISAR DE **TROCO**.

AS CÉDULAS E MOEDAS NÃO ESTÃO REPRESENTADAS EM PROPORÇÃO.

UTILIZAMOS SÍMBOLOS PARA REPRESENTAR UMA ADIÇÃO:

10 + 2 = 12

(LEMOS: DEZ MAIS DOIS É IGUAL A DOZE.)

OS NÚMEROS QUE ADICIONAMOS SÃO AS PARCELAS, E O RESULTADO OBTIDO É A SOMA.

10 + 2 = 12 — PARCELAS / SOMA

1 OBSERVE COMO MARILU DESCOBRIU QUANTAS CRIANÇAS HAVIA NO ÔNIBUS. ELA CONTOU AS CRIANÇAS DO **LADO DIREITO**: _____ CRIANÇAS. DEPOIS CONTOU AS CRIANÇAS DO **LADO ESQUERDO**: _____ CRIANÇAS.

A) AGORA COMPLETE A SEQUÊNCIA COM OS NÚMEROS QUE MARILU PENSOU AO CONTAR MAIS 7:

9, _____, _____, _____, _____, _____, _____, _____.

> CONTEI 9 DO LADO DIREITO E DEPOIS, NOS DEDOS, CONTINUEI CONTANDO MAIS 7.

B) PORTANTO, AO TODO, MARILU CONTOU _____ CRIANÇAS. ASSIM, PODEMOS REPRESENTAR:

9 + _____ = _____

C) O _____ E O _____ SÃO AS PARCELAS E O _____ É A SOMA.

2 AGRUPE EM DEZENAS PARA CONTAR O NÚMERO DE BOLINHAS DE GUDE QUE ANDRÉ TEM E DEPOIS COMPLETE.

_____ DEZENAS DE BOLINHAS MAIS _____ UNIDADES DE BOLINHAS

OU

_____ + _____ = _____

3 PARA MOSTRAR COMO ADICIONAR 3 + 9 A PROFESSORA UTILIZOU O MATERIAL DOURADO:

MAIS

FORMOU 1 GRUPO DE 10 E AINDA SOBRARAM 2 CUBINHOS.

$3 + 9 = 10 +$ _____ $=$ _____

AGORA FAÇA COMO A PROFESSORA PARA CALCULAR OS RESULTADOS:

A) $7 + 8 =$ _____ $+$ _____ $=$ _____

B) $6 + 9 =$ _____ $+$ _____ $=$ _____

C) $8 + 4 =$ _____ $+$ _____ $=$ _____

D) $6 + 7 =$ _____ $+$ _____ $=$ _____

4 AGORA FAÇA NA RETA AS ADIÇÕES A SEGUIR:

A) 9 + 8

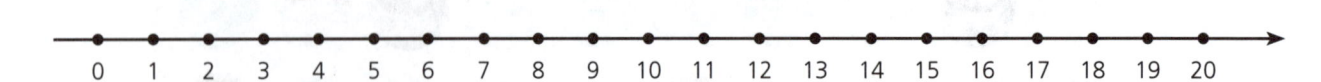

0 1 2 3 4 5 6 7 8 9 10 11 12 13 14 15 16 17 18 19 20

- EM QUAL NÚMERO COMEÇOU? _____
- EM QUAL NÚMERO TERMINOU? _____
- ASSIM, TEMOS: 9 + 8 = _____

B) 5 + 9

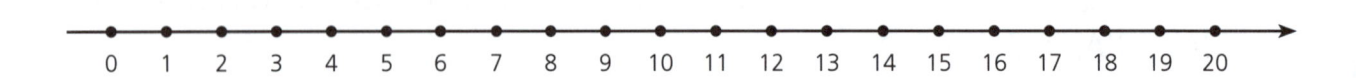

0 1 2 3 4 5 6 7 8 9 10 11 12 13 14 15 16 17 18 19 20

- EM QUAL NÚMERO COMEÇOU? _____
- EM QUAL NÚMERO TERMINOU? _____
- ASSIM, TEMOS: 5 + 9 = _____

5 PEDRO E SEU IRMÃO LUÍS ESTAVAM BRINCANDO COM SEUS DADOS. A BRINCADEIRA ERA VER QUEM CONSEGUIA A MAIOR SOMA DE PONTOS AO JOGAR 3 DADOS. PEDRO TIROU OS PONTOS ABAIXO:

DEPOIS, LUÍS JOGOU OS DADOS E TIROU A MAIOR SOMA POSSÍVEL. COMPLETE A ADIÇÃO COM OS PONTOS QUE ELE TIROU PARA TER ESSE RESULTADO.

_____ + _____ + _____ = 18

6 RESOLVA AS ADIÇÕES A SEGUIR REPRESENTADAS NO MATERIAL DOURADO.

A)

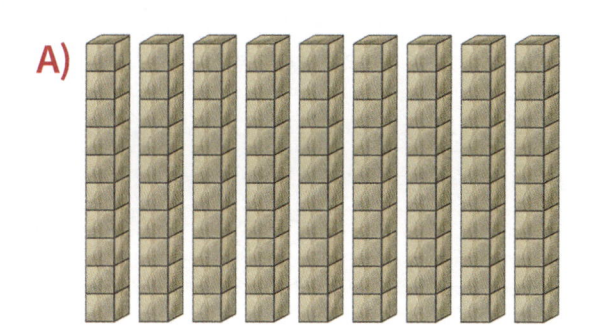

_____ + _____ = _____

B)

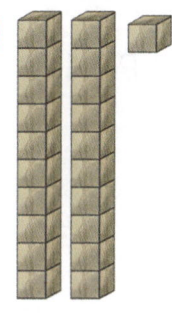

_____ + _____ = _____

C)

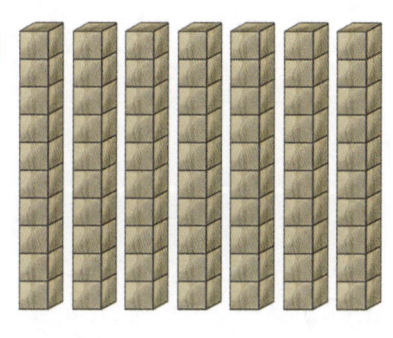

_____ + _____ = _____

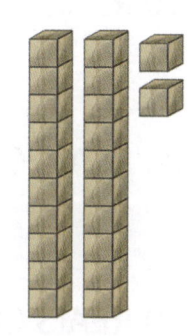

7 ANDRÉ ESCREVEU NO CADERNO A SEGUINTE SEQUÊNCIA:

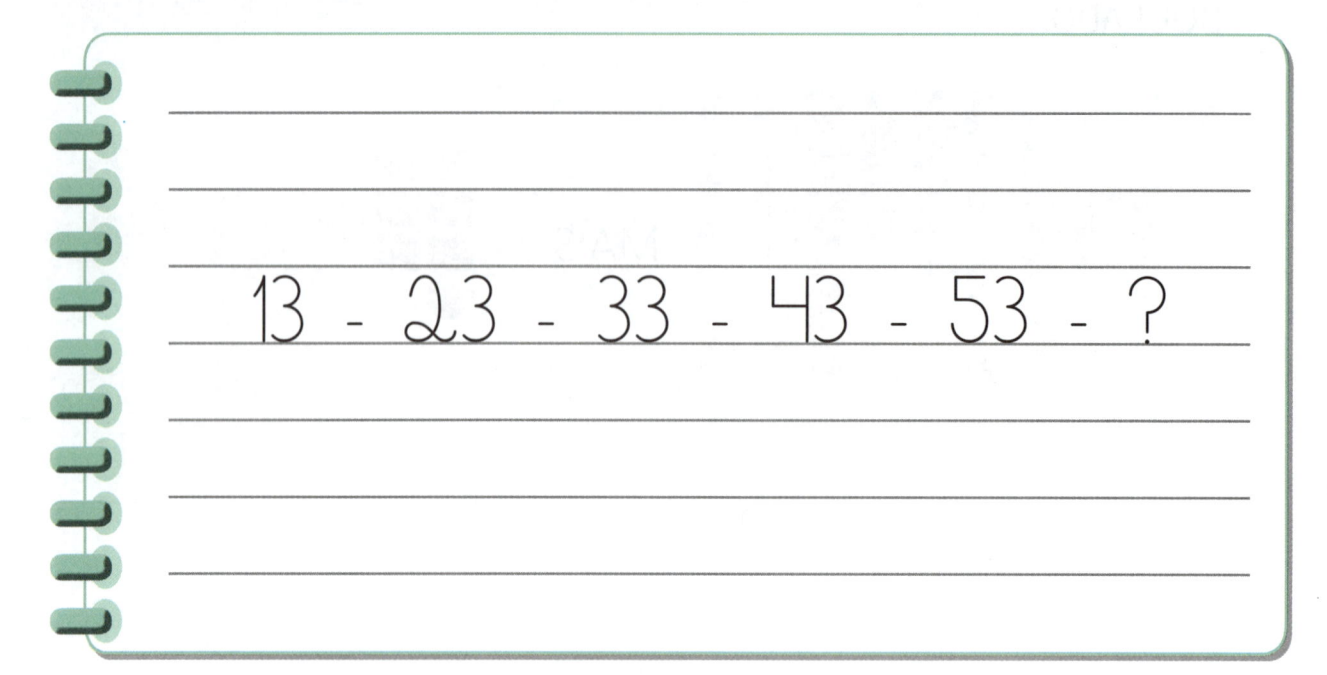

13 - 23 - 33 - 43 - 53 - ?

A) QUE NÚMERO DEVE SER COLOCADO NO LUGAR DO PONTO DE INTERROGAÇÃO?

_____

B) EXPLIQUE COMO A SEQUÊNCIA É FORMADA.

_____
_____

8 DESCUBRA AS RESPOSTAS. QUANTO DÁ:

A) SE JUNTARMOS 10 REAIS COM 11 REAIS?

_____

B) SE JUNTARMOS 20 REAIS COM 9 REAIS?

_____

C) SE JUNTARMOS 30 REAIS COM 20 REAIS?

_____

BRINCANDO COM BLOCOS OU DE RODA?

SUBTRAÇÃO: PROCEDIMENTOS

NO INTERVALO ENTRE AS AULAS AS CRIANÇAS ESTAVAM BRINCANDO NO CAMPO DA ESCOLA, ALGUMAS DE RODA, OUTRAS COM BLOCOS DE MADEIRA.

OBSERVE A CENA E RESPONDA:
- QUAL GRUPO TEM MAIS CRIANÇAS? MARQUE-O COM **X**.

- QUANTAS CRIANÇAS A MAIS? _____

EXPLIQUE AOS COLEGAS COMO VOCÊ FEZ PARA RESPONDER.

- PARA SABER QUANTAS CRIANÇAS UM GRUPO TEM A MAIS QUE OUTRO, PODEMOS FAZER UMA SUBTRAÇÃO:

    10 − 3 = _____

    (LEMOS: DEZ MENOS TRÊS É IGUAL A _____.)

- O RESULTADO DE UMA SUBTRAÇÃO É A **DIFERENÇA**.

1 VEJA COMO PAULO FEZ PARA DESCOBRIR QUANTO DE TROCO TINHA PARA RECEBER PELA COMPRA DO SUCO E DO LANCHE. ELE DEU UMA NOTA DE 20 REAIS.

> COMO O LANCHE E O SUCO CUSTAVAM AO TODO 14 REAIS, CONTEI NOS DEDOS ATÉ 20: 15, 16, 17, 18, 19 E 20.

A) QUANTO DE TROCO PAULO RECEBEU? _____

B) PINTE A SUBTRAÇÃO QUE REPRESENTA A SITUAÇÃO.

$7 - 1$ $20 - 14$ $20 - 8$

2 FLÁVIA E JÉSSICA SÃO IRMÃS. FLÁVIA TEM 14 ANOS, E JÉSSICA 8 ANOS. VEJA COMO JÉSSICA CALCULOU A DIFERENÇA ENTRE AS IDADES:

- ELA DESENHOU 14 PALITOS PARA INDICAR A IDADE DE FLÁVIA, DEPOIS, RISCOU 8 DELES E CONTOU QUANTOS SOBRARAM:

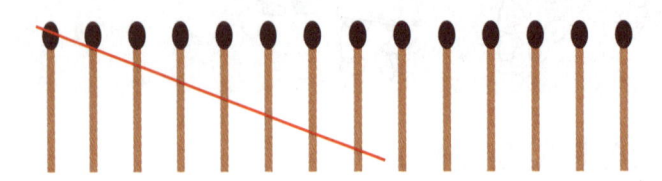

A) COMPLETE: DESSA FORMA, ELA ESCREVEU: $14 - 8 =$ _____.

B) FAÇA COMO JÉSSICA PARA SABER O RESULTADO DE $17 - 9$.

LOGO, $17 - 9 =$ _____.

3 FLÁVIA CALCULOU 14 − 8 DE OUTRA MANEIRA, OBSERVE E COMPLETE AS LACUNAS.

PARA TIRAR 8, ELA TIROU 4 E DEPOIS 4:

$14 - 8 = 14 - 4 - 4 =$

$= 10 - 4 = \_\_\_\_$

$17 - 9 = 17 - \_\_\_\_ - 2 =$

$= \_\_\_\_ - 2 = \_\_\_\_$

EXPLIQUE PARA A TURMA COMO FLÁVIA FEZ PARA CALCULAR 17 − 9.

_____

_____

_____

4 VEJA COMO PAULINHA FEZ PARA CALCULAR 13 − 8.

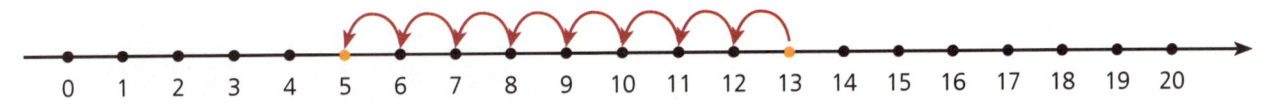

- ELA SAIU DO 13 E ANDOU 8 NÚMEROS PARA A ESQUERDA:

0 1 2 3 4 5 6 7 8 9 10 11 12 13 14 15 16 17 18 19 20

- COMO PAROU NO 5, ELA DESCOBRIU QUE:

$13 - 8 = \_\_\_\_$

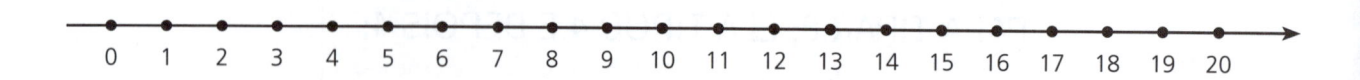

5 FAÇA COMO PAULINHA E, UTILIZANDO A RETA NUMÉRICA, DESCUBRA O RESULTADO DE 17 − 8.

0 1 2 3 4 5 6 7 8 9 10 11 12 13 14 15 16 17 18 19 20

- LOGO, 17 − 8 = _____.
- AGORA FAÇA NA RETA A ADIÇÃO: 9 + 9.

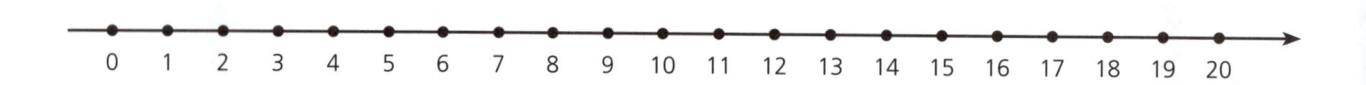

0 1 2 3 4 5 6 7 8 9 10 11 12 13 14 15 16 17 18 19 20

A) EM QUAL NÚMERO VOCÊ COMEÇOU? _____

B) EM QUAL NÚMERO TERMINOU? _____

C) ASSIM, TEMOS: 9 + 9 = _____.

6 LIGUE AS SUBTRAÇÕES AOS SEUS RESULTADOS.

| 19 − 10 | 17 − 7 | 9 − 3 | 16 − 5 | 18 − 10 |

| 10 | 11 | 9 | 8 | 6 |

7 EFETUE MENTALMENTE AS ADIÇÕES.

A) 2 + 3 = _____

20 + 30 = _____

B) 4 + 3 = _____

40 + 30 = _____

C) 2 + 4 = _____

20 + 40 = _____

D) 5 + 3 = _____

50 + 30 = _____

E) 3 + 1 = _____

30 + 10 = _____

F) 2 + 5 = _____

20 + 50 = _____

8 CALCULE MENTALMENTE O RESULTADO DAS SUBTRAÇÕES.

A) 6 − 2 = _____

60 − 20 = _____

B) 9 − 4 = _____

90 − 40 = _____

C) 7 − 3 = _____

70 − 30 = _____

D) 9 − 2 = _____

90 − 20 = _____

E) 8 − 5 = _____

80 − 50 = _____

F) 5 − 1 = _____

50 − 10 = _____

9 DESCUBRA OS RESULTADOS DAS SUBTRAÇÕES.

A) 60 − 10 = _____

B) 40 − 30 = _____

C) 90 − 50 = _____

D) 80 − 60 = _____

E) 50 − 20 = _____

F) 80 − 10 = _____

G) 90 − 60 = _____

H) 70 − 40 = _____

I) 60 − 50 = _____

J) 90 − 70 = _____

K) 60 − 20 = _____

L) 90 − 80 = _____

10 A SEQUÊNCIA NUMÉRICA A SEGUIR ESTÁ INCOMPLETA. ESCREVA O NÚMERO QUE FALTA.

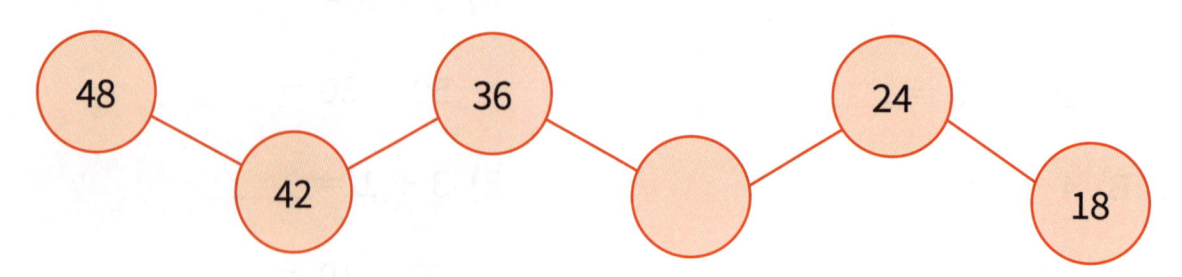

48 — 42 — 36 — ( ) — 24 — 18

RESPONDA:

COMO A SEQUÊNCIA FOI FORMADA?

_____

_____

11 AGORA VOCÊ VAI ELABORAR UMA SEQUÊNCIA EM QUE OS NÚMEROS DEVEM DIMINUIR, DA ESQUERDA PARA A DIREITA, DE 5 EM 5.

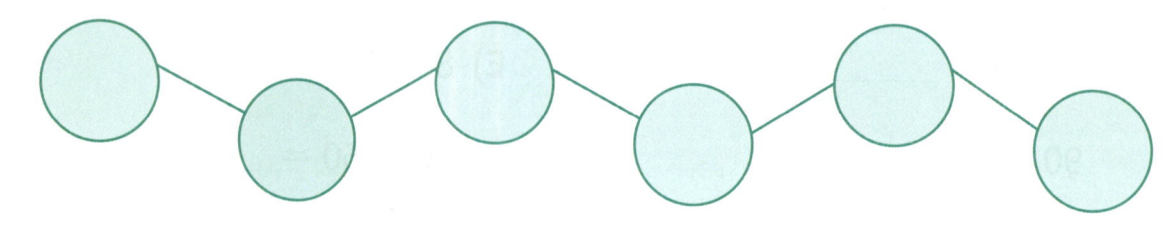

12 RESPONDA ÀS PERGUNTAS.

A) EU TINHA 10 REAIS E GASTEI 5 REAIS. QUANTO SOBROU?

_____

B) MINHA IRMÃ TEM 12 ANOS, E EU TENHO 3 ANOS A MENOS DO QUE ELA. QUAL É A MINHA IDADE?

_____

C) HOJE É DIA 15 E MEU ANIVERSÁRIO É DAQUI A 11 DIAS. QUAL É O DIA DE MEU ANIVERSÁRIO?

_____

GUARDANDO PARA COMPRAR
RESOLUÇÃO DE PROBLEMAS

MAÍRA ESTÁ QUERENDO COMPRAR UMA BOLA.

> EU JÁ GUARDEI 22 REAIS, MAS, PARA COMPRAR A BOLA, PRECISO GUARDAR MAIS 6 REAIS.

◆ VOCÊ SABE QUAL É O VALOR DA BOLA? _____
EXPLIQUE PARA SEUS COLEGAS COMO VOCÊ CALCULOU.

◆ AGORA CIRCULE AS CÉDULAS E MOEDAS QUE VOCÊ PODERIA UTILIZAR PARA PAGAR A BOLA, MAS SEM PRECISAR DE TROCO.

AS CÉDULAS E MOEDAS NÃO ESTÃO REPRESENTADAS EM PROPORÇÃO.

SESSENTA E UM

1 OBSERVE O DIÁLOGO E FAÇA O QUE SE PEDE.

> ESTAMOS PERDENDO. PRECISAMOS FAZER MAIS 3 GOLS PARA EMPATAR.

> ELES FIZERAM 9 GOLS NO TOTAL.

A) QUANTOS GOLS O TIME DOS DOIS JÁ FEZ? _____

B) FAÇA UM DESENHO PARA INDICAR COMO VOCÊ PENSOU.

2 AS IRMÃS BETH E CÍNTIA, NO DIA DE NATAL, GANHARAM DA MÃE 12 REAIS CADA UMA. ELAS QUEREM COMPRAR UM QUEBRA-CABEÇA QUE CUSTA 30 REAIS.

A) QUANTOS REAIS AS DUAS IRMÃS TÊM JUNTAS?
JUNTAS, AS DUAS IRMÃS TÊM _____ REAIS.

B) FALTARÁ OU SOBRARÁ DINHEIRO PARA A COMPRA? QUANTO?

3 VEJA COMO ESTÁ O PLACAR DO JOGO DE BASQUETE:

TIME A	TIME B
13	19

A) QUAL TIME ESTÁ GANHANDO? _____

B) INVENTE UM PROBLEMA COM OS NÚMEROS QUE ESTÃO NO PLACAR. ESCREVA-O NAS LINHAS ABAIXO.

_____
_____
_____

C) AGORA TROQUE O LIVRO COM UM COLEGA E PEÇA A ELE QUE RESOLVA O PROBLEMA NO ESPAÇO ABAIXO.

4 A DIRETORA DA ESCOLA PEDIU AJUDA A ALESSANDRA PARA DECORAR O PÁTIO PARA A COMEMORAÇÃO DO ANIVERSÁRIO DA ESCOLA. ALESSANDRA ENCHEU:

- 2 DEZENAS DE BALÕES VERDES;
- 1 DEZENA E MEIA DE BALÕES VERMELHOS;
- 1 DEZENA DE BALÕES AMARELOS;
- MEIA DEZENA DE BALÕES AZUIS.

VEJA COMO ALESSANDRA REPRESENTOU, COM O MATERIAL DOURADO, O TOTAL DE BALÕES AZUIS QUE ELA ENCHEU.

A) CONTORNE NO MATERIAL DOURADO A QUANTIDADE DE BALÕES DE CADA COR QUE ELA ENCHEU.

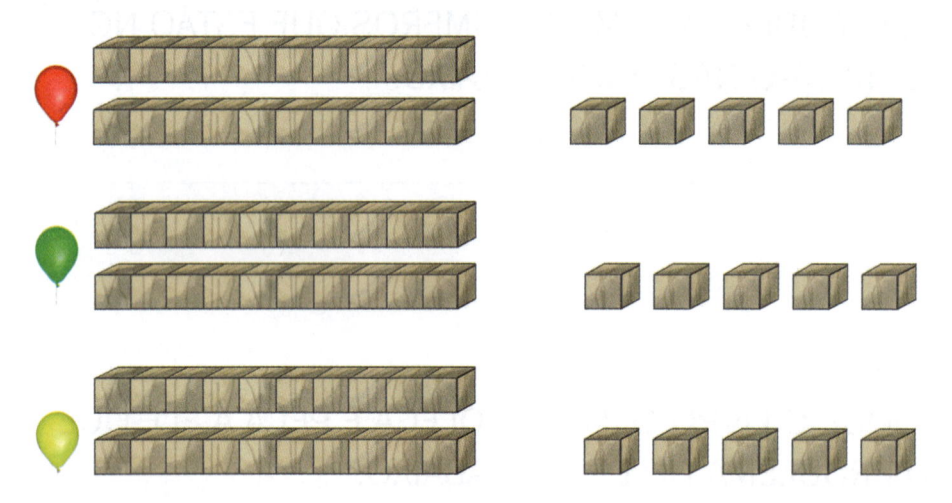

B) NO TOTAL, QUANTOS BALÕES ALESSANDRA ENCHEU?

_____

C) NO FIM DA FESTA, 2 DEZENAS DE BALÕES TINHAM ESTOURADO. QUANTOS BALÕES SOBRARAM?

_____

64 SESSENTA E QUATRO

5 TÚLIO COMPROU UMA CAIXA DE LÁPIS DE COR E UM CADERNO. PAGOU COM UMA NOTA DE 20 REAIS.

R$ 11,00

R$ 8,00

- QUAL FOI O VALOR TOTAL DA COMPRA?

_____

- SOBROU OU FALTOU DINHEIRO? QUANTO?

_____

6 LUCAS COMPROU UMA CAMISETA POR 30 REAIS E PAGOU COM UMA NOTA DE 50 REAIS. O VENDEDOR LHE DEU 30 REAIS DE TROCO. SABENDO DISSO, RESPONDA ÀS QUESTÕES.

A) O TROCO ESTÁ CORRETO?

_____

B) EM SUA OPINIÃO, O QUE LUCAS DEVE FAZER?

_____

DESAFIO

1 VOCÊ SE LEMBRA DO DESAFIO DO QUADRADO MÁGICO? AGORA TEMOS OUTRO QUADRADO MÁGICO PARA VOCÊ COMPLETAR COM OS NÚMEROS ABAIXO. A REGRA É A MESMA: EM CADA LINHA, EM CADA COLUNA E NAS DUAS DIAGONAIS, A SOMA DOS NÚMEROS DEVERÁ SER 15.

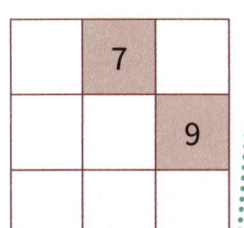

	7	
		9

1   2   3   4   5   6   8

MATEMÁTICA EM AÇÃO

NOSSO DINHEIRO E O TROCO NUMA COMPRA

VOCÊ JÁ VIU SITUAÇÕES QUE ENVOLVIAM TROCO NUMA COMPRA? JÁ RECEBEU MOEDAS DE TROCO? E CÉDULAS?

- AO COMPRAR UM SUCO NO VALOR DE 5 REAIS, SE VOCÊ PAGAR COM UMA NOTA DE 10 REAIS, TERÁ DIREITO A TROCO?

  ☐ SIM.   ☐ NÃO.

- FAÇA UM DESENHO PARA REPRESENTAR O DINHEIRO QUE VOCÊ RECEBERÁ DE TROCO.

QUANDO FAZEMOS UMA COMPRA, PAGAMOS COM DINHEIRO. SE HOUVER TROCO, DEVEMOS RECEBER DINHEIRO DE VOLTA.

O TROCO, MESMO QUE EM MOEDAS COM PEQUENO VALOR, PODE SER GUARDADO. COM ISSO ECONOMIZAMOS E, ASSIM, PODEMOS COMPRAR OBJETOS QUE PRECISAMOS. POR ISSO É NECESSÁRIO CONHECER BEM NÃO SOMENTE AS NOTAS DE NOSSO DINHEIRO COMO TAMBÉM AS MOEDAS:

- DE QUANTAS MOEDAS DE 10 CENTAVOS VOCÊ PRECISA PARA JUNTAR 1 REAL? _____
- E QUANTAS MOEDAS DE 50 CENTAVOS CORRESPONDEM A 1 REAL? _____

EXISTEM SITUAÇÕES DE COMPRA COM DINHEIRO NAS QUAIS PODEMOS FACILITAR O TROCO, ISTO É, AJUDAR O COMERCIANTE A DAR O TROCO DE UMA MANEIRA MAIS SIMPLES. OBSERVE A CENA E RESPONDA:

CUSTA 6 REAIS.

VOCÊ TEM MAIS 1 REAL PARA PAGAR?

TENHO.

- QUAL TROCO DEVE SER DADO? _____
- EXPLIQUE POR QUE ESSA PRÁTICA FACILITOU O TROCO.

REVENDO O QUE APRENDI

1 ESSE LIGA-PONTOS É DIFERENTE. COMEÇA NO 1 E TERMINA NO 39. LIGUE OS PONTOS SEGUINDO A ORDEM CRESCENTE.

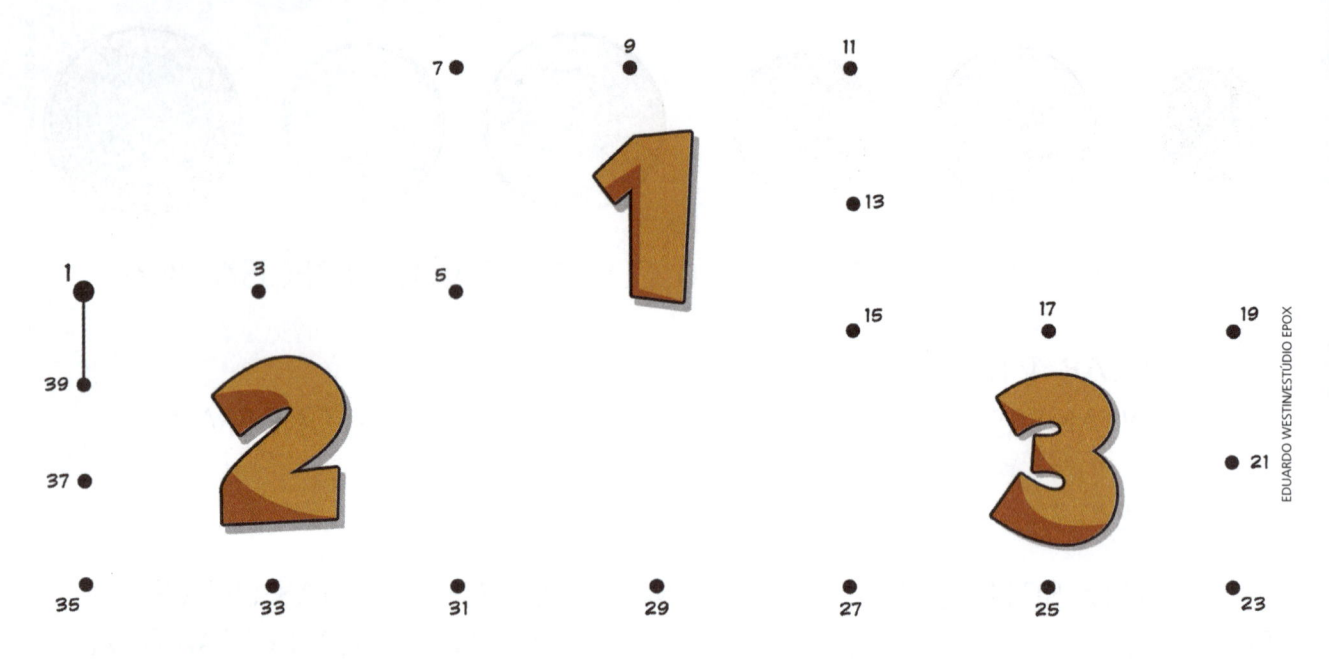

A) QUAL FOI O DESENHO OBTIDO? _____

B) O QUE VOCÊ PODE DIZER DA SEQUÊNCIA FORMADA? _____
_____

2 OBSERVE A ADIÇÃO E FAÇA O QUE SE PEDE.

10 + 7 = 17

A) QUAL É A SOMA? _____

B) QUAIS SÃO AS PARCELAS? _____

C) CIRCULE O MATERIAL DOURADO QUE REPRESENTA O RESULTADO DESSA ADIÇÃO.

3 REPRESENTE A ADIÇÃO E A SUBTRAÇÃO NA RETA NUMÉRICA E INDIQUE O RESULTADO.

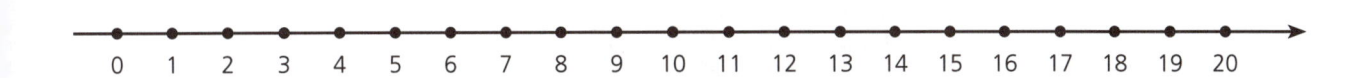

A) 7 + 13 = _____

0 1 2 3 4 5 6 7 8 9 10 11 12 13 14 15 16 17 18 19 20

B) 19 − 12 = _____

0 1 2 3 4 5 6 7 8 9 10 11 12 13 14 15 16 17 18 19 20

4 FAÇA UM DESENHO PARA REPRESENTAR COMO VOCÊ CALCULARIA CADA UMA DAS OPERAÇÕES:

12 − 9 = 3

11 + 5 = 16

5 CALCULE MENTALMENTE CADA ADIÇÃO A SEGUIR E, DEPOIS, ESCREVA OS RESULTADOS.

A) 2 + 3 = _____

12 + 3 = _____

22 + 3 = _____

32 + 3 = _____

B) 20 + 7 = _____

20 + 17 = _____

20 + 27 = _____

20 + 37 = _____

SESSENTA E NOVE 69

6 PARA FAZER UMA SUBTRAÇÃO, A PROFESSORA DESENHOU NA LOUSA O MATERIAL DOURADO.

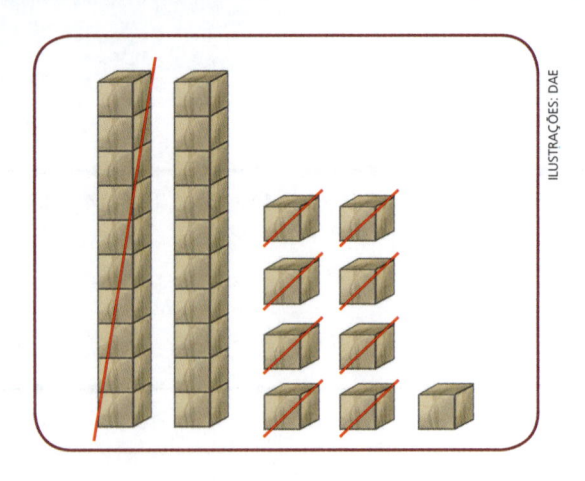

A) QUAL SUBTRAÇÃO A PROFESSORA REPRESENTOU? MARQUE COM **X**.

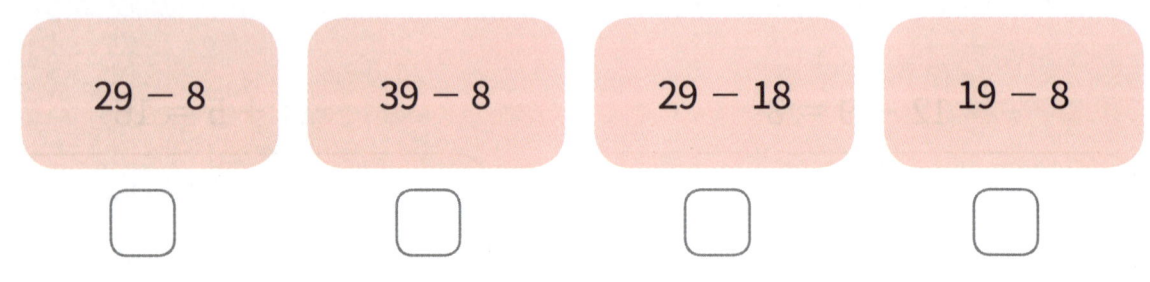

| 29 − 8 | 39 − 8 | 29 − 18 | 19 − 8 |

☐   ☐   ☐   ☐

B) E QUAL É O RESULTADO? _____

7 AS CÉDULAS E MOEDAS ABAIXO REPRESENTAM A QUANTIA QUE CRISTINA TINHA E, AS COM TRAÇO VERMELHO, A QUANTIA QUE ELA GASTOU.

AS CÉDULAS E MOEDAS NÃO ESTÃO REPRESENTADAS EM PROPORÇÃO.

ESCREVA UMA SUBTRAÇÃO QUE REPRESENTE A QUANTIA QUE ELA TINHA, A QUANTIA QUE GASTOU E O QUE SOBROU:

_____ − _____ = _____

8 CALCULE MENTALMENTE OS RESULTADOS DAS SUBTRAÇÕES.

A) 15 − 5 = _____

25 − 5 = _____

35 − 5 = _____

45 − 5 = _____

B) 15 − 5 = _____

25 − 15 = _____

35 − 25 = _____

45 − 35 = _____

C) 29 − 10 = _____

39 − 10 = _____

49 − 10 = _____

59 − 10 = _____

D) 22 − 10 = _____

32 − 20 = _____

42 − 30 = _____

52 − 40 = _____

DESAFIO

1 NO INÍCIO DA UNIDADE APRESENTAMOS UM DESAFIO. VOCÊ DESCOBRIU QUAL ERA A IDADE DO PAI DE LUCAS? COMO VOCÊ FEZ? EXPLIQUE AOS COLEGAS.

AGORA O DESAFIO É DESCOBRIR O DIA DE DEZEMBRO EM QUE JOCA FARÁ 12 ANOS. SÃO DUAS DICAS:

- O NÚMERO QUE CORRESPONDE AO DIA É MAIOR DO QUE A IDADE QUE ELE VAI COMPLETAR;
- ELE FARÁ ANIVERSÁRIO NUM SÁBADO E ANTES DO NATAL.

DEZEMBRO

DOM	SEG	TER	QUA	QUI	SEX	SÁB
		1	2	3	4	5
6	7	8	9	10	11	12
13	14	15	16	17	18	19
20	21	22	23	24	25	26
27	28	29	30	31		

UNIDADE 3
Geometria plana

O pai de Adriana e Isadora propôs um desafio.

- Elas tinham de movimentar apenas 3 palitos de tal maneira que ficassem 3 quadradinhos do mesmo tamanho.

Como elas poderiam fazer?

Olhando de cima

Veja com atenção a imagem a seguir. Ela representa uma sala de aula vista de cima.

- Localize na imagem a professora e contorne-a.

- Quantas portas aparecem nessa sala de aula? _____
- Marque com **X** a carteira vazia.
- O que representa o círculo preto no canto da sala?

_____

_____

Mosaicos com pedaços de papel
Quadrado e retângulo

Você já construiu algum mosaico?

O mosaico a seguir foi feito com pedaços de papel coloridos.

- O que está representado no mosaico? _____
- Você notou que os pedaços de papel utilizados têm formas geométricas? Marque com **X** quais são essas formas.

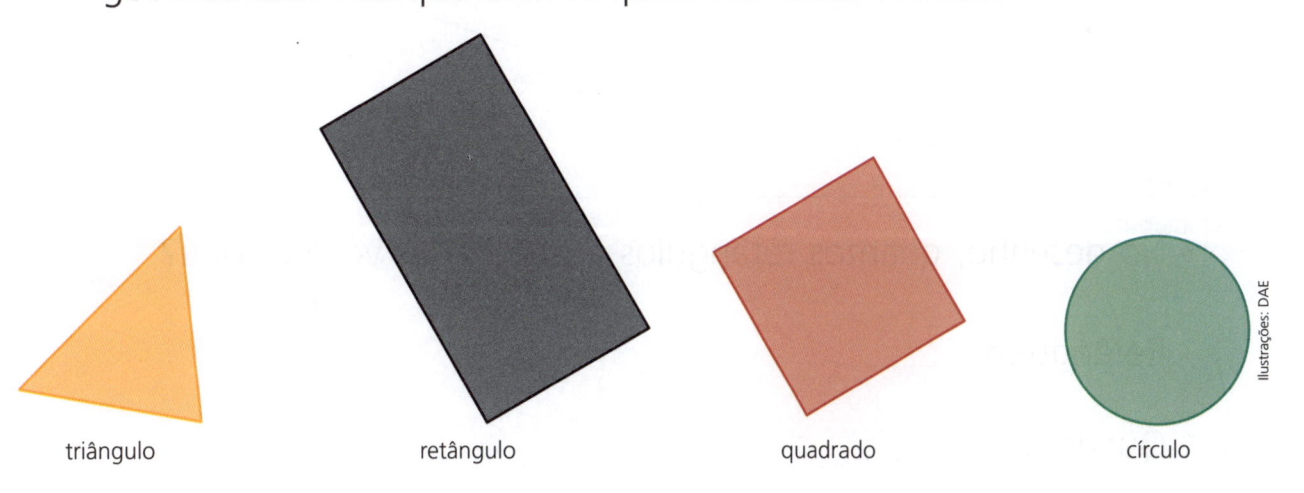

triângulo   retângulo   quadrado   círculo

◆ Vamos colorir um mosaico? Escolha três cores diferentes para pintá-lo. Pinte os quadrados de uma cor, os retângulos de outra e, o que não é quadrado nem retângulo, pinte de uma terceira cor.

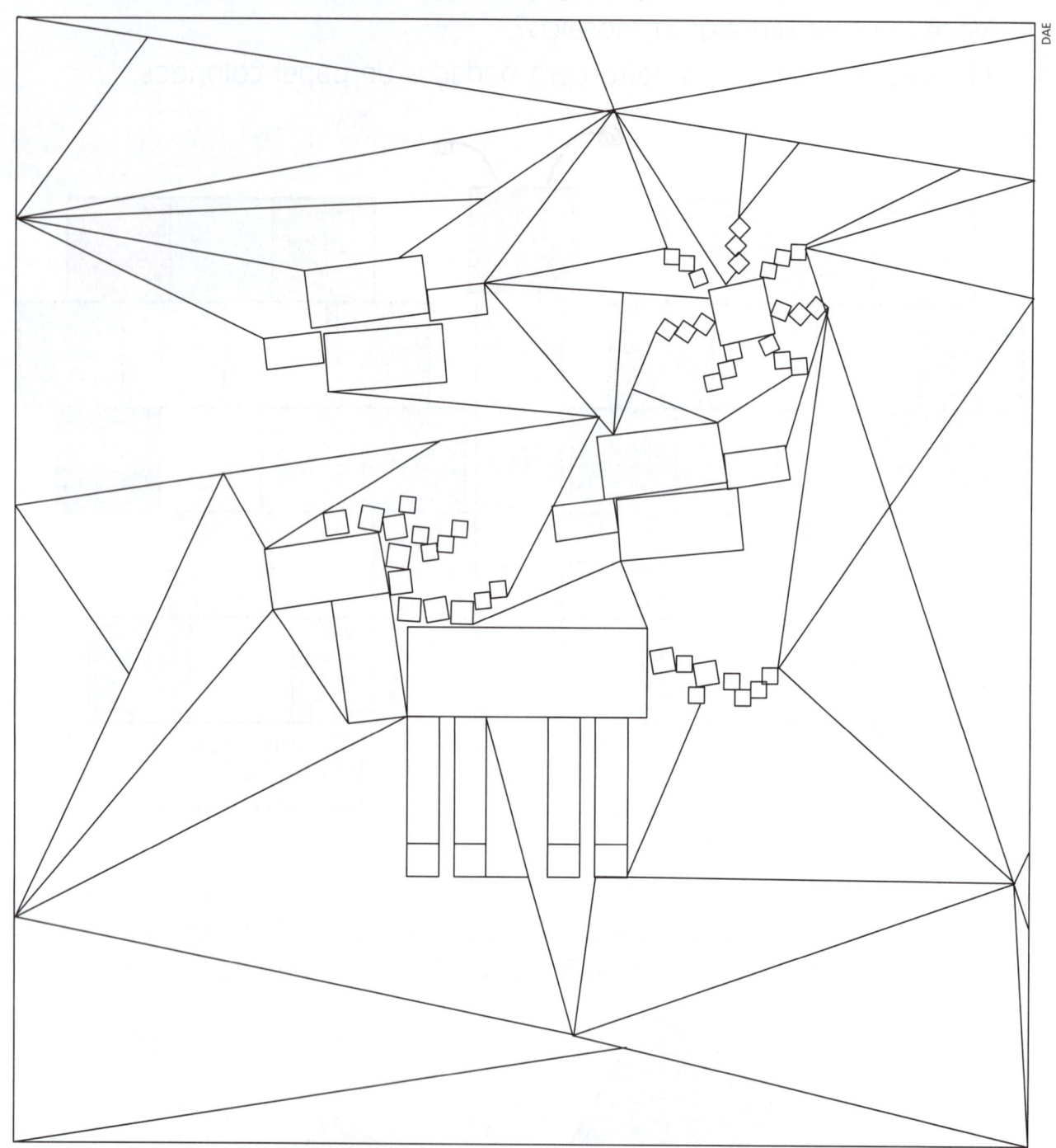

◆ No desenho, quantos retângulos e quadrados você coloriu?

Retângulos: _____.

Quadrados: _____.

1 Ederson desenhou um quadrado contornando um cubo apoiado em uma folha de papel.

- Em seguida, Ederson colocou uma caixa de pasta de dentes em cima de uma folha de papel. Pinte a forma geométrica que ele obteve contornando a caixa.

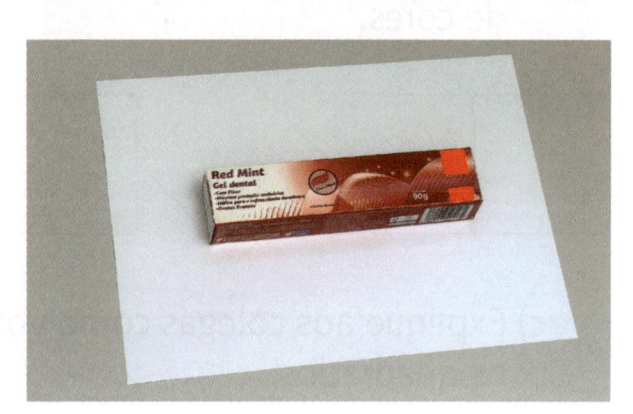

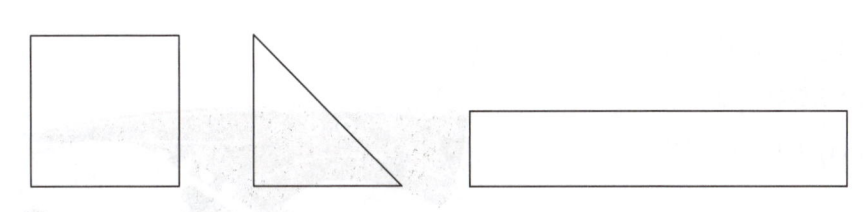

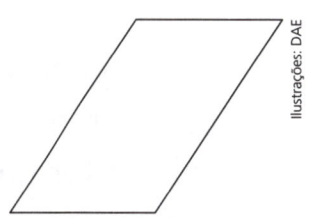

2 Pinte o desenho conforme o código de cores e formas.

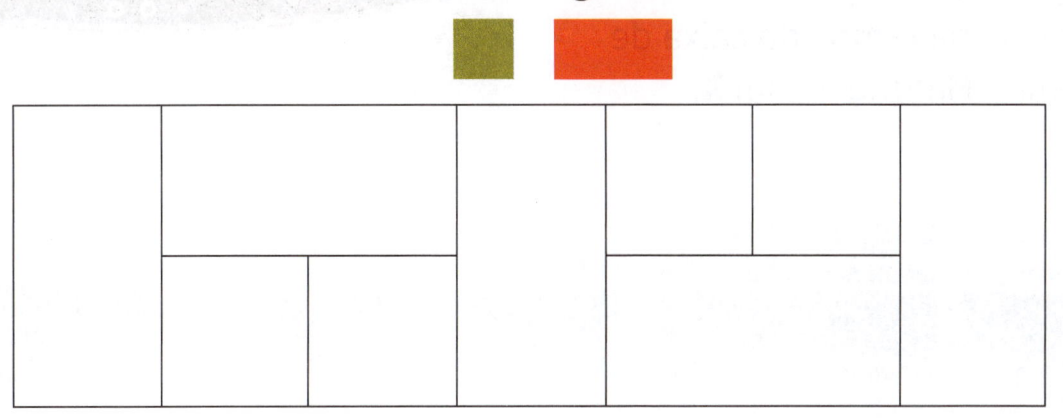

- Ao todo você coloriu _____ retângulos e _____ quadrados.

3 Veja a sequência de quadrados e suas cores.

a) Explique para os colegas como é a sequência de quadrados e a sequência de cores.

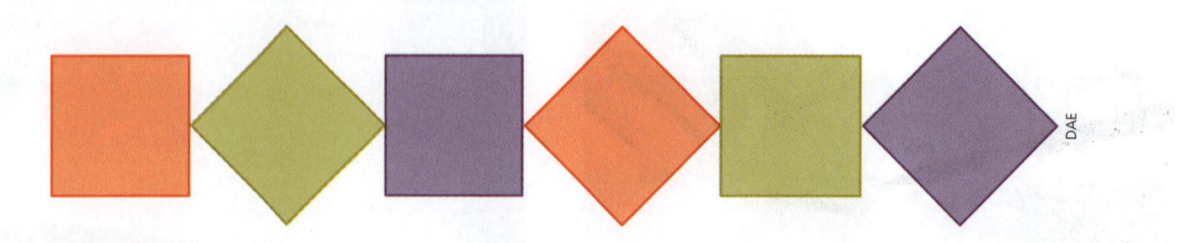

b) Agora é sua vez! Pinte os quadrados formando uma sequência de cores.

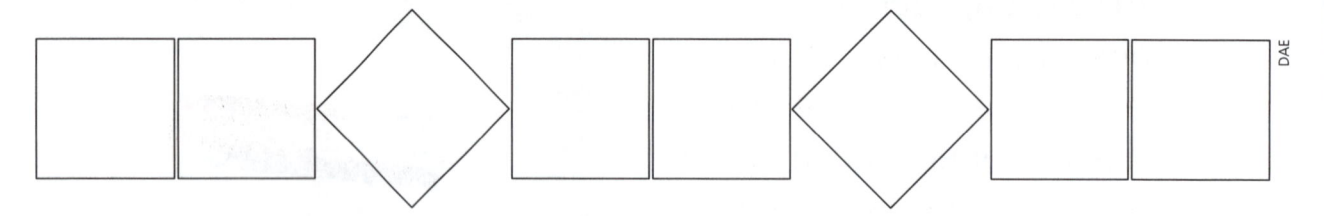

c) Explique aos colegas como você pensou ao escolher as cores para os quadrados.

4 Pedro ganhou de presente um par de tênis. Ele sabe que a caixa é formada apenas por retângulos.

• Qual das tampas tem a forma da tampa da caixa de tênis? Marque-a com **X**.

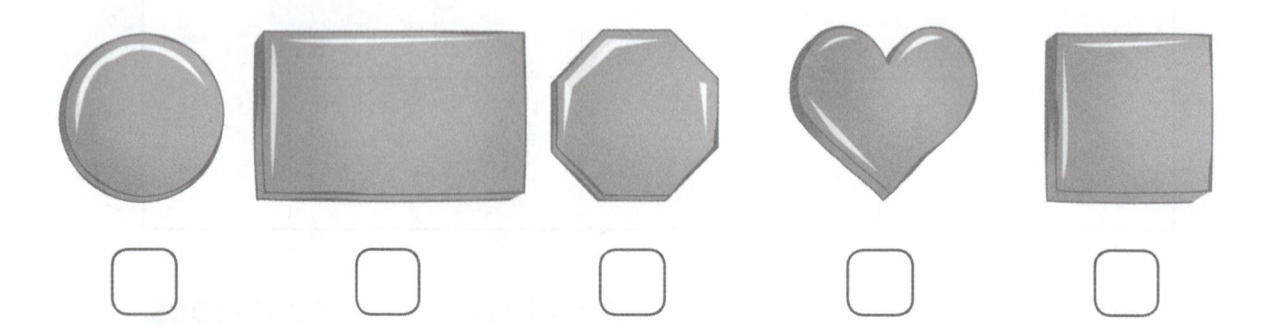

Encontre o que está desenhado!

Círculo e triângulo

Você deverá descobrir onde está, na cena, a parte do desenho dentro de cada **círculo**. Ganha a brincadeira quem primeiro localizar todas as partes.

• Você conseguiu localizar todos os detalhes que estavam nos círculos? _____

• Você sabe o que é um círculo? Desenhe um no quadro a seguir.

SETENTA E NOVE

◆ E o que é um triângulo? Contorne, na cena abaixo, um triângulo.

1 Veja o que podemos montar com um papelão em forma de triângulo. Monte você também com o molde da página 279, na seção **Encartes**.

◆ Em quantos triângulos o triângulo maior foi dividido? _____

2 Carolina, após tomar água, olhou para o fundo do copo vazio. Faça um desenho do que ela está vendo.

3 Há um segredo na sequência de figuras geométricas a seguir. Você sabe qual é?

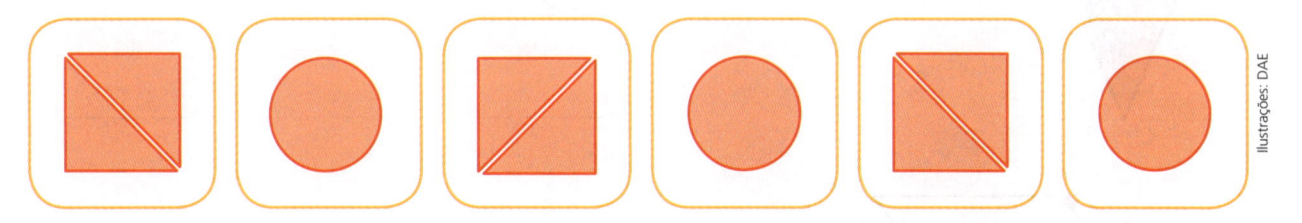

◆ Pinte qual será a próxima figura da direita.

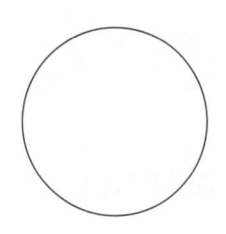

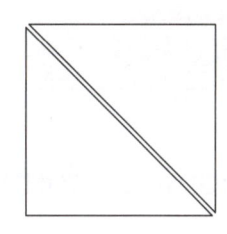

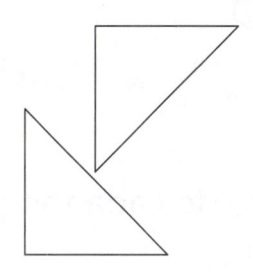

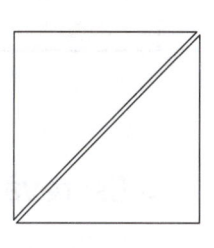

4 As caixas a seguir estão abertas. Ligue cada uma à tampa correspondente.

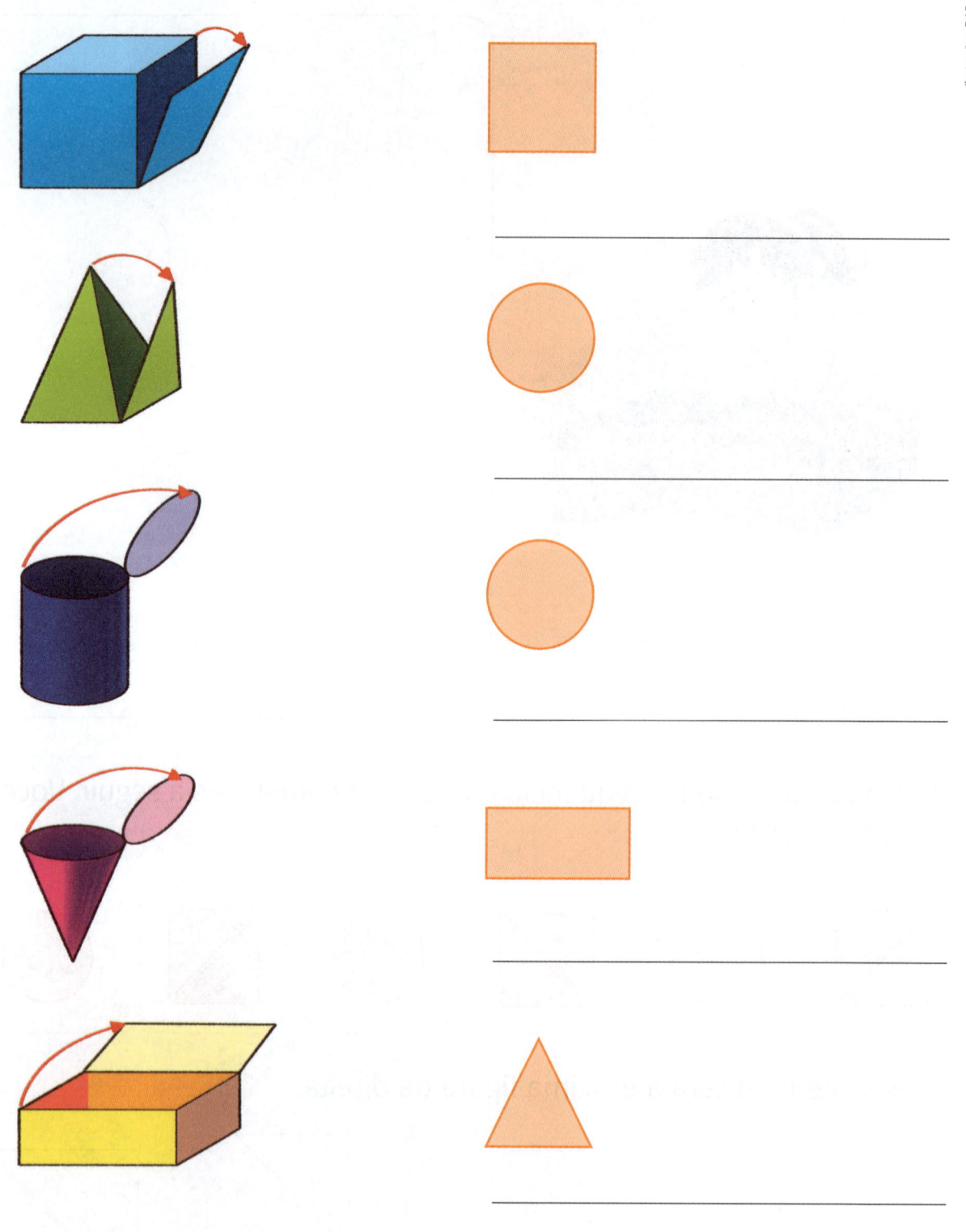

• Escreva abaixo de cada tampa o nome da forma geométrica com que ela se parece.

5 Quem sou eu? Descubra qual é a figura geométrica plana, considerando as características apresentadas.

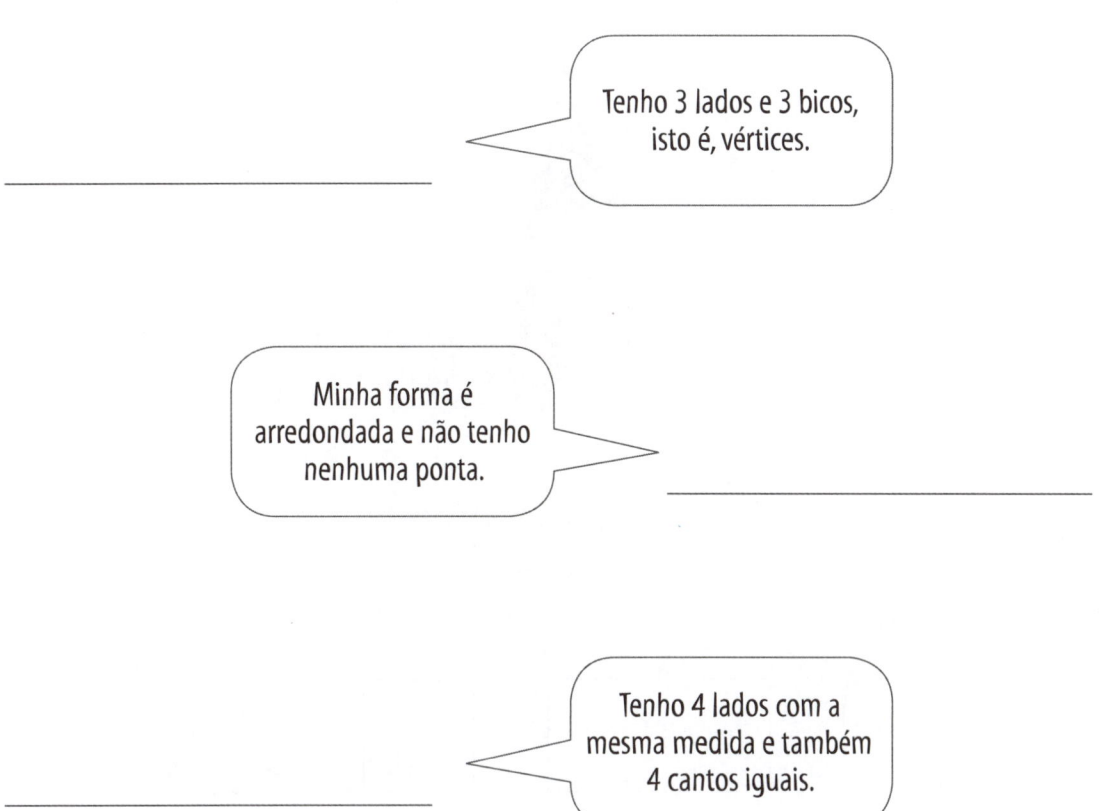

_____   Tenho 3 lados e 3 bicos, isto é, vértices.

Minha forma é arredondada e não tenho nenhuma ponta.   _____

_____   Tenho 4 lados com a mesma medida e também 4 cantos iguais.

6 Junte-se a um colega e observem as figuras a seguir. Escrevam as características que elas têm em comum e as diferenças entre elas.

_____
_____
_____
_____

7 Se você contornar com lápis o vaso de vidro que está em cima da cartolina, fará o desenho de qual figura geométrica? Pinte para responder.

8 Escolha um objeto que, ao contornar uma de suas faces, você encontre um quadrado. Faça esse contorno no quadro a seguir.

Caminho para o posto

Noções de vistas de objetos e formas

São quatro estradas, mas apenas uma delas leva ao posto de gasolina. Qual delas? Trace o caminho neste labirinto.

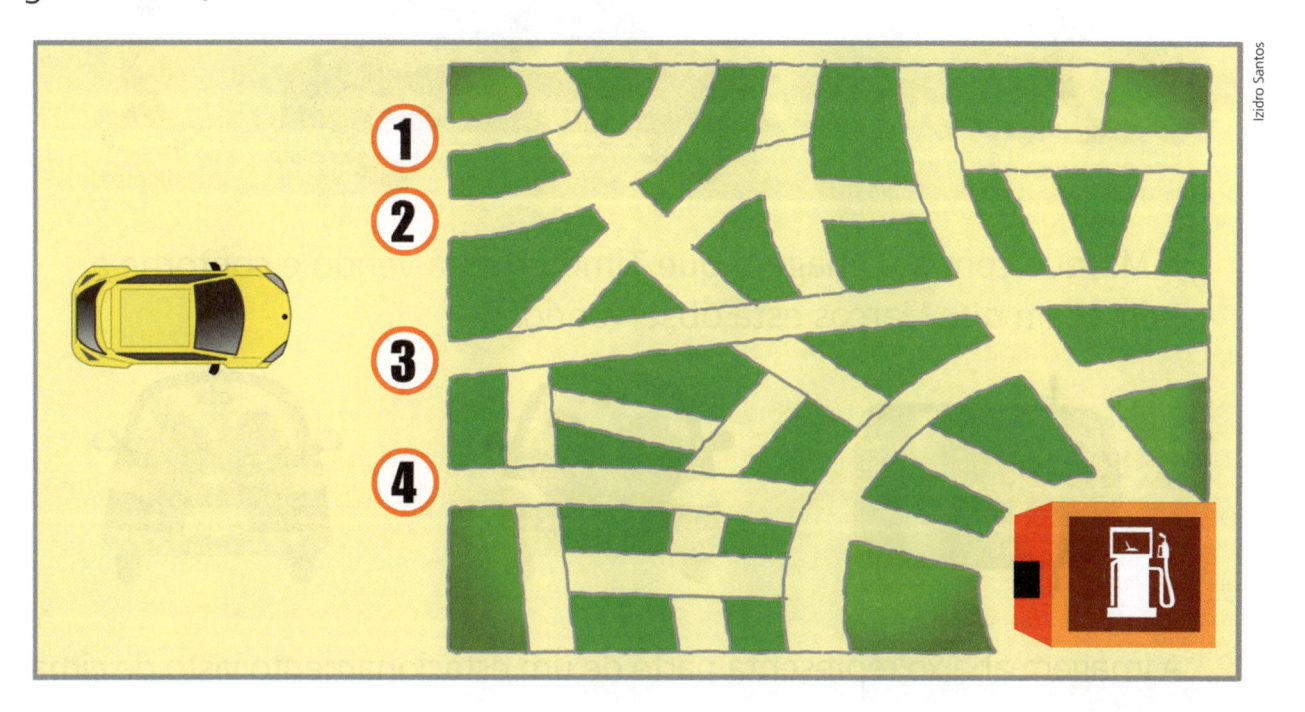

Você já viu algum desenho que representa as ruas de uma cidade? É como se estivéssemos olhando a cidade de cima.

◆ O que o desenho acima indica? Responda para os colegas.

1 Um carro está estacionado, e Marcos e Timóteo estão olhando para ele.

* Marque com **X** a imagem que Timóteo está vendo e contorne a imagem que Marcos está observando.

2 A imagem abaixo representa parte de um estacionamento visto de cima.

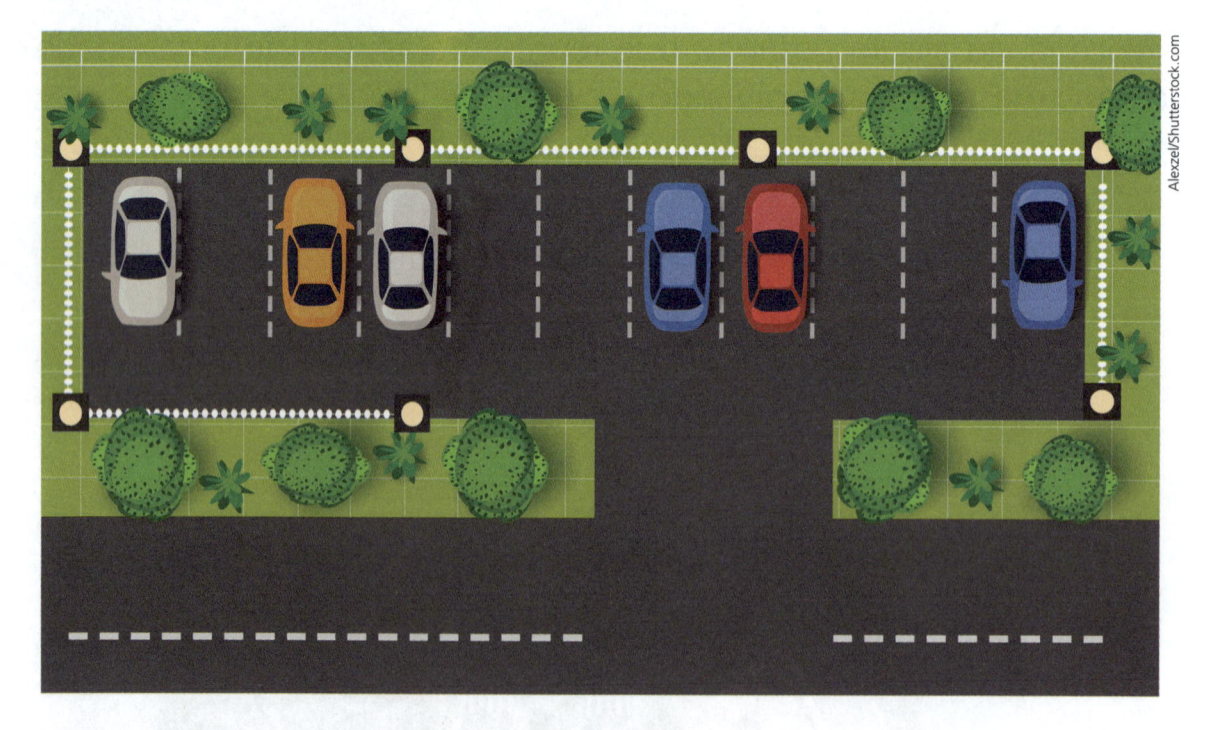

a) Quantos carros estão estacionados? _____

b) Quantas vagas ainda podem ser ocupadas? _____

3 Os quatro animais estão desenhados de frente e de costas. Ligue as imagens correspondentes.

4 Coloque um objeto qualquer em cima da mesa. Depois, desenhe esse objeto visto de frente.

- Qual é o nome do objeto que você escolheu?

_____

Entrando na sala de aula
Localização e trajetos

A linha tracejada mostra o caminho que Marcos fez ao entrar na sala de aula para chegar à sua carteira.

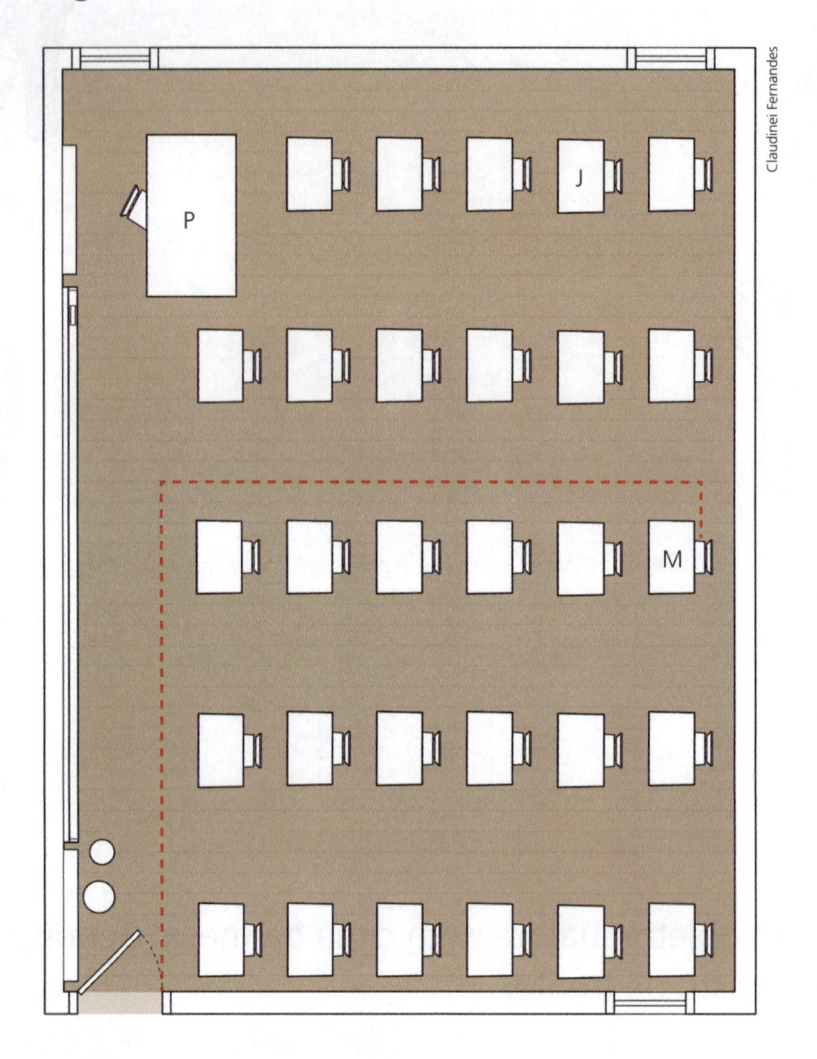

- Oralmente, explique o caminho que ele fez.
- Desenhe na planta da sala de aula outro caminho que ele poderia fazer.
- Nesta planta, o que está indicado pela letra **P**?

- Júlia está sentada na carteira indicada com a letra **J**. Quem está mais próximo da porta: Júlia ou Marcos?

A imagem da sala de aula, representada na página anterior, pode ser chamada de planta, que é uma maneira de representar um local. Outra maneira é por meio de um desenho, como no campo de futebol a seguir.

1 Abaixo temos uma planta de um local da casa em que Patrícia mora. Escreva o nome dos objetos que aparecem.

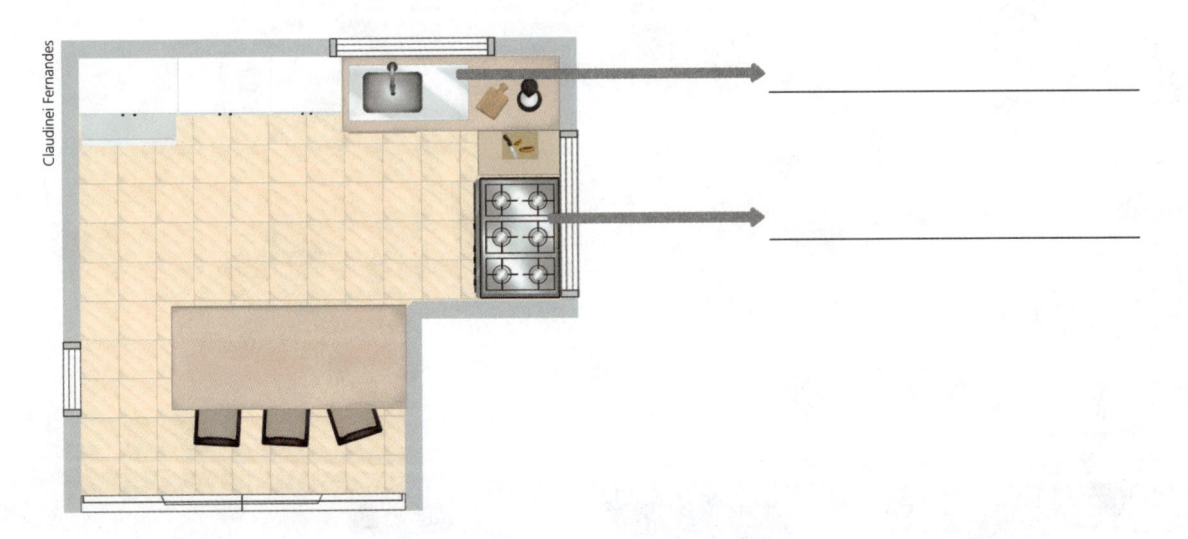

Qual é o local da casa de Patrícia que está representado acima?

_____

2 Descubra um caminho no labirinto para chegar ao tesouro. Trace o caminho.

3 Observe o desenho de parte de uma cidade. Laura saiu de sua casa, no ponto **A**, e foi de carro até a casa de Ricardo, no ponto **B**. O caminho que ela fez está indicado pela linha vermelha.

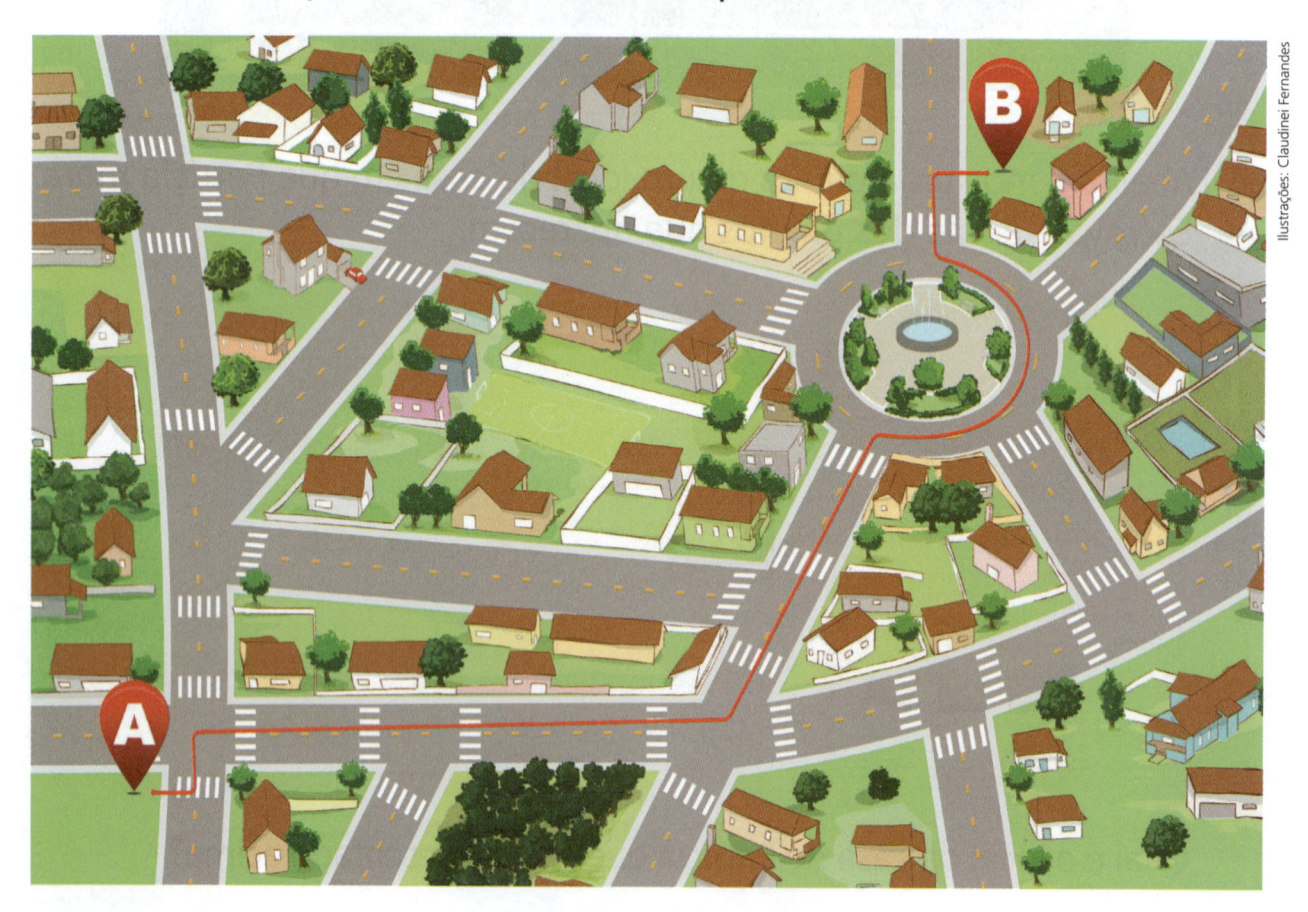

Oralmente, explique o caminho que ela fez.

4 Esta é uma atividade para você fazer com todos os colegas. Siga as orientações do professor e as instruções.

1. Você e os colegas devem sair da sala de aula e formar uma fila do lado de fora.

2. Andem até a biblioteca da escola.

3. Em seguida, dirijam-se à quadra esportiva.

4. Voltem para a sala de aula.

5. Representem com um desenho o trajeto que vocês percorreram.

5 Escolha um colega da sala de aula e descreva a localização da carteira na qual ele está sentado.

_____

_____

_____

_____

NOVENTA E UM 91

MATEMÁTICA em ação

O nome do pintor desta tela é Nadir Afonso. O quadro é uma composição geométrica.

▶ Nadir Afonso. *Composição geométrica*, c. 1947. Óleo sobre tela, 94 cm × 104,3 cm.

◆ Quais formas geométricas você reconhece no quadro?

_____

_____

Esse é um exemplo da utilização de formas geométricas como motivação para uma obra de arte. Aqui, o artista utilizou formas geométricas planas.

◆ Veja se reconhece, em alguma parte da obra, um triângulo formado por 4 triângulos menores e de mesmo tamanho, dispostos como a figura ao lado. Pinte o triângulo ao lado conforme as cores localizadas no quadro.

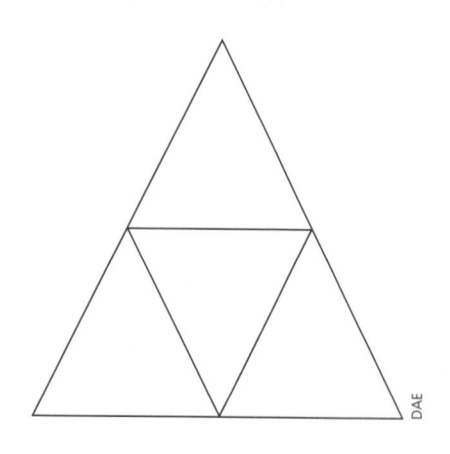

92 NOVENTA E DOIS

Assim como as artes, as construções muitas vezes são inspiradas nas figuras geométricas. Um exemplo disso é o jardim botânico da cidade de Curitiba.

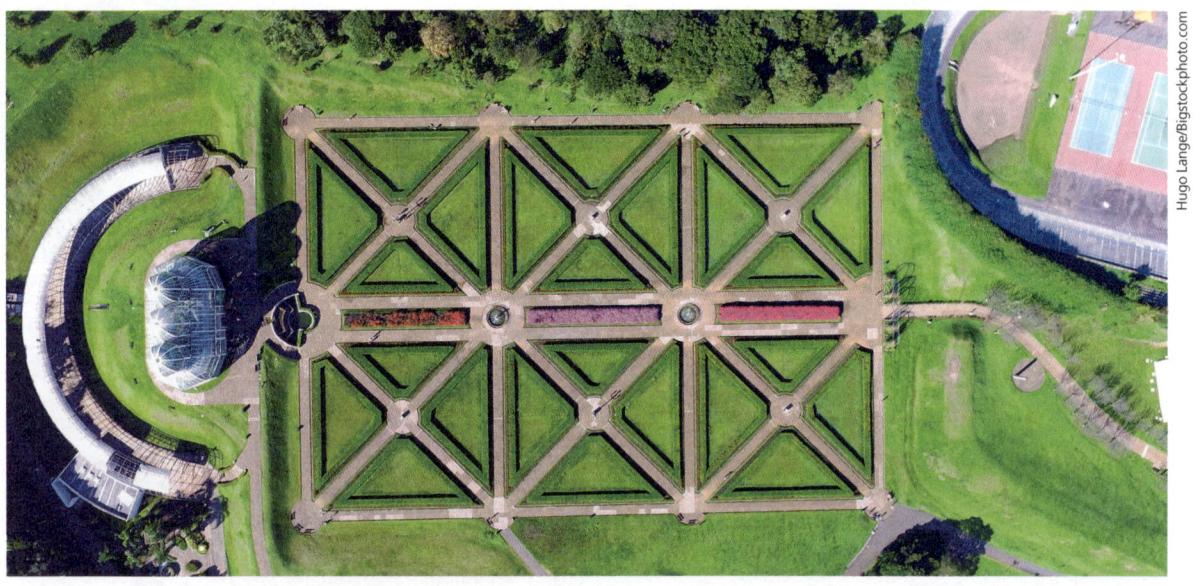

▶ Vista aérea do Jardim Botânico de Curitiba, Paraná.

- Identifique na imagem acima a forma de triângulo, de retângulo e de círculo. Indique-as e comente com os colegas.

Algumas vezes, basta olharmos para o chão para encontrarmos locais em que as formas geométricas aparecem.

- Recorte da página 281, na seção **Encartes**, as peças de um quebra-cabeça. Monte-o e descubra mais novidades sobre a utilização das formas geométricas.

Revendo o que aprendi

1 Você se lembra de ter visto algum semáforo nas ruas pelas quais já passou? Pinte o semáforo a seguir com as cores correspondentes aos significados e depois responda:

Pare.

Atenção.

Siga.

Qual figura geométrica lembra as formas que você pintou? _____

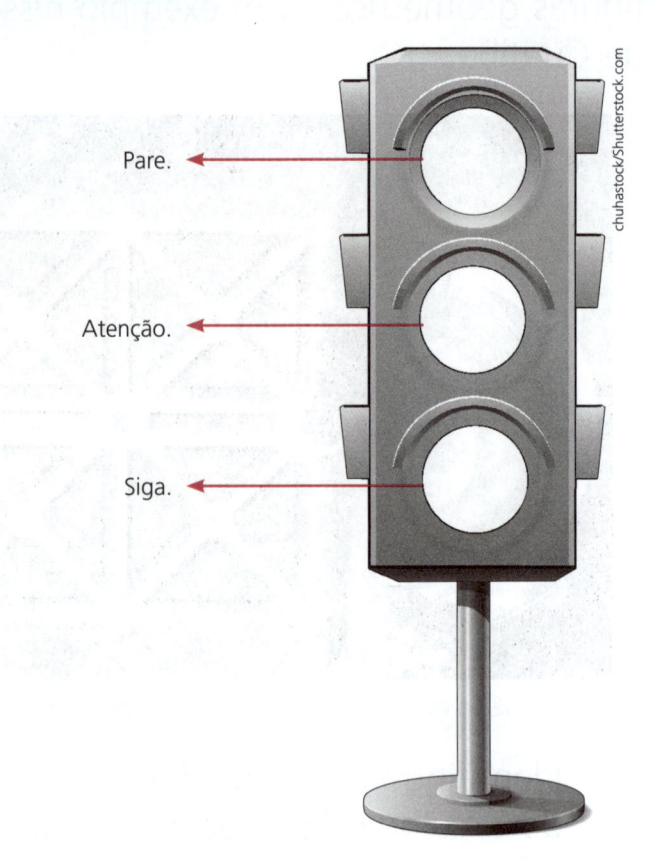

2 No quadro a seguir, faça o contorno de algum objeto para obter um retângulo.

3 Agora você é o artista! Pinte o quadro com 4 cores apenas. Depois mostre para a turma como ficou.

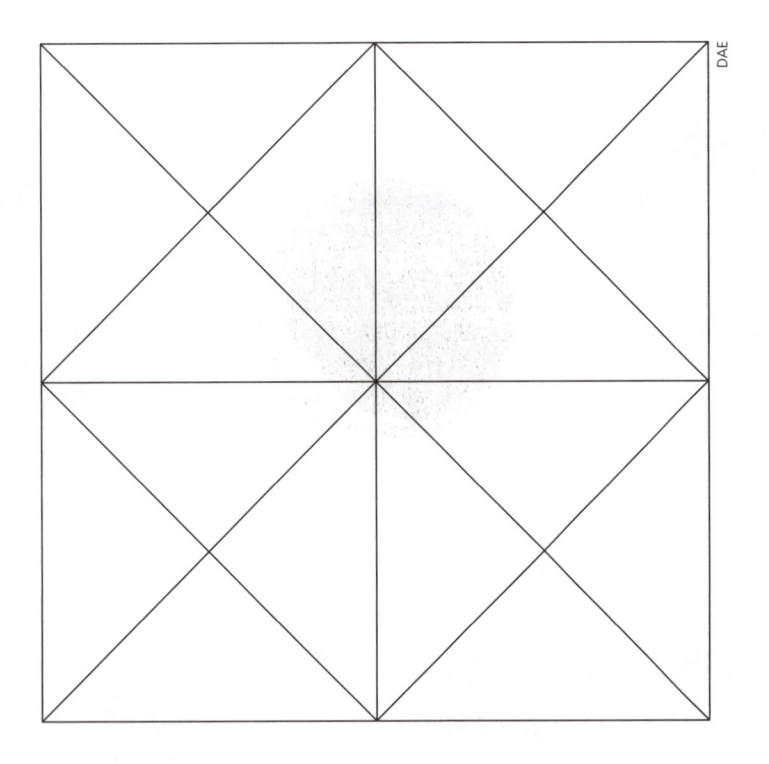

◆ Quais figuras geométricas você encontra no quadro?

_____

4 Pinte o quadro com as mesmas cores da face superior do cubo mágico que Pedro está observando.

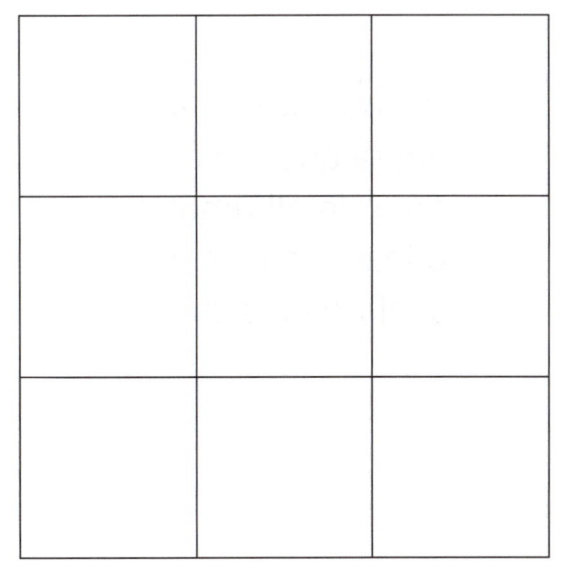

5 Esta é para você pensar! Descubra o que são as 3 imagens. Uma dica: elas estão sendo vistas de cima. Escreva o que você acha que elas representam.

> Os elementos não estão representados em proporção.

1

2

3

_____   _____   _____

6 Observe a pilha de cubos que a turma montou e colocou em cima da mesa.

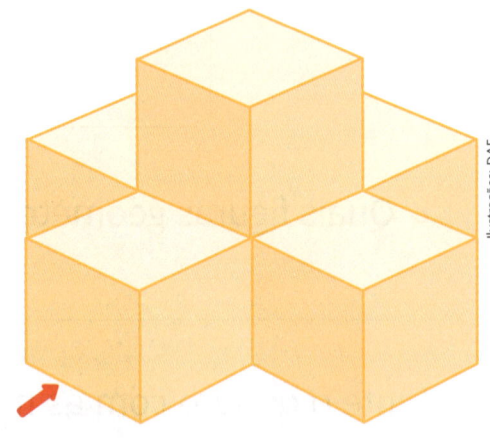

◆ Marque um **X** na figura que se vê quando olhamos a pilha de cubos no sentido da seta.

7 Escolha apenas duas cores para pintar o desenho: uma para os quadrados e outra para os retângulos.

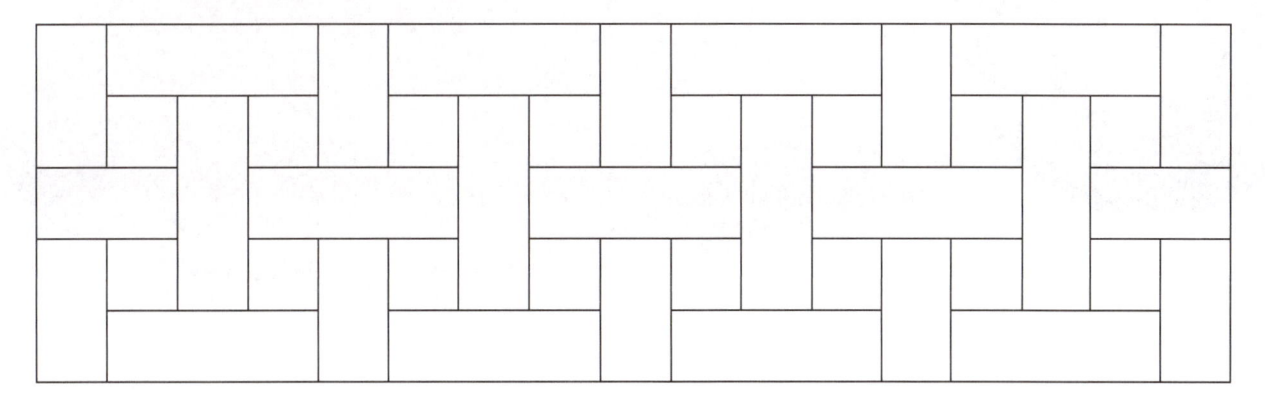

◆ Quantos quadrados você pintou no total? _____

Desafio

1 Você resolveu o desafio dos palitos do começo da unidade? Resolveu sozinho?

Agora propomos outro desafio. O desenho a seguir tem ao todo 9 retângulos. Mostre quais são eles.

UNIDADE 4
Sistema de numeração decimal

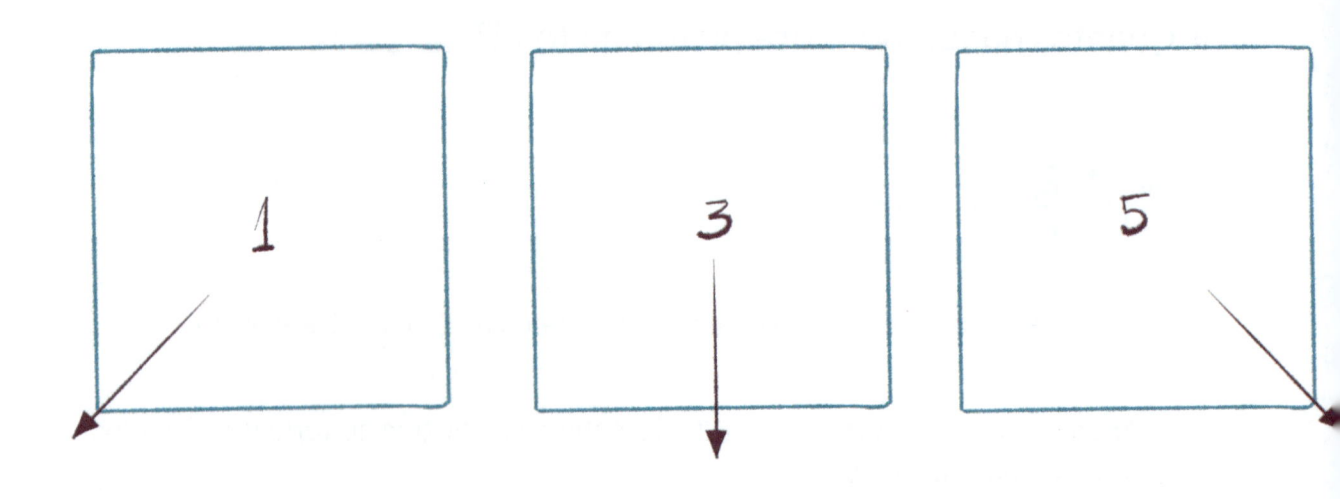

1   3   5

Gustavo adora fazer figuras diferentes. Note que na parede do quarto dele há quatro figuras e uma quinta está encoberta por ele.

▶ Você saberia dizer qual é a quinta figura? Então desenhe.

A brincadeira do bingo

Vamos brincar de bingo.

- Escolha 9 números de 1 a 100 e preencha a cartela a seguir com eles:

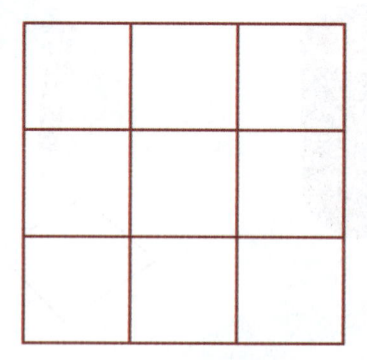

- Agora escute os números que o professor sorteará e, caso eles estejam na cartela, marque-os com **X**.
- O primeiro que completar a cartela será o vencedor.

Boa sorte!

O bolo de aniversário

Unidades, dezenas e centenas

As professoras fizeram um bolo para comemorar o aniversário da diretora. Pinte o bolo e mostre para os colegas como ficou!

◆ Contorne as barras e cubinhos do Material Dourado para representar a idade da diretora.

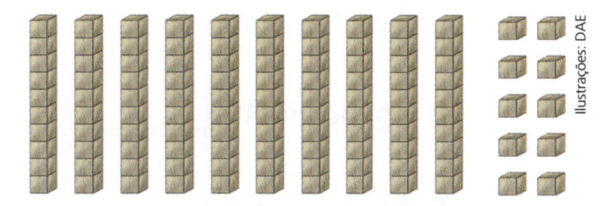

◆ Esse número é formado por _____ dezenas e _____ unidades.

Você viu que **1 dezena** tem **10 unidades**.
No Material Dourado temos:

Se você juntar **10 dezenas** terá **100 unidades**.
Essas 100 unidades são representadas por uma placa no Material Dourado.

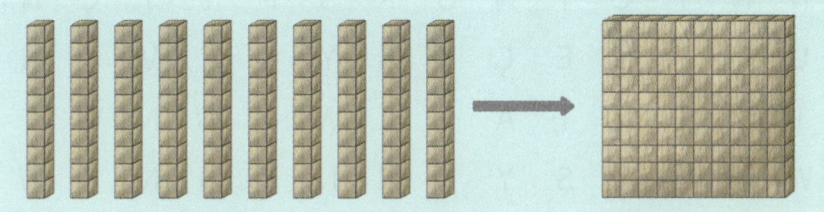

10 dezenas correspondem a **1 centena**

1 Lígia foi ao banco trocar uma nota de 100 reais.

a) Por quantas notas de 10 reais ela pode trocar essa quantia? _____

b) E por moedas de 1 real? _____

2 A professora montou um diagrama de palavras em que era necessário encontrar o nome dos números.

a) Escreva o nome dos números.

1 dezena: 10 (dez)

2 dezenas: 20 (_____)   6 dezenas: 60 (_____)

3 dezenas: 30 (_____)   7 dezenas: 70 (_____)

4 dezenas: 40 (_____)   8 dezenas: 80 (_____)

5 dezenas: 50 (_____)   9 dezenas: 90 (_____)

b) Agora encontre esses nomes no diagrama abaixo:

```
            I W Ç W N S
          U T K T Y K N I
        T E N O V E N T A U
      U W N G Y K E S S F T T
    W S S E S S E N T A K U K W
  V N N Y Ç T N U K S P Y Y Ç N N
Ç K U T Y S E Ç K S Y I Ç V I N T E
N W O I T E N T A E E W I W N W T D E Z
  K N W S Q Y S N N N Y N N K W S Y
    N N E P K N I K T K N E V K N E
      K S T V C I N Q U E N T A K
        Ç K Q U K S Q Y K H S P
          B T N S T Q Y K S N
            Q U A R E N T A
              T R I N T A
```

c) Qual palavra faltou? _____

3 Para a limpeza, a escola comprou 7 embalagens de esponjas como esta:

a) Quantas esponjas há nessa embalagem? _____

b) Quantas esponjas foram compradas? _____

4 Marta precisa separar 100 reais para pagar uma conta. Observe as notas que ela tem na carteira e contorne a quantia necessária para o pagamento.

◆ Quanto sobrará depois que Marta pagar a conta? _____

5 A turma fez uma trilha bem legal para brincar.

Cada um tinha de lançar um dado e caminhar tantas casas quanto o número de pontos que saía.

Observe na trilha as posições de Lucas, Marta e Camila:

● Lucas   ● Marta   ● Camila

- Quem está mais próximo de ganhar o jogo? _____
- Se Lucas jogar o dado e sair o 6, em qual casa da trilha ele ficará?

_____

- E se Camila jogar o dado e conseguir 5 pontos, qual será sua nova posição? _____

6 Veja os tubos de cola da papelaria em frente à escola.

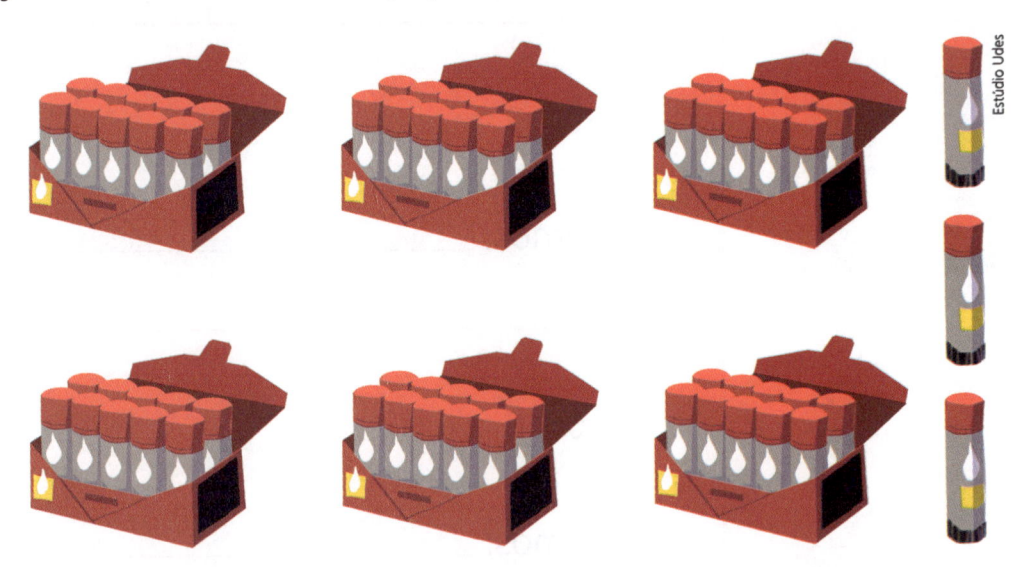

a) Cada caixa contém quantas unidades de tubo de cola? _____

b) Quantos tubos de cola há nessa papelaria, no total?

   Para responder complete: 60 + _____ = _____

7 Quantos reais tem cada um?

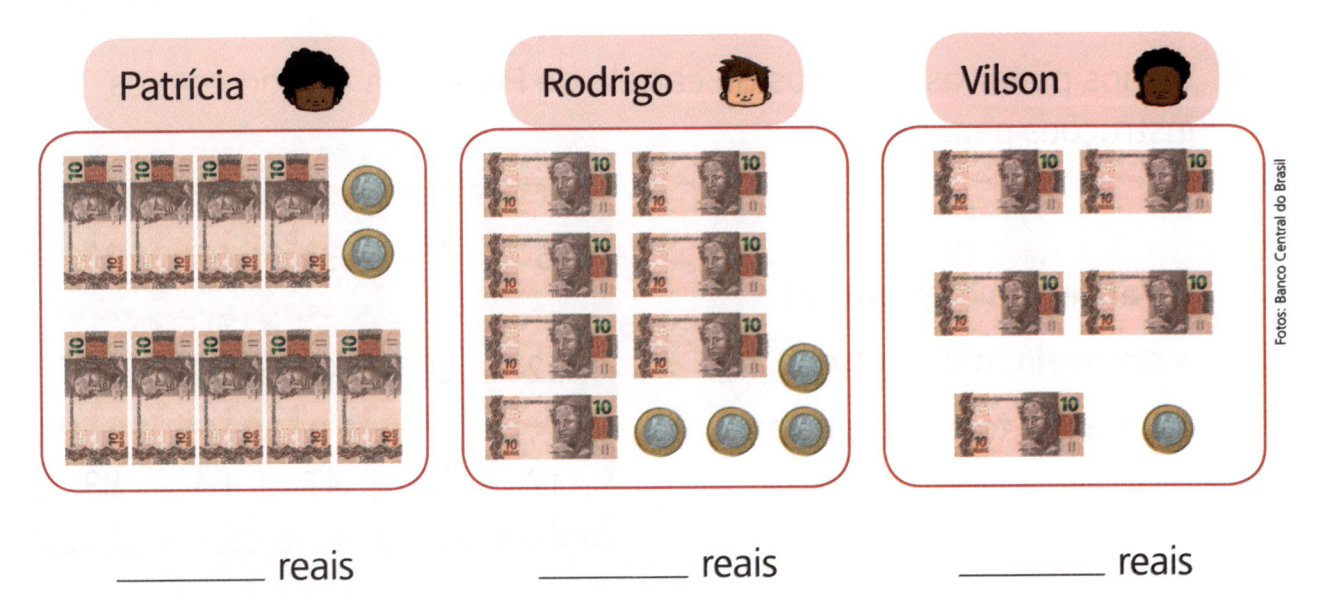

| Patrícia | Rodrigo | Vilson |

_____ reais   _____ reais   _____ reais

a) Qual dos amigos tem mais dinheiro? _____

b) Quem tem menos? _____

8 Complete as adições e escreva o nome dos números formados.

	a) 90 + 2 = _____ Lemos: _____
	b) 60 + 6 = _____ Lemos: _____
	c) 70 + 9 = _____ Lemos: _____

9 Vamos pintar os números da cartela de Pedro, de acordo com as instruções para cada cor.

- **Verde:** maiores que 50.
- **Amarelo:** menores que 20.
- **Laranja:** todos os outros.

5	20	33	55	70
12	23	40	59	84
17	28	47	64	88

Agora escreva em ordem crescente, isto é, do menor para o maior, os números pintados de laranja:

_____

10 Complete o quadro com os números que faltam.

60	61								69
				74					
80									89
				94					

a) Observando o que você preencheu, escreva agora os números "vizinhos" em cada quadro a seguir.

_____, 92, _____

_____, 98, _____

_____, 77, _____

_____, 65, _____

_____, 88, _____

b) Qual número vem imediatamente depois do 99? _____

Desafio

1 Descubra qual é o segredo da pilha de bolinhas com números. Depois, complete-a colocando o número adequado no topo.

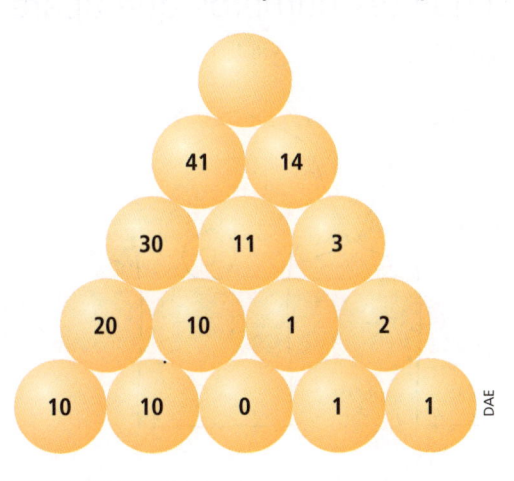

Pilha de bolinhas:
- Topo: (vazio)
- 41, 14
- 30, 11, 3
- 20, 10, 1, 2
- 10, 10, 0, 1, 1

O que é algarismo?

Algarismos e decomposição de um número

Você sabe o que é **algarismo**?

Observe o quadro a seguir. Pinte apenas as regiões que estão com pontinhos para descobrir os dez algarismos que utilizamos.

- O que você acabou colorindo são os símbolos que utilizamos para escrever os números. Escreva esses símbolos:

_____

- Pinte agora os seguintes números que aparecem nas camisas de jogadores de futebol.

23   6   75

- Quantos números você pintou? _____

108 CENTO E OITO

Utilizamos dez **símbolos** para escrever os números.

0, 1, 2, 3, 4, 5, 6, 7, 8 e **9**

Cada um desses símbolos é chamado de **algarismo**.

Assim, no número 23 (vinte e três) utilizamos dois algarismos: um indica **dezenas** e o outro **unidades**.

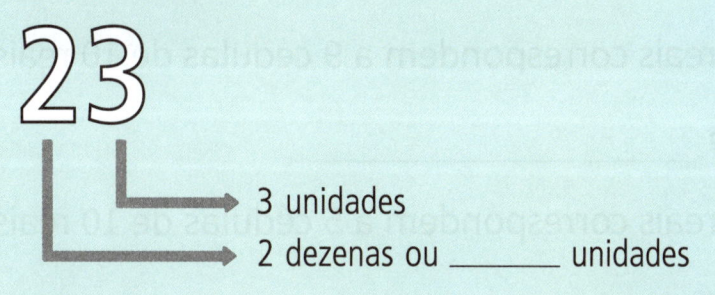

23

→ 3 unidades
→ 2 dezenas ou _____ unidades

Quando escreve esse número como 23 = 20 + 3, você faz uma **decomposição** dele.

Agora, se você juntar dezenas e unidades, como 20 + 3 = 23, está efetuando uma **composição** do número.

1 Faça a decomposição dos números em dezenas e unidades.

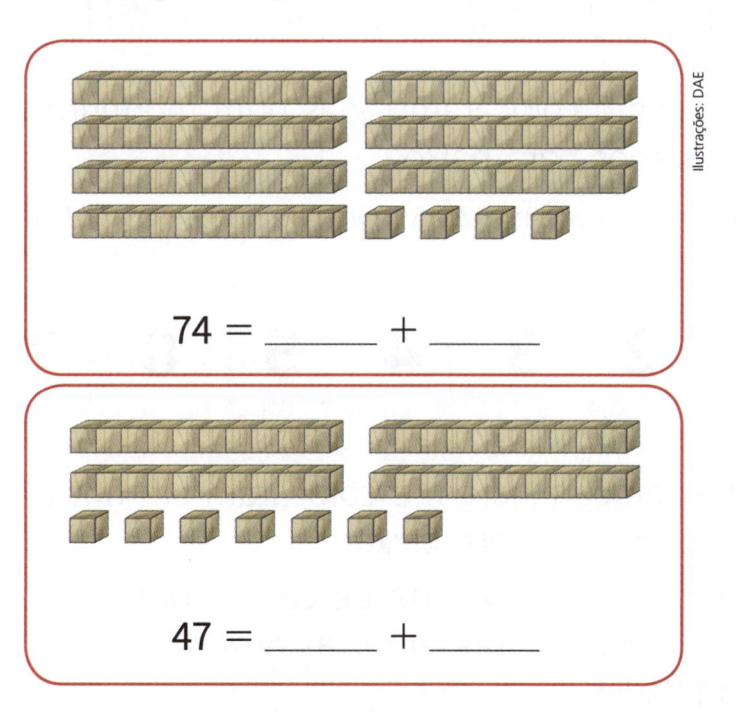

74 = _____ + _____

47 = _____ + _____

a) Quais algarismos aparecem nos dois números? _____

b) Qual dos dois números é maior? _____

2 Agora complete a composição dos números.

90 + 2 = _____   50 + 9 = _____

Responda:

a) Quantos reais correspondem a 9 cédulas de 10 reais e 2 moedas de 1 real? _____

b) Quantos reais correspondem a 5 cédulas de 10 reais e 9 moedas de 1 real? _____

3 Veja a brincadeira que a turma inventou e depois responda à questão.

1. Fizeram cartas vermelhas com os 10 algarismos.

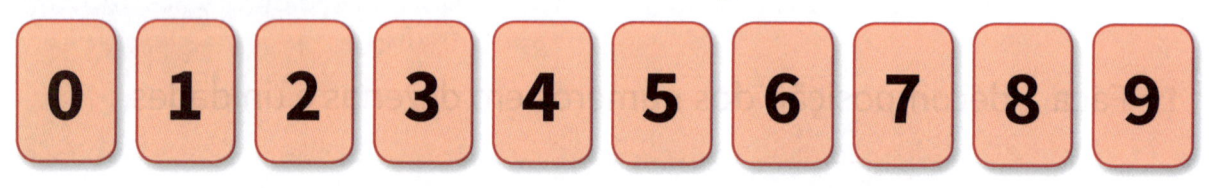

| 0 | 1 | 2 | 3 | 4 | 5 | 6 | 7 | 8 | 9 |

2. Embaralharam e colocaram todas num montinho, com os números virados para baixo.
3. Depois fizeram cartas azuis com os mesmos 10 algarismos.

| 0 | 1 | 2 | 3 | 4 | 5 | 6 | 7 | 8 | 9 |

4. Também as embaralharam e colocaram em outro montinho, com os números virados para baixo.
5. Cada aluno tirava uma carta de cada montinho: a vermelha deveria representar as dezenas, e a azul as unidades.

| D | U |

6. Ganhava o jogo quem conseguisse, na sua vez, formar o maior número.

• Qual é o maior número do jogo? _____

110 CENTO E DEZ

4 Maurílio retirou do baralho, conforme brincadeira anterior, as seguintes cartas: **7 5**

a) Conforme a regra do jogo, ele formou o número

_____, que é lido como _____.

b) Faça a decomposição desse número em dezenas e unidades.

_____

5 Ligue cada conjunto de cartas com a decomposição do número representado neles.

6 2   30 + 8

4 9   70 + 1

3 8   60 + 2

8 8   80 + 8

7 1   40 + 9

- Escreva como lemos o maior desses números.

_____

CENTO E ONZE 111

6 Na lousa, o professor escreveu um número com dois algarismos, mas escondeu o algarismo das unidades.

a) Quais números de dois algarismos podem ser escritos nessa condição?
_____

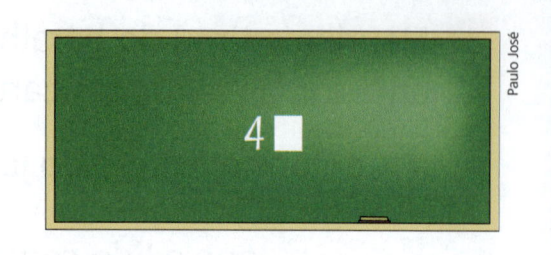

b) Desses números, quais são maiores que 43 e menores que 49?
_____

7 Escreva com algarismos o número descrito em cada item.

a) O número tem 3 dezenas e 7 unidades: _____

b) O número tem oitenta e nove unidades: _____

c) O número é 1 unidade a mais que 9 dezenas: _____

d) O número é 3 unidades a menos do que 5 dezenas: _____

8 Qual é a quantia correspondente a:

a) 1 cédula de 50 reais e 8 moedas de 1 real? _____ reais

b) 4 cédulas de 20 reais e 4 moedas de 1 real? _____ reais

c) 4 cédulas de 10 reais e 1 cédula de 20 reais? _____ reais

d) 5 cédulas de 10 reais e 3 cédulas de 2 reais? _____ reais

9 Pensei em um número formado por 2 algarismos. Os algarismos são iguais e o número é maior que 50 e menor que 64.

a) Qual é esse número? _____

b) Escreva esse número como se lê. _____

Ajudando quem precisa

Adição: números com dois algarismos

Já ouviu falar em solidariedade?

As duas turmas do 2º ano se reuniram a fim de arrecadar roupas para pessoas carentes da comunidade.

Após a campanha, a professora fez **gráficos** para organizar o que havia sido arrecadado nas turmas:

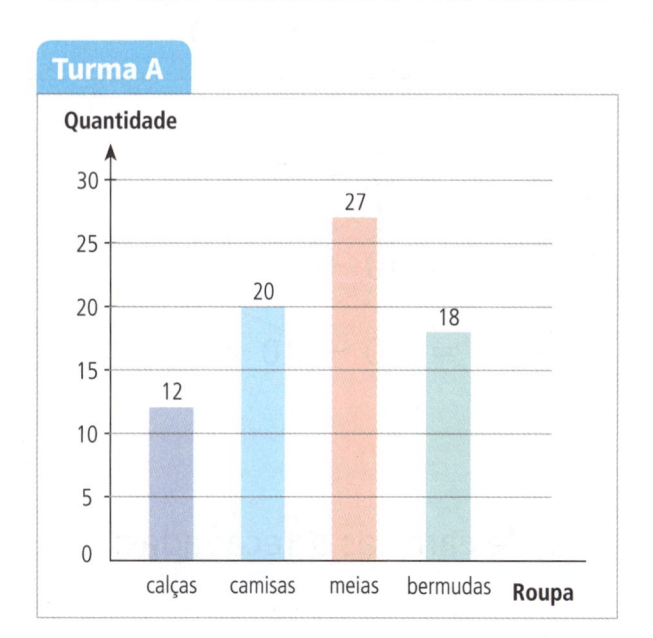

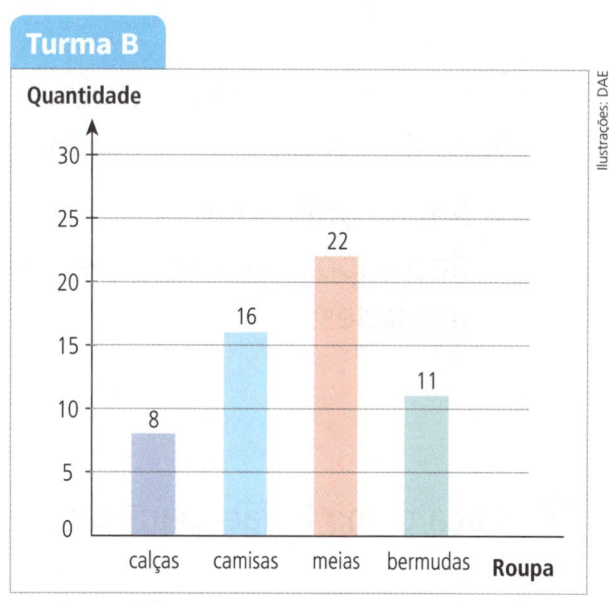

Turma A

Roupa	Quantidade
calças	12
camisas	20
meias	27
bermudas	18

Turma B

Roupa	Quantidade
calças	8
camisas	16
meias	22
bermudas	11

Fonte dos gráficos: Campanha da Solidariedade.

- Observando os gráficos, qual tipo de roupa foi mais arrecadado em cada turma? _____
- Quantas camisas a turma **A** arrecadou a mais que a turma **B**?

_____

- De acordo com as informações dos gráficos da página anterior, preencha com um colega a **tabela** a seguir:

TURMA	CALÇAS	CAMISAS	MEIAS	BERMUDAS
A				
B				
Total				

1 Paola e Rafael fizeram a adição para calcular o total de calças de maneiras diferentes.

- Paola utilizou o Material Dourado:

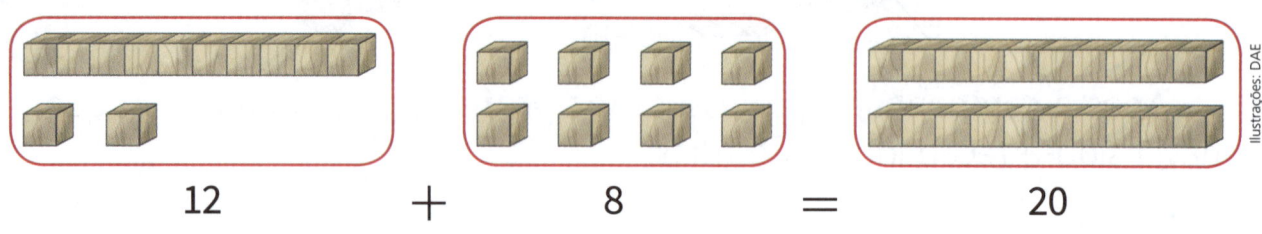

12 + 8 = 20

Juntando 12 cubinhos com 8 cubinhos dá _____ cubinhos.

- Rafael utilizou a decomposição em dezenas e unidades:

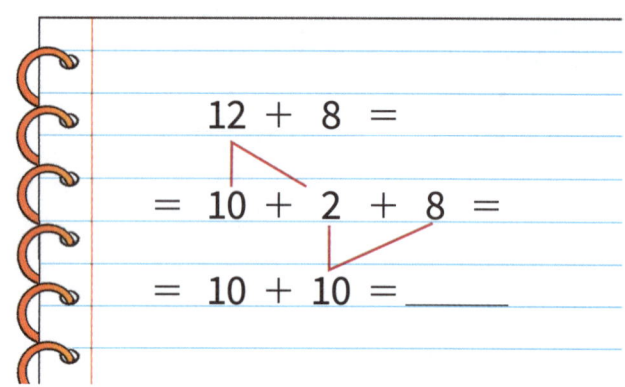

12 + 8 =
= 10 + 2 + 8 =
= 10 + 10 = _____

2 Faça como Rafael para calcular o total de camisas arrecadadas:

20 + 16 =
= 20 + _____ + _____ =
= _____ + _____ = _____

3 A professora efetuou a adição de 45 + 23 utilizando a decomposição.

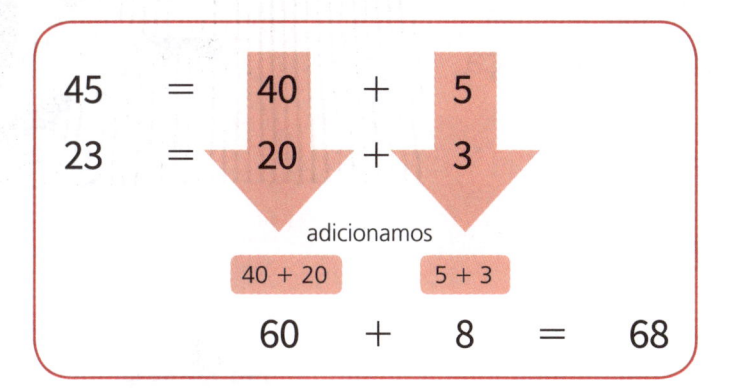

```
45  =  40  +  5
23  =  20  +  3
       adicionamos
       40 + 20    5 + 3
         60   +   8   =   68
```

Resumindo:

$$45 \rightarrow 40 + 5$$
$$+$$
$$23 \rightarrow 20 + 3$$
$$60 + 8 = 68$$

Assim, _____ + _____ = _____.

◆ Utilize esse procedimento e calcule:

a) 24 + 72 = _____

b) 51 + 37 = _____

4 Num jogo, a ficha amarela valia 10 pontos e a ficha verde, 1 ponto. Observe quantas fichas Paulinha juntou em dois jogos.

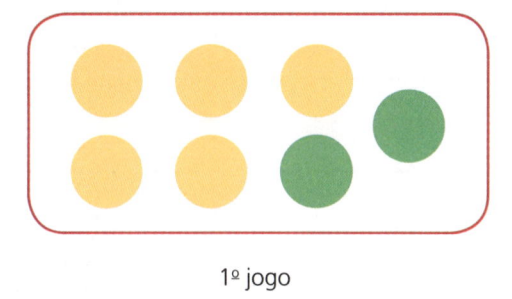

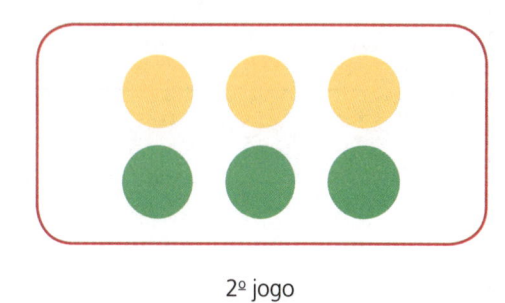

1º jogo   2º jogo

a) Quantos pontos ela conseguiu nos dois jogos? _____

b) Mostre como você pensou:

5 Como presente de aniversário, a mãe de Luan comprou uma camiseta e uma bermuda. Veja quanto custou cada peça de roupa.

R$ 32,00

a) Quanto ela gastou? _____

b) Mostre como você calculou:

R$ 46,00

6 Desafie seu colega inventando um problema que envolva:

a) os números 50, 150 e 200;

_____
_____
_____
_____
_____
_____

b) a quantia de 500 reais.

_____
_____
_____
_____
_____
_____

Depois de resolverem os problemas um do outro, corrijam-nos juntos.

7 Os primos Murilo e Adelaide economizaram para comprar um presente para a avó. Veja quanto cada um economizou.

Murilo

Adelaide

a) Murilo tem _____ reais e Adelaide _____ reais.

b) Para comprar o presente, os dois resolveram juntar as quantias que economizaram. Desenhe no quadro a seguir as cédulas e moedas que representam a quantia que Murilo e Adelaide têm juntos.

_____ + _____ = _____

As cédulas e moedas não estão representadas em proporção.

8. Utilizando um ábaco, Márcia representou um número de dois algarismos e depois colocou 8 continhas na haste das unidades. Observe e responda às perguntas.

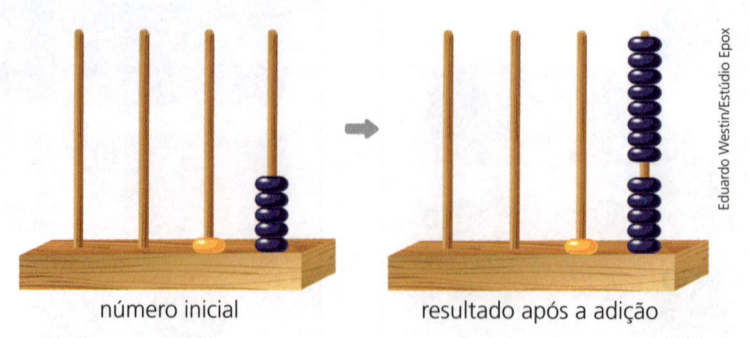

número inicial → resultado após a adição

a) Qual foi o número que ela representou inicialmente? _____

b) Que número ela adicionou? _____

c) Qual é o resultado dessa adição? _____

9. Pedro gastou 44 reais no supermercado com alimentos. Na farmácia, ele gastou mais 32 reais em medicamentos. Quantos reais Pedro gastou ao todo?

_____

10. Em uma atividade cultural realizada na escola, todos os alunos do 2º ano participaram. Na turma A havia 27 alunos, e na turma B, 32 alunos. Quantos alunos ao todo participaram dessa atividade?

_____

11. Descubra em que número estou pensando.
- É um número que está entre 50 e 99.
- O algarismo das dezenas é o dobro do algarismo das unidades.

O número no qual estou pensando é: _____.

Lugares ocupados
Subtração: números com dois algarismos

A turma foi ao teatro.

Antes de começar a peça, a professora contou que 63 lugares já estavam ocupados.

- São 99 lugares ao todo. Como podemos fazer para descobrir quantos lugares estão vazios? Explique no desenho abaixo.

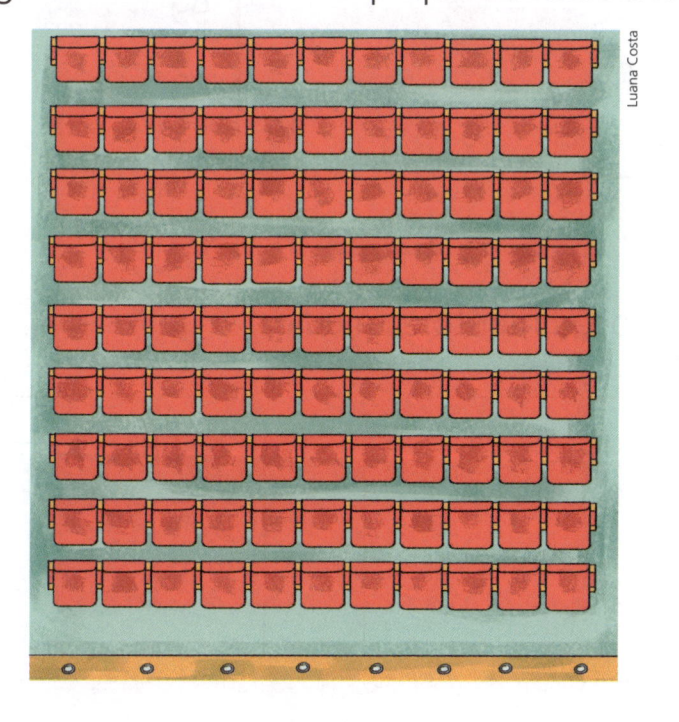

Para descobrir quantos são os lugares vagos, podemos calcular o resultado da subtração:

$$99 - 63$$

Utilizando o Material Dourado, representamos inicialmente a quantidade de lugares. Depois, riscamos a quantidade de lugares ocupados.

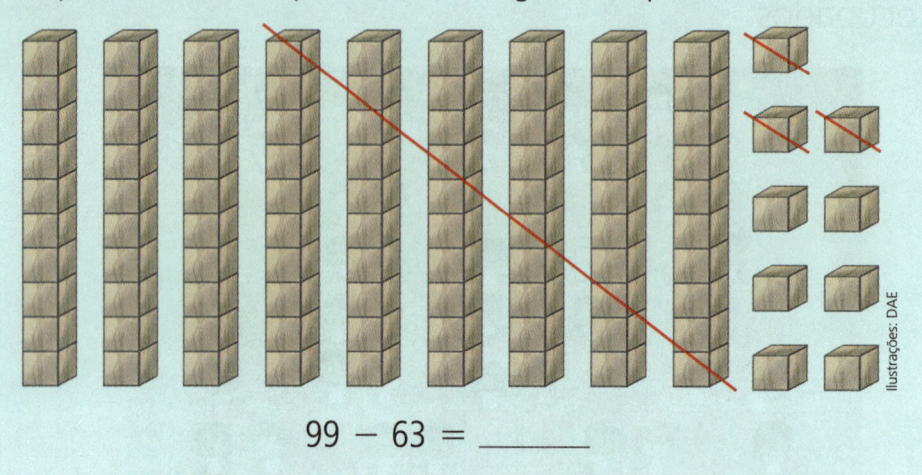

99 − 63 = _____

1 Veja como Priscila resolveu a questão utilizando a decomposição dos dois números:

99 = 90 + 9
63 = 60 + 3

subtraímos
90 − 60   9 − 3
30 + 6 = 36

Resumindo:

99 → 90   9
63 → − 60 − 3
      30   6

30 + 6 = 36

Assim, _____ − _____ = _____.

- Utilize esse procedimento e calcule:

a) 84 − 51 = _____

b) 58 − 17 = _____

2 Pedro foi ao supermercado no fim de semana. Veja os quadros com as quantias que ele tinha antes e depois da compra.

As cédulas e moedas não estão representadas em proporção.

antes da compra

depois da compra

a) Pedro tinha _____ reais e depois da compra ficou com _____ reais, ou seja, ele gastou _____.

b) Faça uma subtração para mostrar como você calculou:

3 O quadro apresenta as quantidades de salgados vendidos na cantina da escola nesta semana:

Dia	Segunda-feira	Terça-feira	Quarta-feira	Quinta-feira	Sexta-feira
Quantidade	25	12	21	27	38

a) Em qual dia da semana foram vendidos mais salgados? _____. E menos? _____.

b) Calcule a diferença entre as quantidades de salgados vendidos nesses dois dias e complete:

_____ − _____ = _____

CENTO E VINTE E UM **121**

4 Utilizando um ábaco, a professora fez uma subtração para os alunos, mas mostrou apenas o número inicial e o resultado.

Responda:

a) Qual é o número inicial? _____

b) Qual é o resultado da subtração? _____

c) Qual é a subtração representada? _____

5 Eu tinha 55 reais. Dei 10 reais a Pedro, para ele comprar um lanche, e 12 reais a Lúcia, que queria comprar um caderno. Quantos reais ainda tenho?

_____

6 Marcos pagou sua compra com 1 cédula de 50 reais e recebeu de troco uma cédula de 20 reais e 2 moedas de 1 real. Qual foi o valor da compra?

_____

7 Descubra em que número estou pensando.

- É um número que está entre 50 e 80.
- Subtraindo 1 dezena do número, o resultado é 68.

O número no qual estou pensando é: _____.

Quanto dinheiro!

As centenas e o número 1 000

Pietro trabalha no caixa de um supermercado.

Pela manhã ele contou que havia 10 cédulas de 100 reais no caixa.

◆ Quantos reais ele tinha no caixa? _____

◆ Ligue os valores em reais às cédulas.

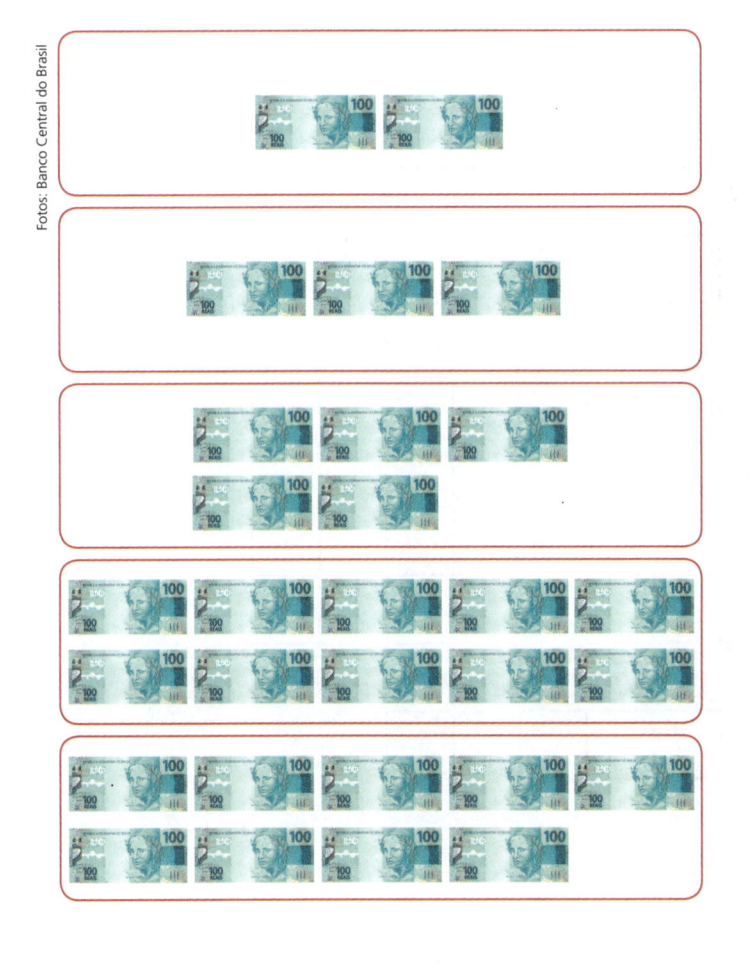

- 2 cédulas → 300 reais
- 5 cédulas → 500 reais
- 6 cédulas → 200 reais
- 9 cédulas → 900 reais
- 10 cédulas → 1 000 reais

No Material Dourado vimos, até aqui, a placa, a barra e o cubinho.

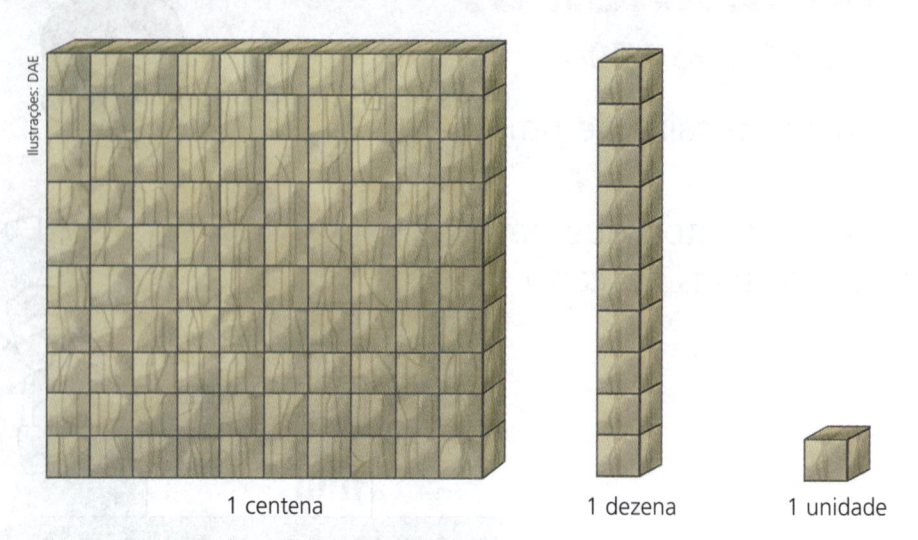

1 centena   1 dezena   1 unidade

- Cada barra representa 1 dezena ou 10 unidades.
- Cada placa representa 1 centena ou 10 dezenas ou 100 unidades.

1 Complete o diagrama de palavras com o nome de alguns números que representam centenas exatas.

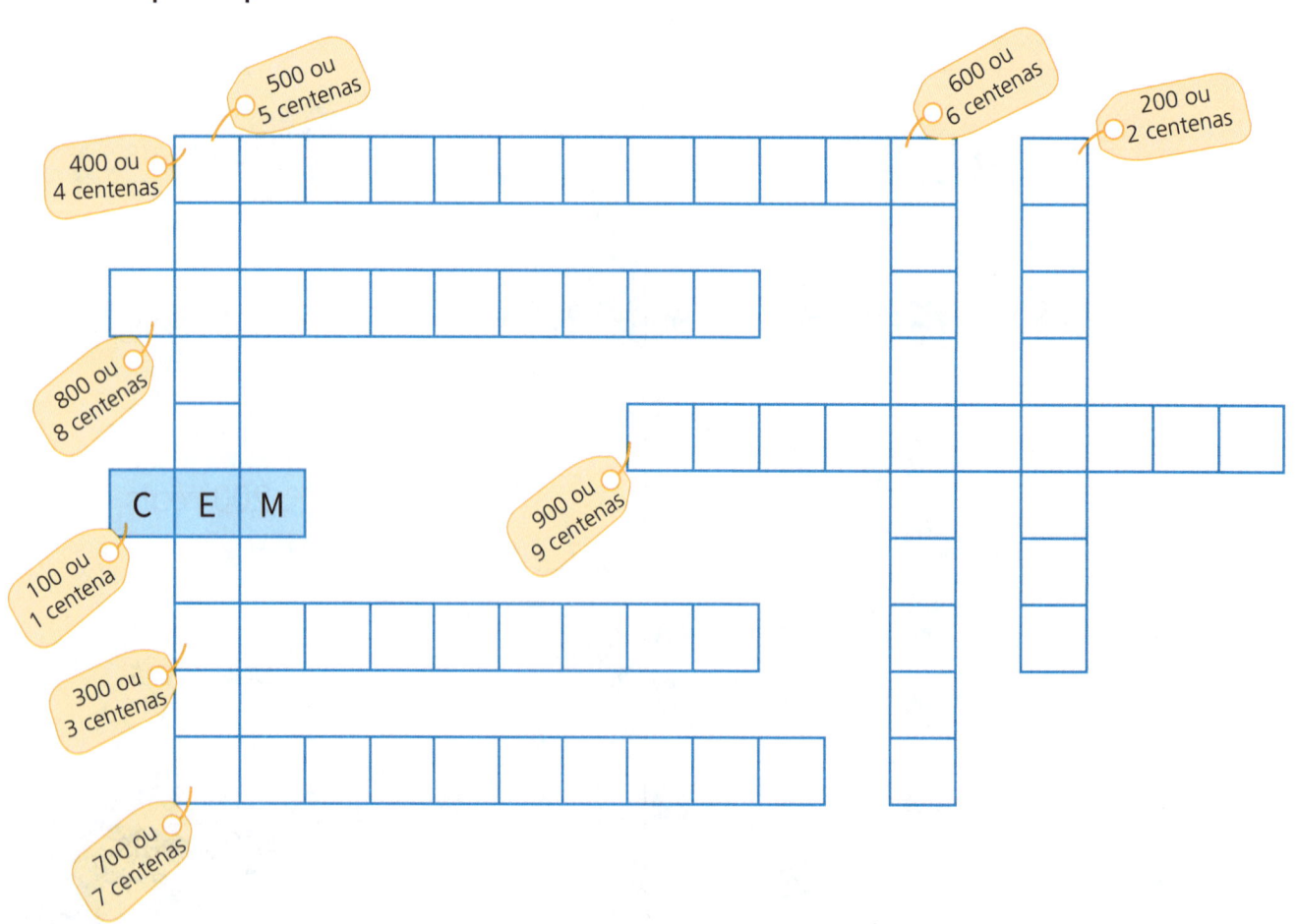

- 400 ou 4 centenas
- 500 ou 5 centenas
- 600 ou 6 centenas
- 200 ou 2 centenas
- 800 ou 8 centenas
- 100 ou 1 centena — **C E M**
- 900 ou 9 centenas
- 300 ou 3 centenas
- 700 ou 7 centenas

124 CENTO E VINTE E QUATRO

2 Veja o dinheiro que Ana tem guardado:

> As cédulas e moedas não estão representadas em proporção.

a) Ana tem quantos reais?

_____

b) Se Ana deixar essa quantia toda somente em moedas de 1 real, qual será o número de moedas?

_____

3 José e sua família estavam viajando de carro quando avistaram uma placa:

a) Explique o significado dessa placa.

_____
_____
_____

b) E qual é o significado da placa ao lado?

_____
_____
_____

CENTO E VINTE E CINCO **125**

4 Observe as quantias que Pedro, Tânia e Luana juntaram ao longo de um ano.

Pedro   Tânia   Luana

Escreva por extenso a quantia de cada um deles.

PEDRO: _____

TÂNIA: _____

LUANA: _____

5 Escreva todos os números formados por 3 algarismos menores que 1000 e que têm os 3 algarismos iguais.

_____

Responda:
Se adicionarmos 1 unidade, qual desses números resulta em 1000?

_____

6 Escreva nos quadros os números representados pelo Material Dourado.

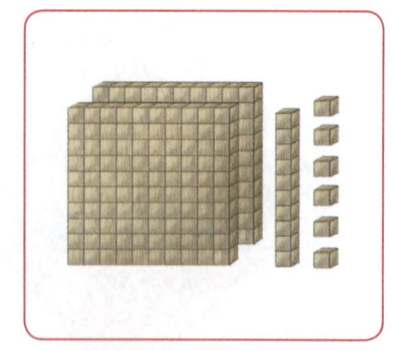

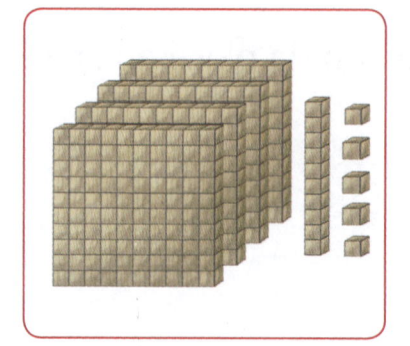

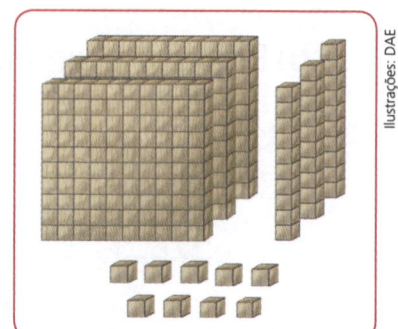

Embalagens de clipes
Composição e decomposição de números

Observe o que Sidnei está fazendo com alguns papéis do escritório para que não se espalhem.

◆ Como ele está prendendo os papéis?

_____

Sidnei foi a uma papelaria e comprou para o escritório 4 caixas de clipes com 100 unidades em cada uma.

Ao chegar ao escritório em que trabalha, descobriu que havia ainda 36 clipes soltos dentro de uma gaveta.

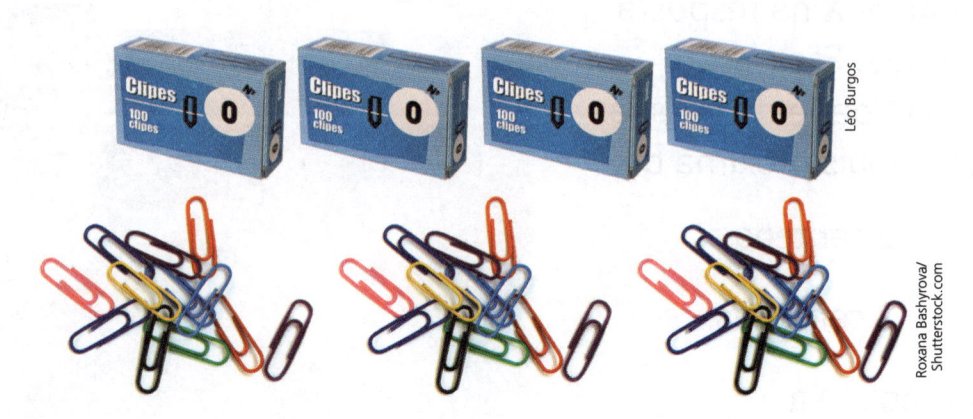

Para sabermos quantos clipes ao todo ele tem, podemos escrever:
◆ 4 caixas de 100 clipes mais 36 clipes, isto é:

100 + 100 + 100 + 100 + 36 = _____ + 36 = _____

◆ Podemos escrever também:

_____ centenas + _____ dezenas + _____ unidades

O número 436 é formado por três **algarismos**. Cada um deles ocupa uma **posição** no número. Essa posição é importante, pois indica as centenas, as dezenas e as unidades.

4 3 6
→ 6 unidades
→ 3 dezenas
→ 4 centenas

Assim, no número 436 o algarismo 4 representa 4 centenas, por isso ele vale 400 unidades; o algarismo 3 representa 3 dezenas e, portanto, vale 30 unidades; e o algarismo 6 representa apenas 6 unidades. Resumimos isso no quadro:

Centenas	Dezenas	Unidades
4	3	6

Veja a **decomposição** do número: 400 + 30 + 6.

- Observando a decomposição, escreva como lemos esse número.

---

1 Na festa junina da escola compareceram 278 pessoas.

a) Marque **X** na resposta correta. Essa quantidade de pessoas está mais próxima de:

☐ 2 centenas.

☐ 3 centenas.

b) Complete a decomposição desse número:

278 = _____ + 70 + _____.

c) Escreva esse número por extenso.

---

128 CENTO E VINTE E OITO

2 Veja o que a professora inventou para representar os números com desenhos:

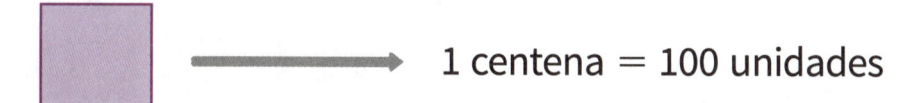

■ ⟶ 1 centena = 100 unidades

▮ ⟶ 1 dezena = 10 unidades

● ⟶ 1 unidade

Observe a representação a seguir:

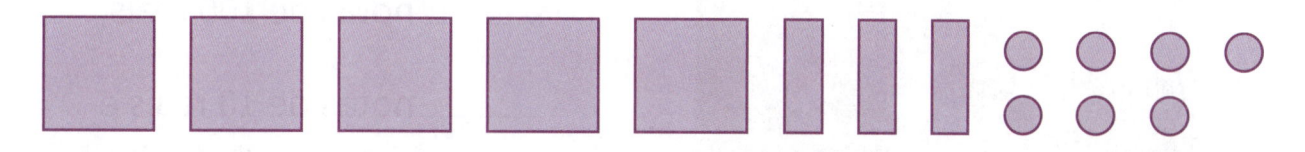

■ ■ ■ ■ ■ ■ ▮ ▮ ▮ ● ● ● ● ● ● ●

a) Que número está representado? _____

b) Decompondo esse número, temos _____ + _____ + _____.

c) Escreva como lemos esse número.

_____

3 Utilizando essa forma de representar os números, complete o quadro.

Número	Decomposição e leitura	Desenho
652	600 + 50 + 2 _____	
835	800 + 30 + 5 _____	

4 Para comprar tintas a fim de reformar sua casa, Naldo utilizou o seguinte dinheiro, sem receber troco:

Complete:

As cédulas e moedas não estão representadas em proporção.

a) Naldo pagou as tintas com

_____ notas de 100 reais,

_____ notas de 10 reais e

_____ moedas de 1 real.

b) Podemos escrever _____ + _____ + _____ = 749.

c) Lemos: _____.

5 Represente cada um desses números no ábaco desenhando as contas.

a) 895

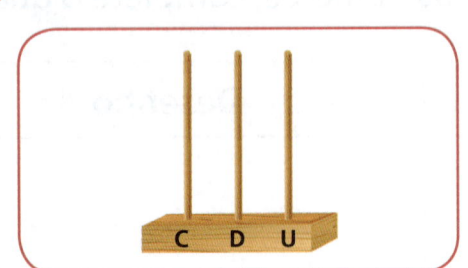

b) 327

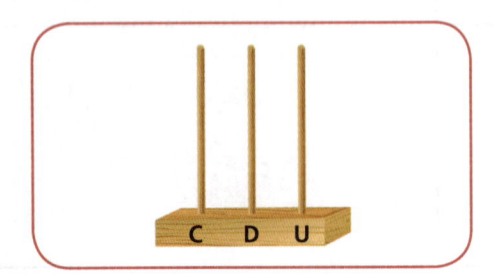

c) 184

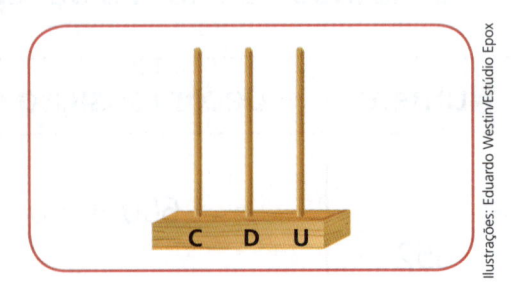

d) 558

6 Desenhe no ábaco as continhas para indicar o número representado com Material Dourado.

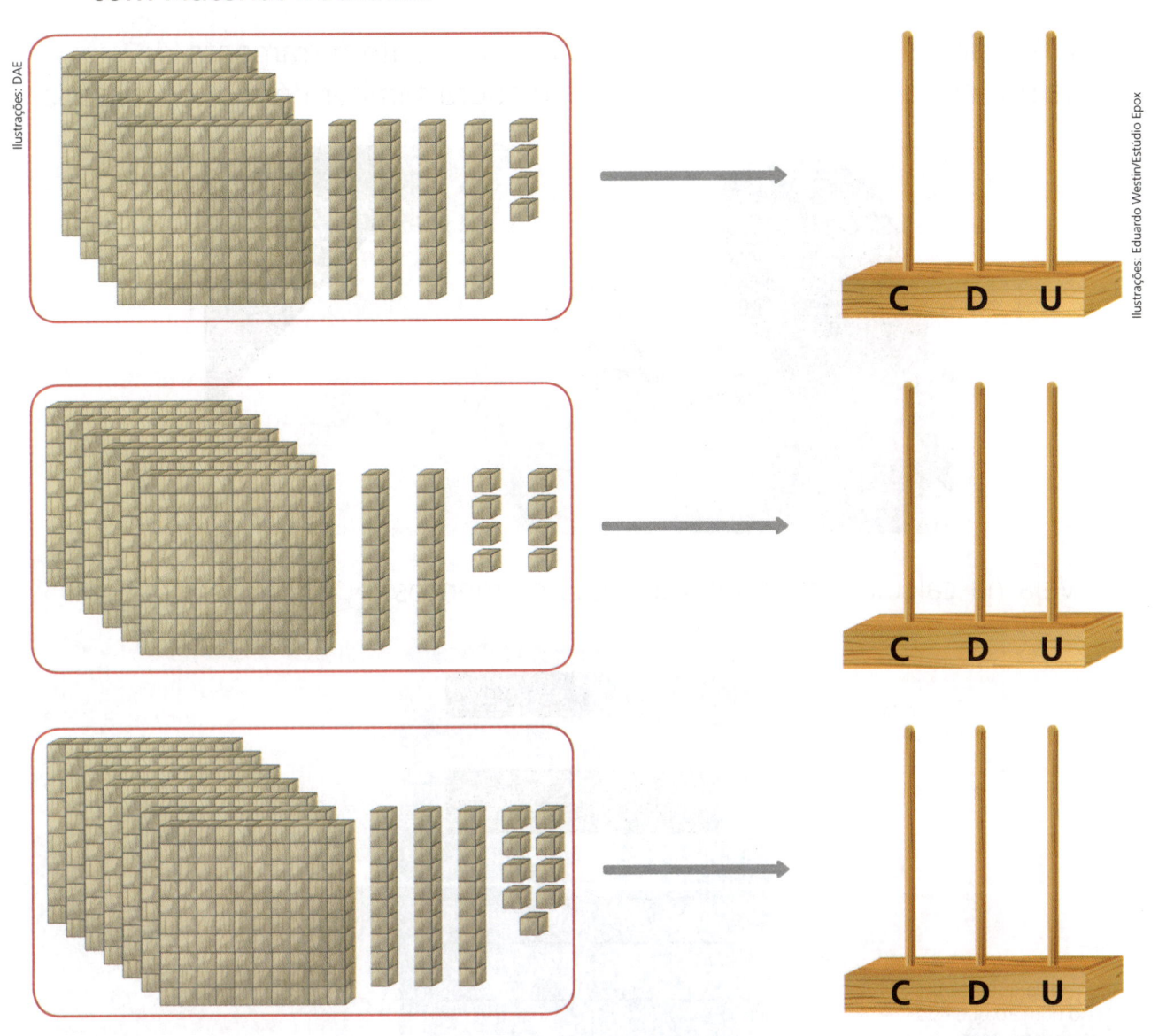

7 Elaine esqueceu a senha do celular, por isso teve de definir uma nova. Ela pensou da seguinte forma:

A minha nova senha será composta de 4 algarismos diferentes, de modo que forme o maior número.

Qual é a nova senha de Elaine?

_____

CENTO E TRINTA E UM **131**

MATEMÁTICA
em ação

Além de se ter o computador como importante ferramenta de trabalho, em diversas profissões a calculadora também é muito utilizada.

Veja na calculadora alguns de seus elementos.

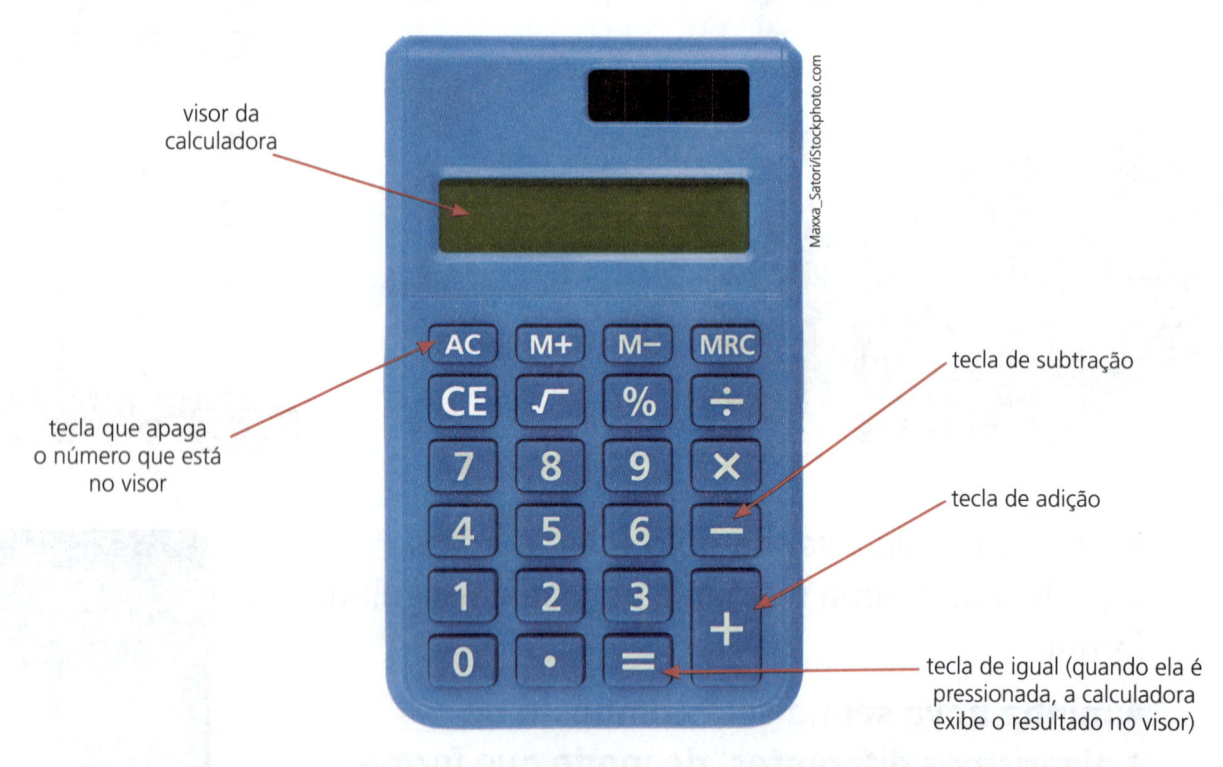

- visor da calculadora
- tecla que apaga o número que está no visor
- tecla de subtração
- tecla de adição
- tecla de igual (quando ela é pressionada, a calculadora exibe o resultado no visor)

◆ Sem utilizar a calculadora, complete os resultados das operações.

20 + 40 = _____   25 + 34 = _____

90 − 70 = _____   88 − 46 = _____

132 CENTO E TRINTA E DOIS

* Vamos conferir esses resultados com a calculadora. Aperte as teclas na ordem e complete os quadros com o resultado do visor.

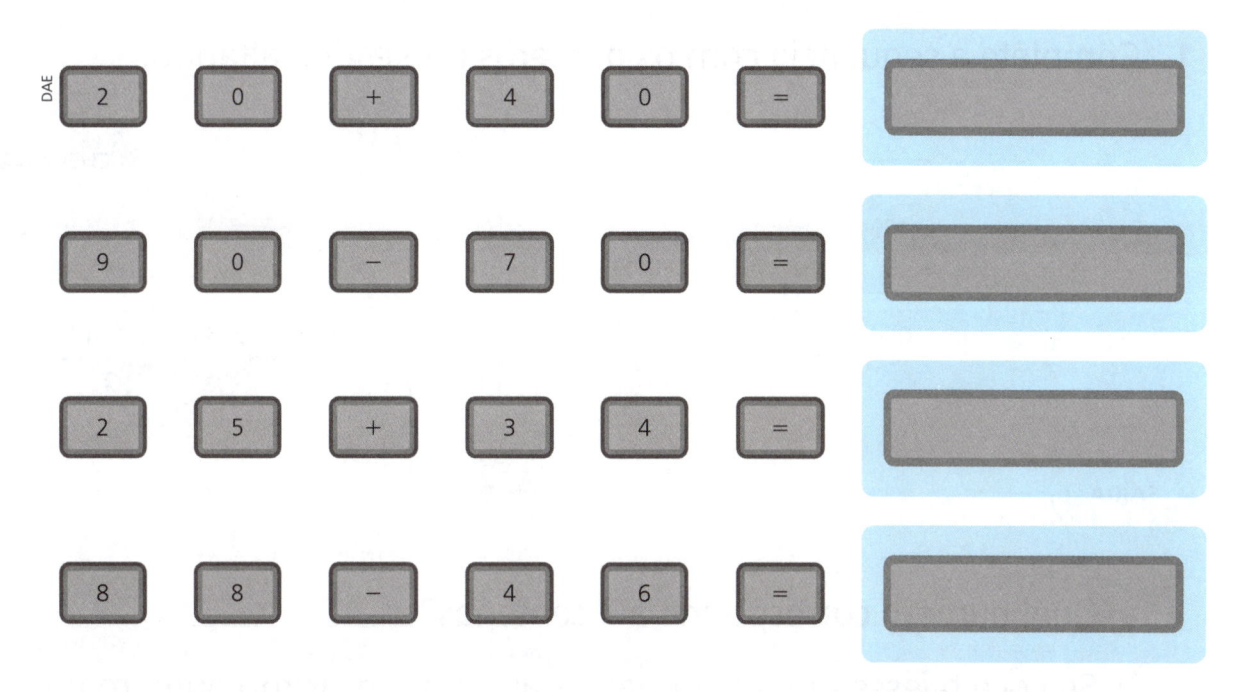

[2] [0] [+] [4] [0] [=] ☐

[9] [0] [−] [7] [0] [=] ☐

[2] [5] [+] [3] [4] [=] ☐

[8] [8] [−] [4] [6] [=] ☐

* Agora é sua vez! Escreva cinco adições e cinco subtrações de números com três algarismos. Anote-as no quadro e, com a calculadora, obtenha os resultados.

EXEMPLOS DE ADIÇÕES E SUBTRAÇÕES			
Adição	Resultado	Subtração	Resultado

Lembre-se que a calculadora é um instrumento importante que você pode utilizar para **conferir** seus cálculos.

Revendo o que aprendi

1 Complete a sequência com os números que estão faltando.

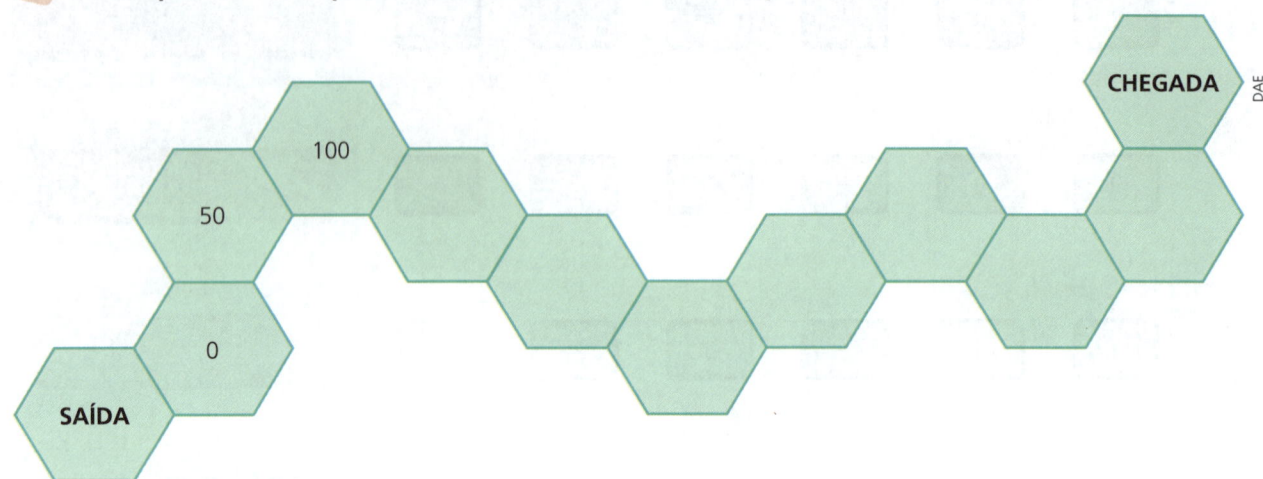

(sequência em hexágonos: SAÍDA, 0, 50, 100, ..., CHEGADA)

a) Qual número corresponde a 3 centenas? _____

b) Se você tivesse que continuar, qual seria o próximo número da sequência na posição da chegada? _____

c) Quantas unidades correspondem a 4 centenas? _____

2 Escreva os números que faltam nas operações.

a) 70 + _____ = 78

b) 20 + _____ = 23

c) _____ + 4 = 54

d) _____ + 9 = 49

3 Agora escreva como lemos cada um dos números da atividade anterior.

a) 78: _____   c) 54: _____

b) 23: _____   d) 49: _____

4 Quantos reais cada um tem? Indique os valores nos espaços dos quadros abaixo.

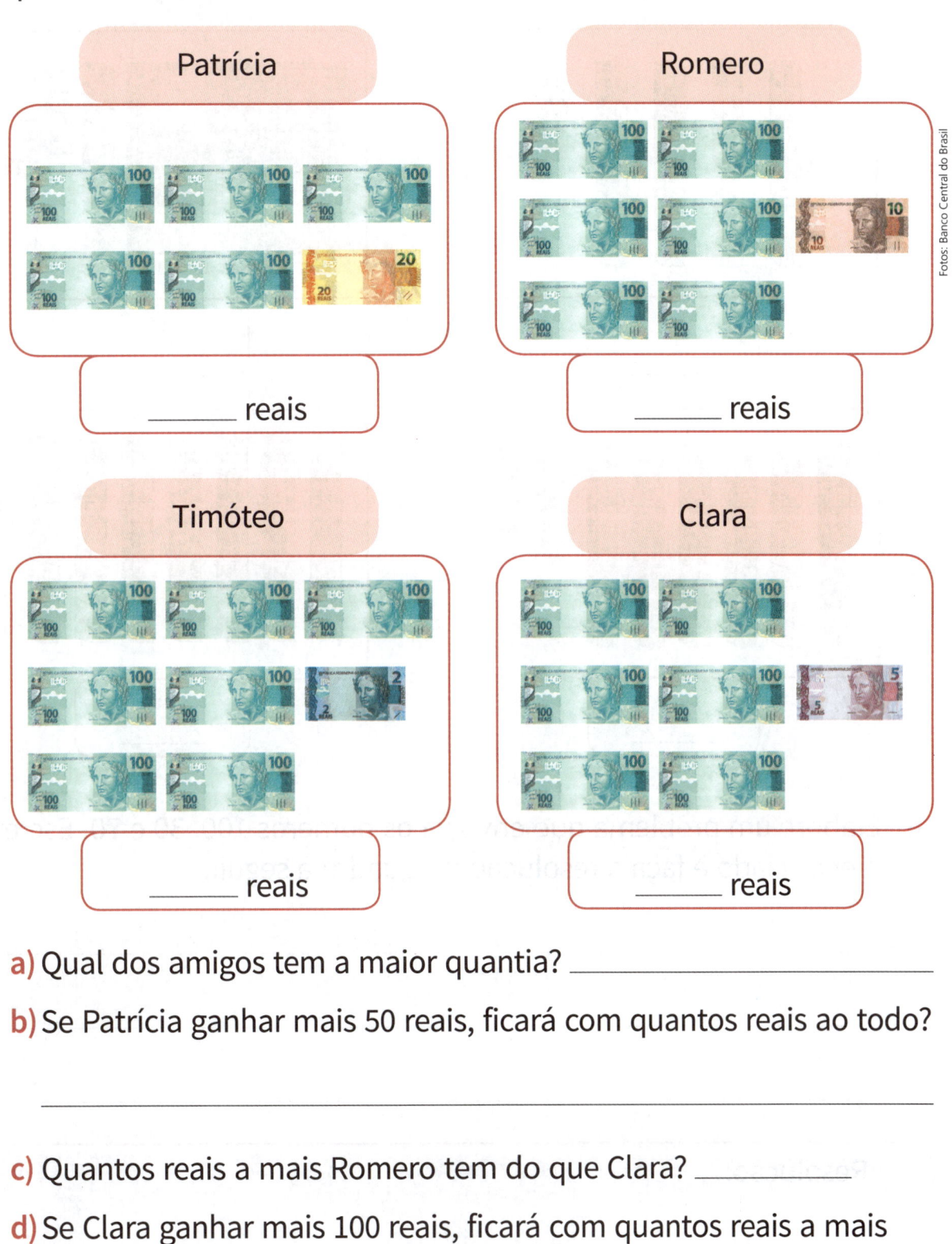

Patrícia

_____ reais

Romero

_____ reais

Timóteo

_____ reais

Clara

_____ reais

a) Qual dos amigos tem a maior quantia? _____

b) Se Patrícia ganhar mais 50 reais, ficará com quantos reais ao todo?

_____

c) Quantos reais a mais Romero tem do que Clara? _____

d) Se Clara ganhar mais 100 reais, ficará com quantos reais a mais que Timóteo? _____

5 Quais números estão representados pelo Material Dourado? Escreva-os nos espaços abaixo dos quadros.

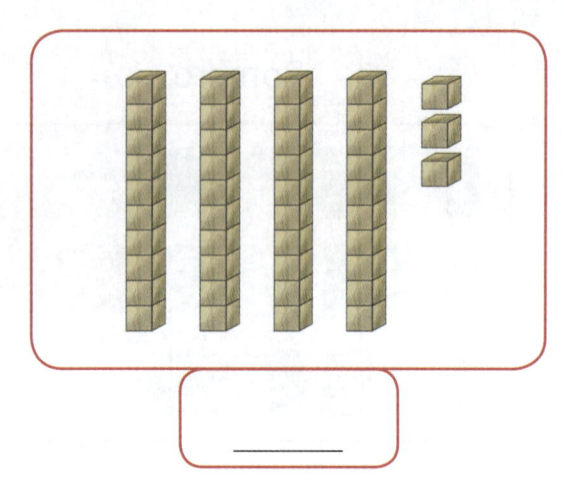

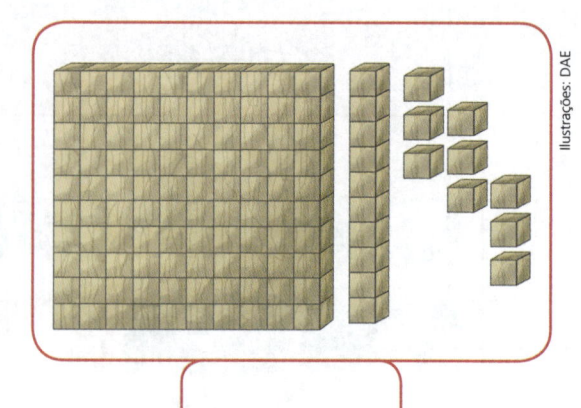

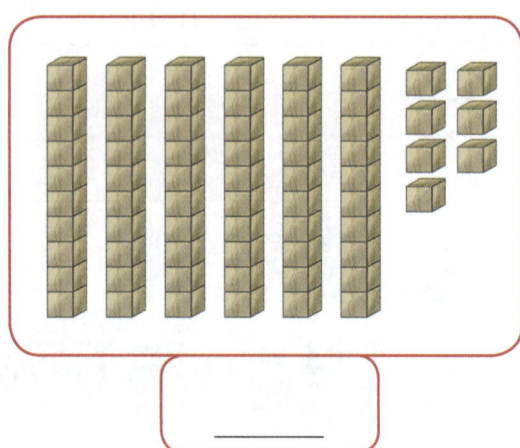

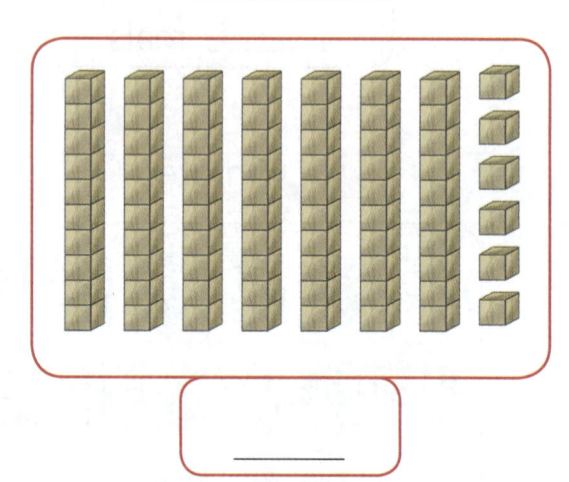

_____

_____

_____

_____

6 Elabore um problema que envolva os números 100, 30 e 70. Escreva o enunciado e faça a resolução no quadro a seguir.

_____

_____

_____

Resolução:

7 Resolva mentalmente as seguintes adições e subtrações e depois anote os resultados.

a) 2 + 3 = _____

   20 + 30 = _____

   200 + 300 = _____

b) 8 − 2 = _____

   80 − 20 = _____

   800 − 200 = _____

c) 4 + 5 = _____

   40 + 50 = _____

   400 + 500 = _____

d) 9 − 7 = _____

   90 − 70 = _____

   900 − 700 = _____

Desafio

1 No início da unidade propusemos um desafio. Caso você não o tenha resolvido, tente novamente.
Depois, enfrente o desafio de preencher um quadro com os números de 1 a 6, conforme as regras:
- Em cada linha e em cada coluna, cada número aparecerá apenas uma vez;
- Em cada retângulo colorido, os números de 1 a 6 também deverão aparecer uma só vez.

	3			5	6
6	4	5			
			1		4
1		4			
			2	3	5
5	2			4	

UNIDADE 5
Geometria espacial

As crianças estão brincando com blocos de madeira e montaram algumas pilhas de cubos.

- Você consegue descobrir quantos cubos há em cada pilha?

Atenção: Não há cubos escondidos atrás das pilhas.

Vamos colorir o quarto de Larissa?

Este é o quarto de Larissa!

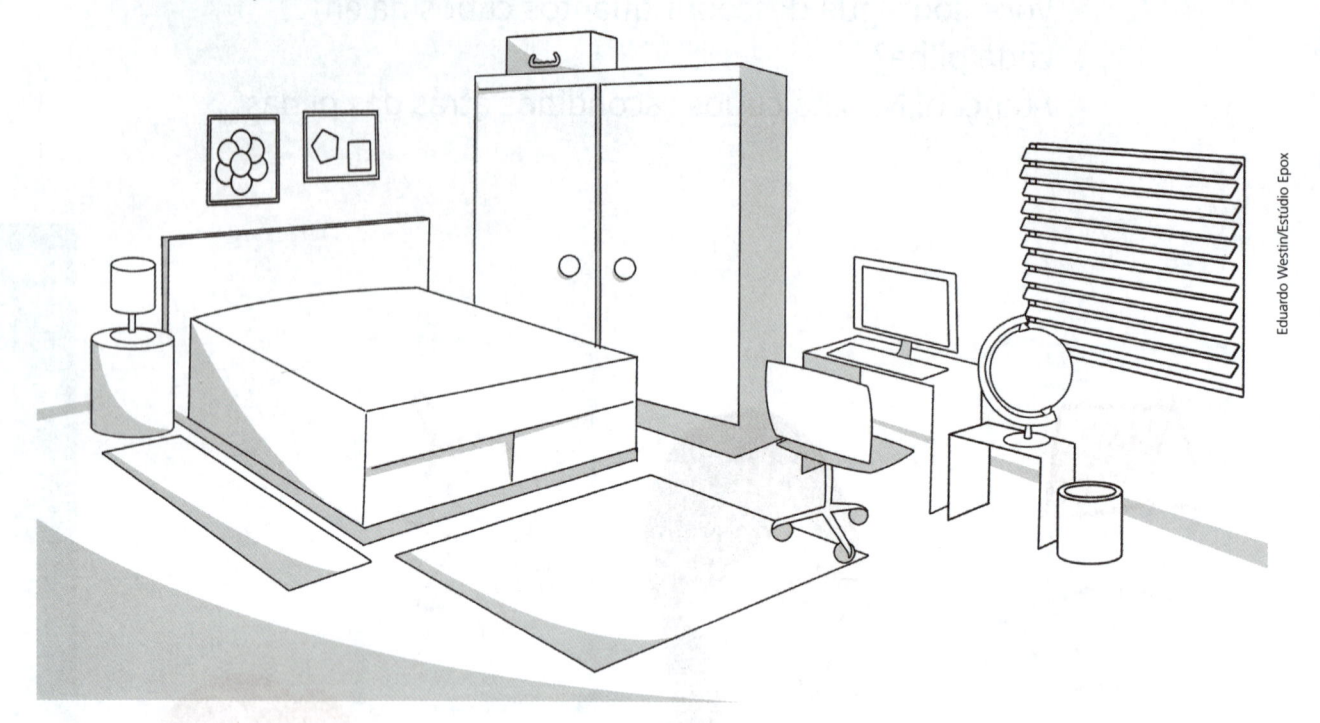

- Pinte primeiro os objetos, de acordo com as cores e as formas a seguir:

- Qual é o nome dessas figuras geométricas?

_____

- O restante do quarto deve ser colorido com as cores que você escolher.

Hoje é dia de brincar com sucata

Figuras geométricas espaciais

O professor pediu a todos que trouxessem para a sala de aula embalagens ou objetos. Olha só o que a turma trouxe:

Agora observe que a turma separou esses objetos e sucatas em dois grupos:

Grupo 1

Grupo 2

◆ Desenhe algum objeto da sala de aula que você colocaria também no grupo 1. Depois, desenhe algum objeto que você colocaria no grupo 2.

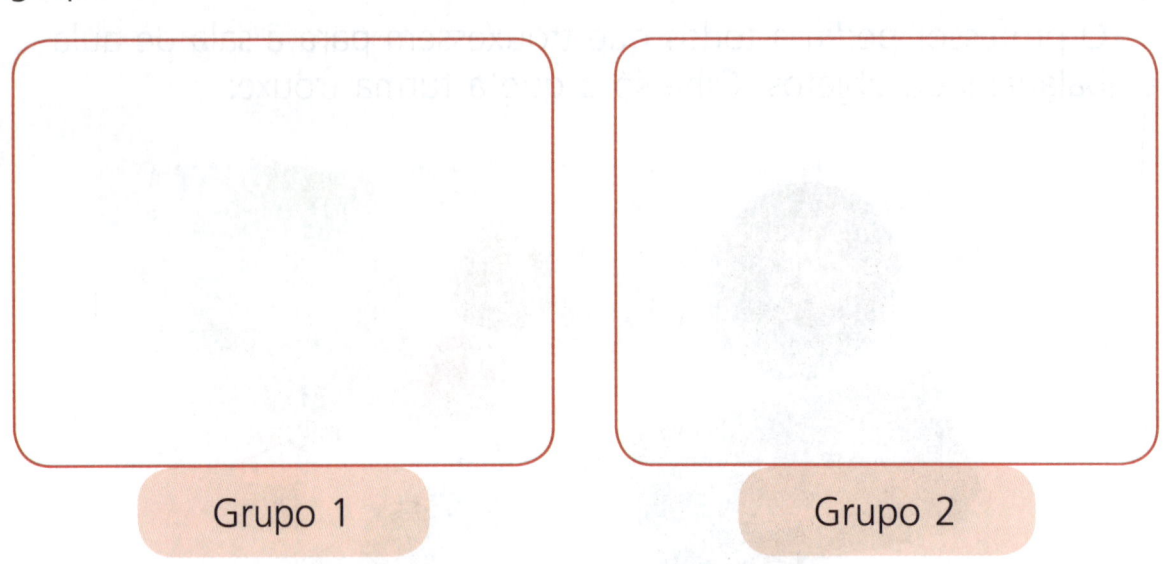

Grupo 1

Grupo 2

1 Com embalagens de caixa de fósforos e alfinetes, observe o que Keyla, Igor e Aldênis fizeram:

Com a ajuda do professor monte o gaveteiro. Depois responda:

a) Quantas caixas de fósforos foram utilizadas? _____

b) E quantos alfinetes coloridos? _____

c) Você conhece algum objeto que tem a mesma forma da caixa de fósforos? E da cabeça do alfinete? Cite exemplos.

_____

#Digital

Hoje em dia parece que todos querem fotografar tudo: um prato de comida, os amigos, os bichos, a lua e o pôr do sol.

Você está acostumado a tirar fotografias? Será que fotografamos tudo da mesma forma?

1. Escolha um objeto grande da escola para fotografar. É importante apenas que tenha espaço em volta desse objeto. Escreva abaixo o nome do objeto.

   _____

   a) Reflita sobre o que você consegue ver do objeto e do que está em volta dele. Então, tire a primeira fotografia.
   b) Em seguida, dê cinco passos grandes para trás, distanciando-se do objeto. Perceba o que consegue ver do objeto e do que está em volta dele. Tire mais uma fotografia.

2. Agora escolha um objeto não muito grande e que seja comum encontrar na escola. Tire uma fotografia desse objeto e escreva abaixo o nome dele.

   _____

3. Sobre sua atividade de fotógrafo, responda às perguntas oralmente.
   a) Em qual das três fotografias apareceram mais elementos?
   b) Em qual das três fotografias a câmera fotográfica estava mais perto do objeto?
   c) Como você faria para fotografar um objeto sem chegar perto dele?

Quais são os nomes?
Cubo, bloco retangular e pirâmide

Para falar das figuras geométricas, a professora mostrou à turma a imagem da seguinte construção:

◆ Você sabe qual figura geométrica aparece nessa construção? Pinte o desenho que responde à questão.

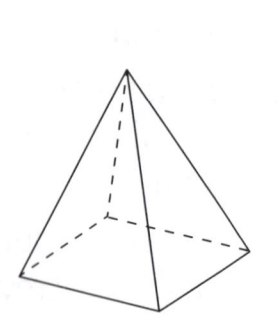

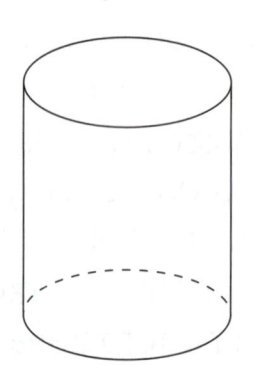

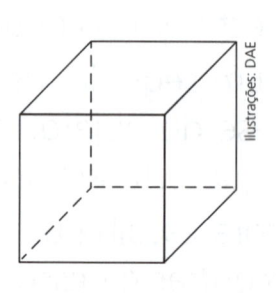

Utilizamos nomes para indicar as figuras geométricas que podem ser observadas em alguns objetos ou construções. Assim, temos, por exemplo:

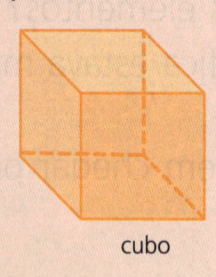

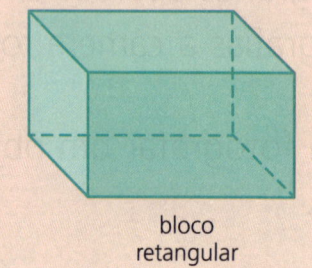

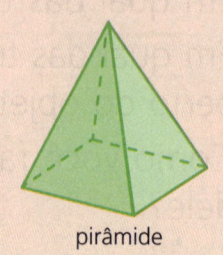

cubo   bloco retangular   pirâmide

1. Observe a barra e a placa do Material Dourado e responda às perguntas.

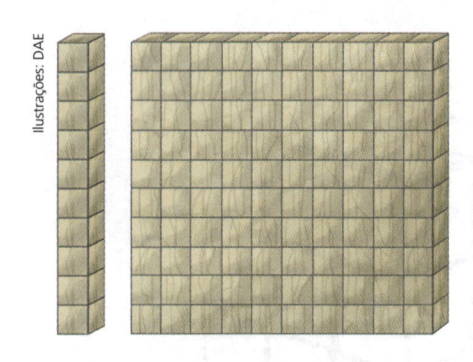

   a) Qual delas é formada por 10 cubos?
   _____

   b) Qual delas é formada por 100 cubos?
   _____

   c) Qual é a forma geométrica da barra e da placa? _____

2. Nas férias, Lucas leu uma história sobre a civilização egípcia. Em uma página do livro ele encontrou a ilustração a seguir, de três construções.

   • Pinte a ilustração e responda:
   Qual é a forma geométrica dessas três construções?
   _____

3. Utilizando cubinhos do Material Dourado, a turma tinha de construir um bloco retangular como o que está em vermelho na ilustração.

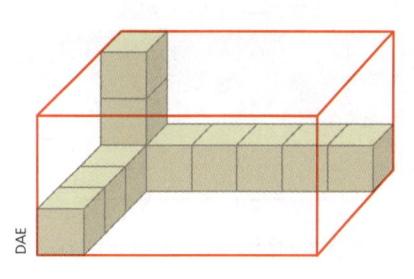

   • Quantos cubinhos são necessários para formar o bloco retangular?
   _____

4 Deixe os dois cubos mágicos iguais. Pinte o da direita com as mesmas cores do cubo à esquerda.

Desafios

1 Pense e responda:

Quantos cubinhos formam o cubo mágico? _____

2 Recorte as peças da página 277, na seção **Encarte**, para montar um quebra-cabeça.

• Qual é a forma geométrica dessa construção? _____

Os grandes silos
Esfera, cilindro e cone

O pai de Maurício trabalha em uma empresa que guarda grãos de alguns alimentos que são colhidos. Na imagem a seguir aparecem os grandes depósitos em que eles são guardados. Esses depósitos são chamados de **silos**.

- Observando atentamente esses depósitos, indique com um **X** as figuras geométricas cujas formas eles apresentam.

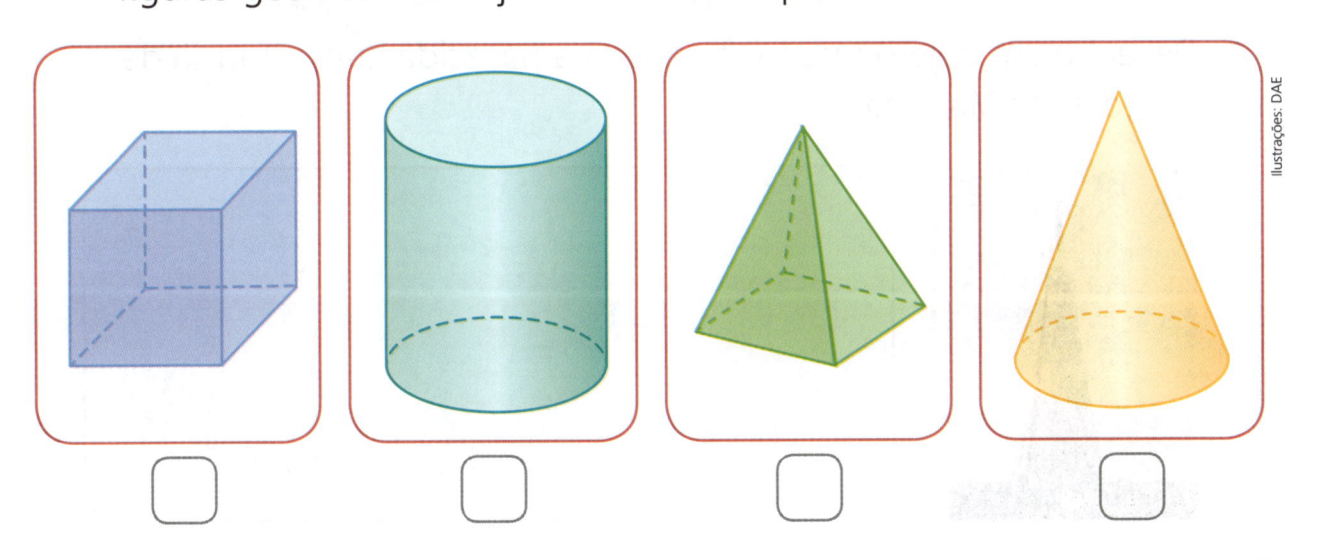

Algumas dessas figuras geométricas recebem denominações:

cone   esfera   cilindro

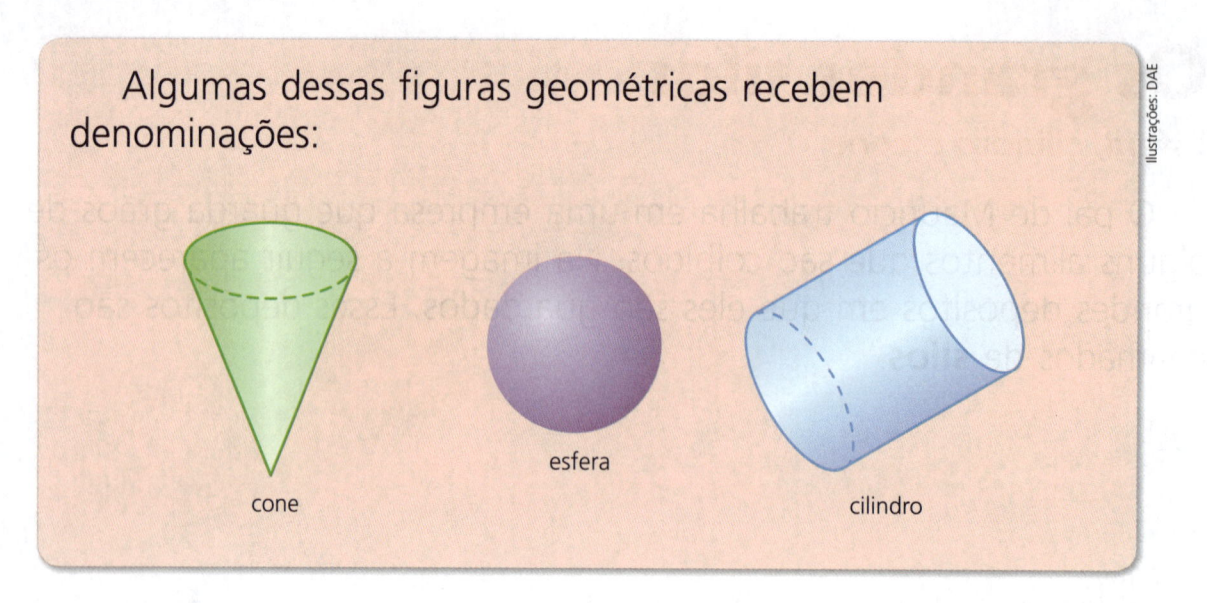

1. O pai de Felipe comprou pilhas. Observe como essas pilhas foram embaladas.

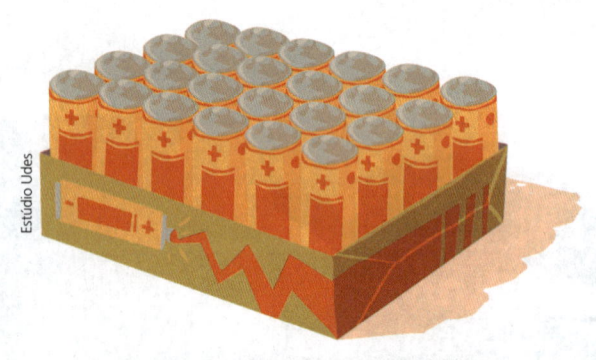

a) Qual figura geométrica é parecida com a forma da pilha?
_____

b) Quantas pilhas aparecem nessa embalagem?
_____

2. Desenhe um objeto que tenha a forma parecida com a forma da Catedral de Maringá.

3 Em cada item, escreva o nome da figura geométrica espacial indicada, pesquise imagens de objetos e construções que tenham a forma parecida com elas e cole-as no quadro correspondente.

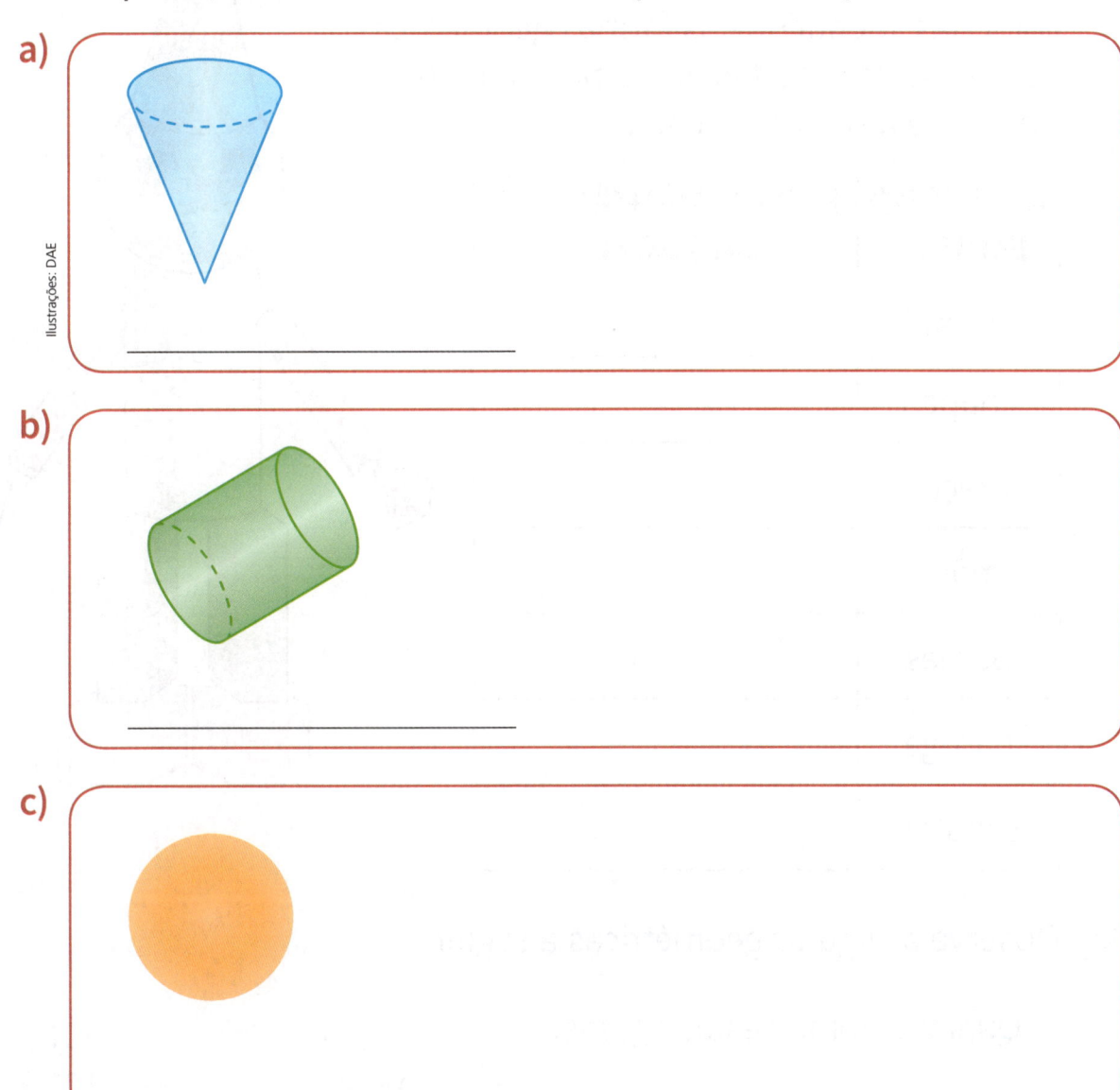

a) _____

b) _____

c) _____

4 Explique por que você escolheu as imagens para cada figura geométrica na atividade anterior.

_____
_____
_____

5 Para enfeitar uma loja de brinquedos, foi construído um boneco com embalagens diversas. Essas embalagens foram revestidas e depois coloridas. Identifique as formas geométricas de acordo com partes do corpo do boneco. Complete a seguir a tabela.

PARTES DO BONECO	FORMA GEOMÉTRICA DA SUCATA
cabeça	
chapéu	
braços	
mãos	
pernas	
barriga	
sapatos	

6 Observe as figuras geométricas a seguir.

a) Qual é o nome destas figuras?

_____

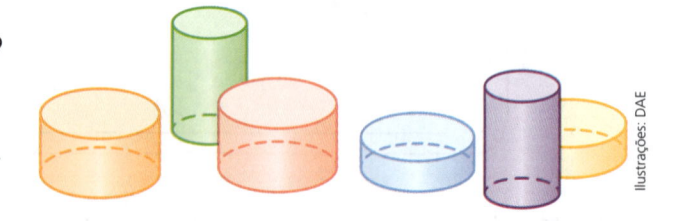

b) Agora escreva o nome destas outras. _____

_____

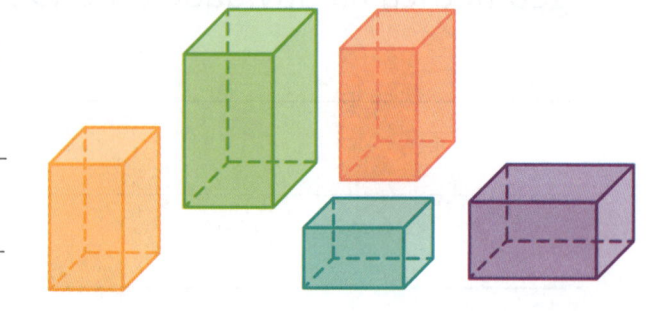

150 CENTO E CINQUENTA

c) E as figuras a seguir, como são chamadas? _____

7 Os cubos desta figura têm o mesmo tamanho. Pinte cada um com uma cor diferente e responda às perguntas.

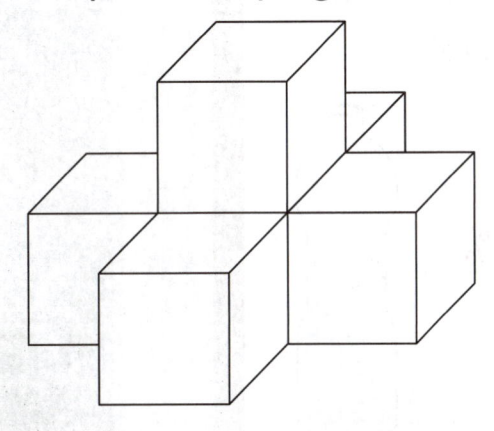

a) Quantas cores você utilizou? _____

b) Se a figura representa o empilhamento de cubos, quantos cubos foram necessários para formá-la? _____

8 Em um passeio pelo bairro, Júlia e Roberto juntaram algumas latinhas que estavam na rua e formaram a pilha a seguir.

a) Qual é a forma geométrica de cada lata?
_____

b) Explique aos colegas como essa pilha está formada.

CENTO E CINQUENTA E UM **151**

Como eu vejo
A reciclagem

Todos os dias descartamos materiais diversos. Alguns deles podem ser reciclados. Para que isso ocorra temos de saber separar o lixo de acordo com a composição de cada um deles.

RECICLAGEM NO BRASIL

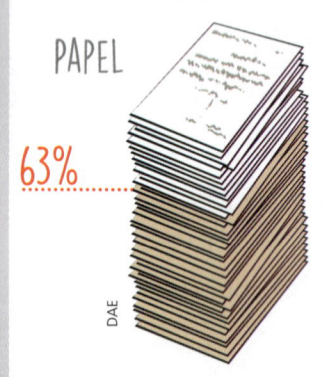

PAPEL — 63%

PET — 51%

No Brasil, cerca de **63%** dos papéis descartados são reciclados.

51% das garrafas PET que são encontradas no lixo são reaproveitadas para a produção de outros produtos.

LATA DE ALUMÍNIO — 98%

LONGA VIDA — 21%

O Brasil é o maior reciclador mundial de latas de alumínio. Em 2015 foram recicladas no Brasil **98%** das latas produzidas.

As embalagens "longa vida" são confeccionadas com vários materiais para garantir a qualidade dos alimentos. Apenas **21%** delas são recicladas no Brasil.

Fonte: Associação Brasileira do Alumínio, Associação Brasileira de Papel e Celulose, Associação Brasileira da indústria do PET, Associação Brasileira do Leite Longa Vida e Compromisso Empresarial para Reciclagem. Dados de 2015.

VOCÊ CONHECE AS LIXEIRAS COLORIDAS PARA COLETAR MATERIAIS RECICLÁVEIS?

ESCREVA O MATERIAL QUE PODE SER DESCARTADO EM CADA UMA.

VOCÊ SABIA QUE EXISTE UM COLETOR ESPECIAL PARA PILHAS E BATERIAS?

1. Em sua cidade há coleta de material reciclável?
2. Você costuma separar o lixo em casa?
3. O que você e os colegas podem fazer para incentivar a reciclagem na escola e em seu bairro?

Como eu transformo
O ambiente escolar

Ciências **Geografia** **Arte**
História **Língua Portuguesa**

O que vamos fazer?
Uma campanha de coleta seletiva e desperdício zero.

Para que fazer?
Para conscientizar as pessoas da importância da reciclagem.

Com quem fazer?
Com os colegas e o professor.

Como fazer?

1. Com o professor, visite os espaços da escola e observe a presença ou não de lixo no chão e se há recipientes para coleta de lixo seletivo.

2. A turma convidará, com a ajuda do professor, as pessoas responsáveis pela limpeza da escola para uma conversa.

3. Escute com atenção as orientações do professor e selecione, junto com os colegas e a equipe de limpeza, o tipo de lixo que será coletado e analisado.

4. Escolham um local apropriado para separar o lixo conforme orientação do professor e registrem suas descobertas no painel indicado por ele.

5. Agradeça à equipe de limpeza. Em seguida, preparem os cartazes e materiais que serão utilizados na campanha.

6. Que informações você acha importante compartilhar no dia da abertura da campanha? Converse com os colegas e o professor.

7. Na data combinada retome, com ajuda da equipe de limpeza, a análise do tipo de lixo e converse com os colegas e o professor sobre os resultados obtidos e o que pode ser melhorado na campanha.

Você se preocupa com o lixo que produz? Por quê?

Revendo o que aprendi

1 Observe a sequência de figuras geométricas e de cores. Há um segredo.

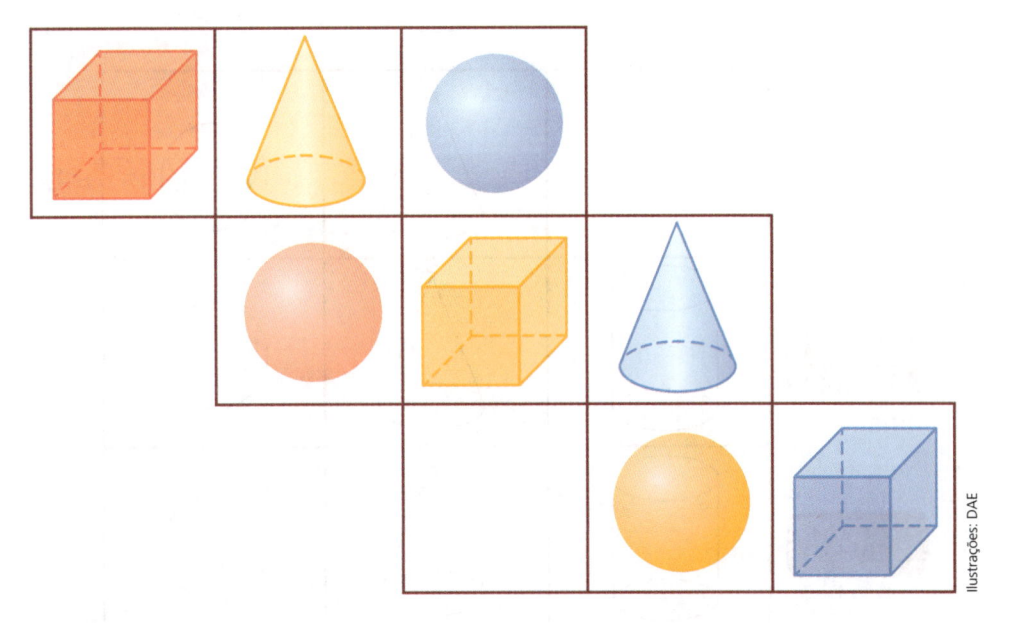

• Descubra qual figura deve ocupar a posição em branco e marque um **X** nela.

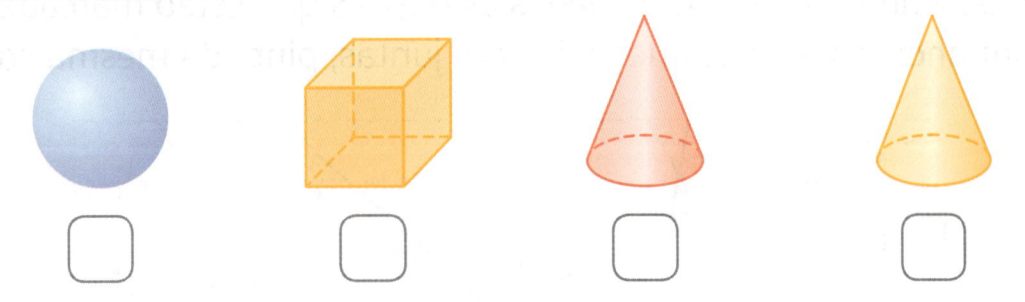

2 Utilizando barbantes e canudinhos e com o auxílio do professor, a turma fez a seguinte construção:

a) Qual é a forma geométrica?

_____

b) Quantos canudinhos foram utilizados?

_____

CENTO E CINQUENTA E CINCO 155

3 De acordo com o código de cores e formas, pinte as figuras.

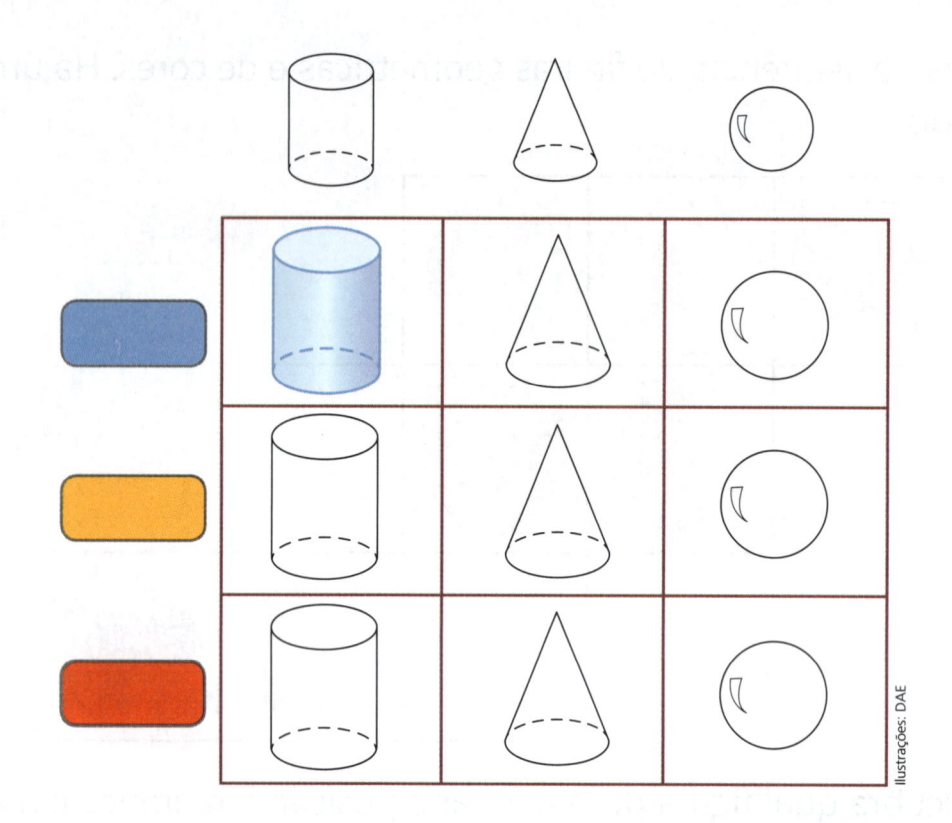

4 No desenho abaixo pinte apenas as regiões que estão marcadas com pontinhos. As regiões que estiverem juntas, pinte da mesma cor.

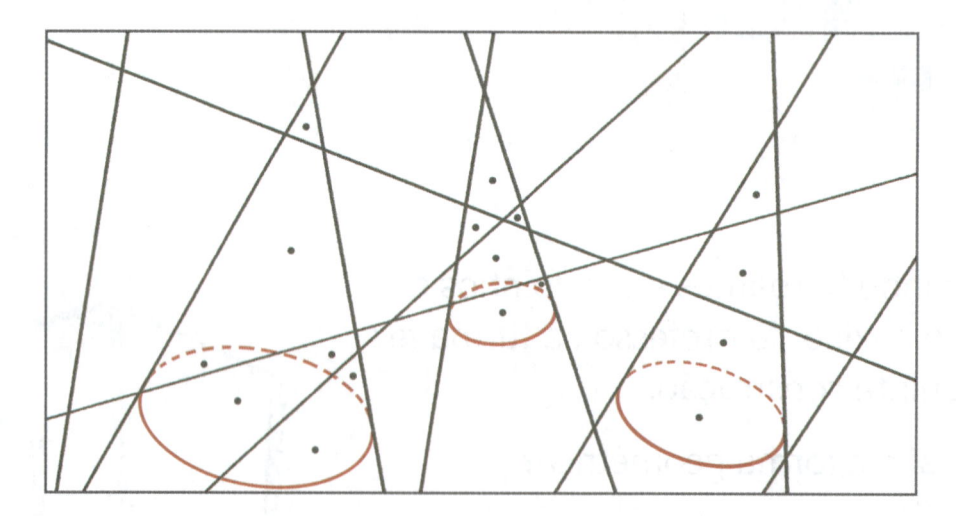

a) Qual figura geométrica aparece no desenho? _____

b) Cite três objetos ou construções que tenham a forma parecida com a do cone. _____

5 Esta é uma antiga construção do povo egípcio em forma de pirâmide:

▶ Pirâmide de Miquerinos, em Gizé, Egito.

◆ Utilizando canudinhos de mesmo tamanho, daria para representar essa construção. Quantos canudinhos seriam necessários?

Desafio

1 Você resolveu o desafio do início da unidade? Caso não, faça as pilhas com as peças do Material Dourado.

Agora, o desafio é observar a pilha de bolas coloridas e dizer quantas bolas de cada cor estão nesta pilha.

Atenção: cada bolinha está apoiada sobre 4 bolinhas da camada inferior e todas as bolinhas da mesma camada têm a mesma cor.

CENTO E CINQUENTA E SETE **157**

UNIDADE 6
Multiplicação e divisão

Com apenas 3 cortes é possível dividir a torta em 8 pedaços do mesmo tamanho.

- Descubra onde esses cortes podem ser feitos.
- Troque ideias com os colegas.
- Faça um desenho para indicar como você pensou.

Receita de bolo

Leia a tirinha da Turma da Mônica.

MÃE! O SEU BOLO FEZ TANTO SUCESSO QUE O PESSOAL TÁ VINDO COM MAIS GENTE! FAZ MAIS UM BOLO?

AH! ENTÃO EU VOU TER QUE DOBRAR A RECEITA!

Marina Baird Ferreira et al. *O Aurélio com a Turma da Mônica.* Rio de Janeiro: Nova Fronteira, 2003. p. 129.

Agora observe a receita do bolo de cenoura:

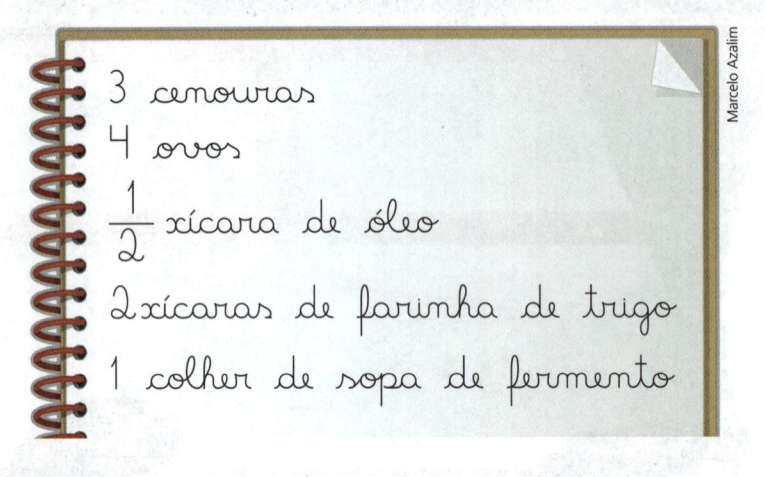

3 cenouras
4 ovos
$\frac{1}{2}$ xícara de óleo
2 xícaras de farinha de trigo
1 colher de sopa de fermento

Para dobrar a receita, a quantidade de todos os ingredientes deverá ser dobrada. Faça um desenho para representar como ficará a quantidade de cenouras e de ovos:

Número de vezes!
Multiplicar e dividir

Antônia estava brincando com seu irmão Marcos. Cada um lançava dois dados. Observe os pontos que eles conseguiram:

Antônia   Marcos

- Quantos pontos Antônia conseguiu ao todo? _____

$\underbrace{4 + 4}_{2 \text{ vezes}} =$ _____

2 vezes 4 pontos dá _____

- Quantos pontos Marcos conseguiu ao todo? _____

$\underbrace{3 + 3}_{2 \text{ vezes}} =$ _____

2 vezes 3 pontos dá _____

Você pode representar a **adição de parcelas iguais** pelo símbolo de multiplicação.

Para indicar a quantidade de crianças que há na biblioteca, escrevemos:

$$\underbrace{4 + 4 + 4}_{3 \text{ vezes}} = \underline{}$$

$3 \times 4 = \underline{}$ (3 vezes 4 é igual a \underline{})

Utilizamos ✕ para indicar a multiplicação.

1 Observe os grupos com estrelinhas a seguir.

Há \underline{} grupos com \underline{} estrelinhas em cada grupo.

Ao todo há \underline{} estrelinhas.

Para calcular o total de estrelinhas, pode-se fazer uma:

adição	multiplicação
ou	
\underline{} + \underline{} = \underline{}	2 ✕ \underline{} = \underline{}

2 Murilo ganhou bolinhas de gude no jogo com seus amigos. Para contar a quantidade de bolinhas que ele conseguiu, contorne grupos com 3 bolinhas cada um.

a) Quantos grupos você formou? _____

b) Quantas bolinhas há ao todo? _____

- Represente por adição:

_____ + _____ + _____ + _____ + _____ = _____

- Agora, por multiplicação:

_____ × _____ = _____

3 Veja as notas de 5 reais que Lilian tem na carteira:

- Quantos reais ela tem ao todo? _____

5 + 5 + 5 = _____   ou   3 × _____ = _____

4 Desenhe 7 maçãs em cada árvore.

a) Quantas maçãs você desenhou ao todo? _____

b) Complete:

_____ + _____ + _____ = _____   ou   _____ × _____ = _____

5 A turma foi dividida em filas para a retirada de livros da biblioteca da escola.

a) Quantas filas a turma formou?

_____

b) Quantos alunos há em cada fila?

_____

c) Escreva uma multiplicação para representar o total de alunos:

_____ × _____ = _____

6 Para contar seus chaveiros, Mateus organizou-os em linhas e colunas. Observe a disposição e complete:

a) São _____ linhas e _____ colunas com, ao todo, _____ chaveiros.

b) Podemos representar por:

_____ × _____ = _____ ou _____ × _____ = _____

7 Veja como a professora organizou os nomes de alunos que vão participar de uma atividade no fim de semana.

Aline	Eduardo	Silas	Maicon	Irene
Beatriz	Fábio	Queila	Joaquina	Pâmela
Caio	Osmar	Roni	Vinicius	Hugo
Giulia	Taís	Karen	Lauro	Diana

a) Quantos são os alunos? _____

b) São 4 linhas com 5 nomes em cada uma ou 5 colunas com 4 nomes em cada uma:

$4 \times 5 =$ _____ ou $5 \times 4 =$ _____.

8 Cristiano tem 4 camisetas de cores diferentes e 3 bermudas também de cores diferentes. Combine as camisetas com as bermudas, colorindo-as na tabela abaixo.

a) Qual dessas combinações você achou mais bonita? Pinte a imagem ao lado para responder.

b) Qual é o número total de combinações? _____

c) Represente esse número total por meio de uma

multiplicação: _____ × _____ = _____ ou

_____ × _____ = _____.

9 Ligue cada adição à multiplicação correspondente a ela.

a) 6 + 6 + 6 + 6 = 24

b) 5 + 5 + 5 + 5 + 5 + 5 = 30

c) 6 + 6 + 6 + 6 + 6 = 30

d) 5 + 5 + 5 + 5 = 20

e) 3 + 3 + 3 + 3 + 3 = 15

f) 4 + 4 + 4 + 4 + 4 = 20

5 × 6 = 30

5 × 3 = 15

4 × 6 = 24

5 × 4 = 20

4 × 5 = 20

6 × 5 = 30

10 Faça as operações conforme o exemplo.

$$2 \times 1 = 1 + 1 = 2$$

a) 2 × 2 = _____

b) 2 × 3 = _____

c) 2 × 4 = _____

d) 2 × 5 = _____

e) 2 × 6 = _____

f) 2 × 7 = _____

g) 2 × 8 = _____

h) 2 × 9 = _____

i) 2 × 10 = _____

j) 2 × 0 = _____

11 Escreva uma multiplicação que indique o total de reais.

_____

#Digital

Nós já usamos a câmera para tirar fotografias de diferentes objetos.

Vimos que, conforme nos afastamos de um objeto que queremos fotografar, podemos observar melhor o que está em volta dele.

Também vimos que, quando nos aproximamos do objeto, podemos ver melhor seus detalhes, mas perdemos a visão ao redor do objeto.

Como você faria, agora, para tirar a fotografia de um objeto mostrando bem seus detalhes, mas sem se aproximar dele?

1. Imagine que você quer mostrar a um parente como é sua escola. Escolha dois objetos que você considera que representem sua vida na escola.

2. Fotografe o primeiro objeto sem utilizar o *zoom*. Em seguida, aplique o *zoom* máximo e tire outra fotografia.
   - Qual era o *zoom* máximo da câmera?
   - Em sua opinião, o que significa esse valor?

3. Agora, fotografe o segundo objeto sem usar nenhum *zoom* e, em seguida, fotografe-o usando metade do *zoom* máximo da câmera.
   - Qual é esse valor?

4. Em qual situação você usaria a ampliação máxima para tirar uma fotografia?

Rosas e mais rosas

Multiplicação por 2, 3, 4 e 5

No Dia das Mães, a floricultura perto da casa de Lúcia fez a venda especial de rosas: vendia buquês com 3 rosas em cada um. No final do dia, observe quantos buquês sobraram.

- Quantos buquês sobraram? _____
- Pinte o quadro com a multiplicação que indica o total de rosas que sobraram:

| 10 × 4 | 9 × 4 | 10 × 3 | 9 × 4 | 8 × 3 |

- Represente o resultado dessa multiplicação por meio de uma adição.

- Quantas rosas sobraram? _____

- Você sabe o que é o **dobro** de um número?

> Se você tem 7 anos de idade, eu tenho o dobro da sua idade.

Quando calculamos **duas vezes** um número, estamos calculando o **dobro** desse número.

O menino tem _____ anos e a menina tem _____ anos.

- E o que é o **triplo** de um número?

> Eu tenho o triplo do dinheiro que você tem!

Quando calculamos **três vezes** um número, estamos calculando o **triplo** desse número.

Um dos meninos tem 5 reais, enquanto o outro menino tem o triplo, isto é, _____ reais.

1 Estas são as bolinhas coloridas que Maurício desenhou no caderno dele.

Dessas bolinhas, você deverá desenhar e colorir as quantidades indicadas a seguir:

O dobro	O triplo

2 Veja como a professora representou na reta numérica a multiplicação por 4:

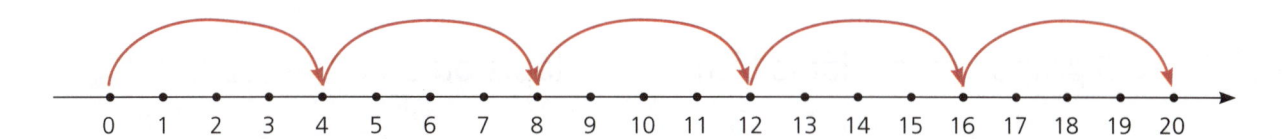

0 1 2 3 4 5 6 7 8 9 10 11 12 13 14 15 16 17 18 19 20

◆ Observando a reta, complete:

2 × 4 = _____ ou _____ + _____ = _____

3 × 4 = _____ ou _____ + _____ + _____ = _____

4 × 4 = _____ ou _____ + _____ + _____ + _____ = _____

5 × 4 = _____ ou _____ + _____ + _____ + _____ + _____ =

= _____

3 Forme grupos com 3 lápis em cada um.

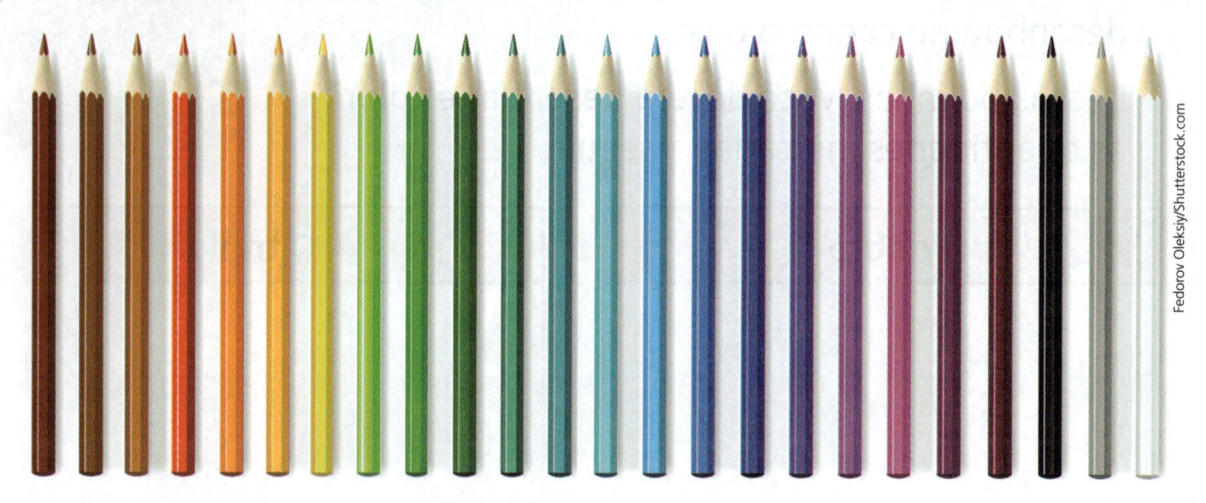

a) Responda:

- Quantos grupos você formou? _____

- Quantos lápis há ao todo? _____

b) Agora complete:

- 2 grupos com 3 lápis têm _____ lápis ou 2 × 3 = _____

- 3 grupos com 3 lápis têm _____ lápis ou 3 × 3 = _____

- 8 grupos com 3 lápis têm _____ lápis ou 3 × 8 = _____

4 Ligue as figuras às multiplicações. Dica: as multiplicações indicam o número de quadradinhos das figuras.

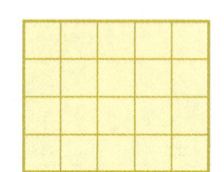

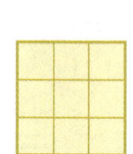

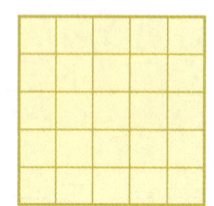

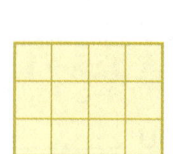

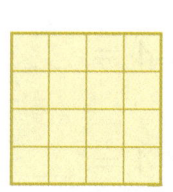

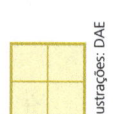

2 × 2   3 × 4   4 × 5   3 × 3   5 × 5   4 × 4

5 Bruna pagou um lanche na cantina da escola com 3 notas de ![5 reais]. Recebeu de troco 2 notas de ![2 reais].

◆ Quantos reais custou o lanche de Bruna? Calcule a seguir.

6 Marcos observou que na lanchonete de seu pai 1 lata de suco custava 3 reais. Resolveu, então, elaborar um quadro para verificar o custo de várias latas. Complete-o.

Quantidade de latas	1	2	3	4	5
Preço (reais)	3				

7 Invente um problema com base na ilustração e resolva-o em seguida.

Enunciado: _____

_____

_____

_____

Resolução:

8 Observe a sequência numérica e complete-a com o número que falta.

(1) (2) (4) (8) (16) (32) (   )

- Explique como essa sequência é formada, da esquerda para a direita.

_____

_____

_____

9 Elabore uma sequência numérica de maneira que um número seja o triplo do que é imediatamente anterior. Forme a sequência com seis números consecutivos.

(   ) (   ) (   ) (   ) (   ) (   )

10 Responda às perguntas.

a) Qual é o dobro do triplo de 5?

_____

b) Qual é o quádruplo do dobro de 10?

_____

c) Eu tenho 20 reais, meu irmão tem o dobro do que eu tenho e minha irmã tem o dobro do que tem meu irmão. Quantos reais temos juntos?

_____

Formando grupos
Ideias da divisão

Os 24 alunos estavam reunidos na quadra esportiva da escola na aula de Educação Física.

Para uma atividade esportiva, o professor separou os alunos em grupos com a mesma quantidade. Observe ao lado como ficou.

Responda:

- Em quantos grupos a turma ficou **separada**? _____
- Quantos alunos há em cada grupo? _____
- Multiplicando o número de grupos pela quantidade de alunos em cada grupo, o resultado é o número de alunos da turma, isto é:

    4 × _____ = _____.

Quando **repartimos igualmente uma quantidade**, estamos efetuando uma divisão. Então, ao **formar grupos com a mesma quantidade** de pessoas em cada um, também estamos efetuando uma **divisão**.

1 Recorte da página 287, na seção **Encartes**, os desenhos dos 30 carrinhos. Depois, cole-os separando igualmente entre 3 crianças.

Paulo

Lúcia

Patrícia

a) Você dividiu igualmente _____ carrinhos entre _____ crianças.

Cada criança ficou com _____ carrinhos.

b) Podemos representar essa divisão por: _____ ÷ _____ = _____.

c) Verificando por meio da multiplicação: _____ × _____ = _____.

2 Reparta igualmente as 18 carinhas em 3 grupos. Para isso, pinte-as usando 3 cores diferentes: **verde**, **azul** e **amarelo**.

a) Quantas carinhas você pintou de cada cor? _____

b) Complete:

- 18 carinhas foram divididas igualmente em _____ grupos com _____ carinhas em cada grupo.

- Em símbolos: _____ ÷ _____ = _____.

c) Utilize a multiplicação para verificar o resultado:

_____ × _____ = _____

3 Utilize a reta numérica para descobrir quantas vezes 4 cabe em 20.

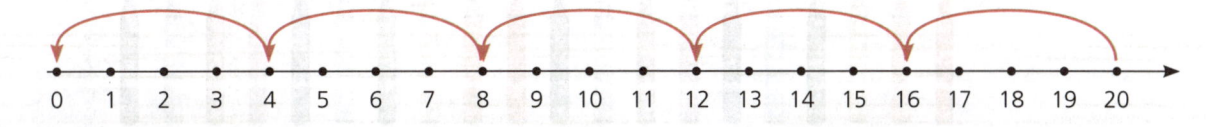

a) 4 cabe _____ vezes em _____

b) Complete: 20 ÷ _____ = _____.

4 Veja a promoção feita por uma sorveteria.

PROMOÇÃO!

JUNTE 4 PALITOS DE PICOLÉ E TROQUE POR 1 CANETA COLORIDA!

a) Felipe juntou 40 palitos de picolé. Quantas canetas ele ganhará quando trocar os palitos? Separe os palitos em grupos de 4 e ligue cada grupo a uma caneta.

_____

b) Amanda juntou 48 palitos. Quantas canetas ela ganhará quando trocar os palitos? Separe os palitos em grupos de 4 e ligue cada grupo a uma caneta.

_____

5 Observe como Paulo repartiu 27 tampinhas em grupos de 3 tampinhas cada um.

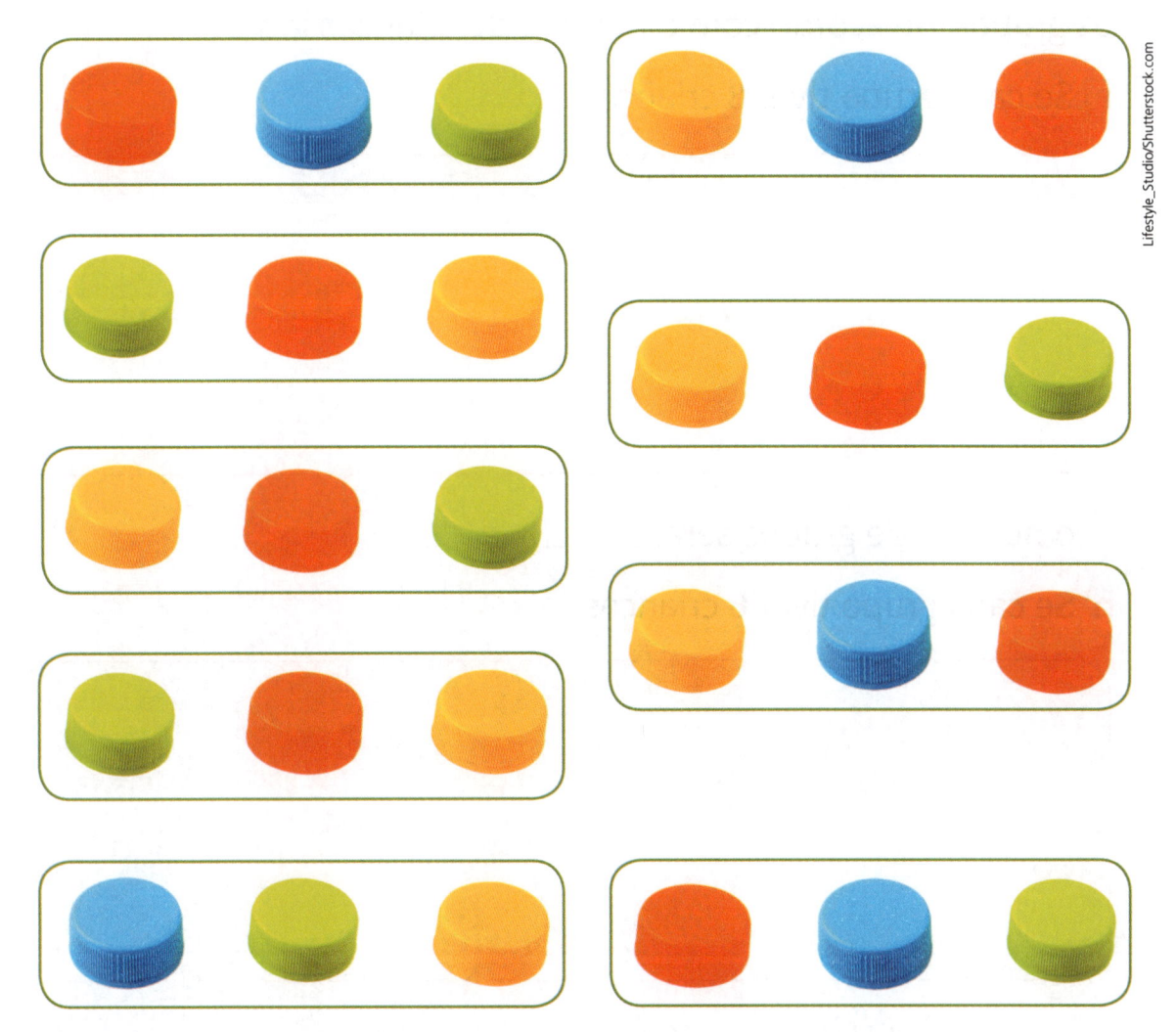

a) Quantos grupos de 3 tampinhas foram formados?

_____

b) Registre essa situação com uma divisão: _____ ÷ _____ = _____

6 Distribua 36 botões em grupos de 4 botões cada um. Quantos grupos são formados?

_____

◆ Registre essa situação com uma divisão: _____ ÷ _____ = _____

7 A turma de José tem 24 alunos e deverá ser dividida em grupos. Desenhe bolinhas para representar os alunos e descubra quantos são os grupos, de acordo com o número de crianças indicado.

a) Se cada grupo tiver 8 crianças,

o número de grupos será: _____.

b) Se cada grupo tiver 6 crianças,

o número de grupos será: _____.

8 Divida os 32 peixes em 4 grupos com a mesma quantidade cada; para isso, contorne-os.

a) Quantos peixes ficaram em cada grupo? _____

b) Escreva o resultado da divisão: 32 ÷ 4 = _____

9 Complete as divisões conforme o exemplo.

8 bolas divididas em 4 grupos é igual a 2 bolas em cada grupo.

$8 \div 4 = 2$

a) 33 lápis divididos em 3 grupos é igual a 11 lápis em cada grupo.

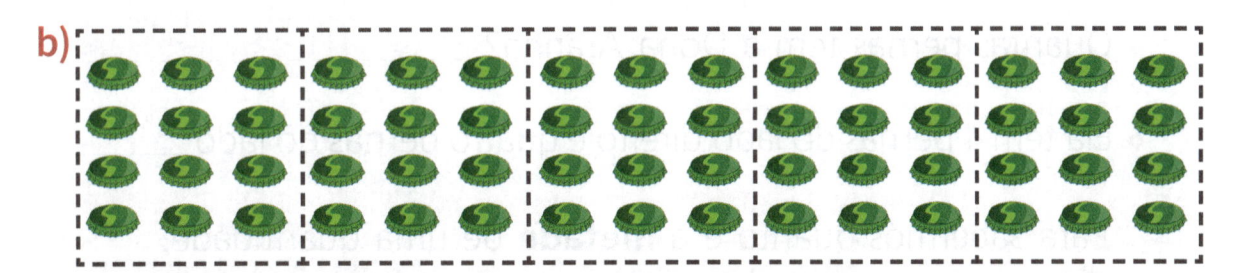

_____ ÷ _____ = _____

b) 60 tampinhas divididas em 5 grupos é igual a 12 tampinhas em cada grupo.

60 ÷ _____ = _____

c) 45 canetas divididas em 5 grupos é igual a 9 canetas em cada grupo.

_____ ÷ _____ = _____

A Dona Aranha

Divisão: a metade, a terça parte, a quarta parte

Cante com a turma toda:

> **Dona Aranha**
>
> A Dona Aranha subiu pela parede
> Veio a chuva forte e a derrubou
> Já passou a chuva
> O Sol já vai surgindo
> E a Dona Aranha continua a subir
> Ela é teimosa e desobediente.
> Sobe, sobe, sobe e nunca está contente.
> [...]

Domínio público.

Observe o desenho da Dona Aranha. A **metade** do número de pernas está do seu lado direito e a outra metade do seu lado esquerdo.

- Quantas pernas tem a Dona Aranha? _____

- Ela tem 4 pernas do lado direito e quatro pernas do lado _____.

> Para sabermos quanto é a **metade** de uma quantidade, dividimos essa quantidade em **2 partes iguais**.

A seguir, temos 12 estrelinhas coloridas: 6 estrelinhas azuis e 6 estrelinhas amarelas.

> Metade das 12 estrelinhas foi pintada de azul e a outra metade foi pintada de amarelo.
>
> 12 ÷ 2 = _____   ou   2 × _____ = 12

1 O pai de Mauro e Bruna deu a metade de 40 reais para cada um deles.

a) Com quantos reais cada irmão ficou? _____

b) A metade de _____ reais é _____ reais.

_____ ÷ _____ = _____

c) Qual é o dobro de 20 reais? _____

2 A **terça parte** de 12 alunos estava sentada no chão do pátio da escola.

> Para sabermos quanto é a **terça parte** de uma quantidade, dividimos essa quantidade em **3 partes iguais**.

a) Quantos alunos estão sentados?

_____

b) A terça parte de 12 é igual a _____.

c) 12 ÷ 3 = _____ ou

3 × _____ = 12

3 Pinte a terça parte da fita de **vermelho** e o restante dela de **azul**. A régua indica o comprimento da fita.

a) Qual é o comprimento da fita? _____

b) Quanto é um terço desse comprimento? _____

c) Quanto da fita você pintou de azul? _____

4 Ângelo tinha em sua carteira 6 notas de 5 reais. Ele gastou um terço dessa quantia com a entrada no cinema.

◆ Explique como você pode calcular quanto ele gastou:

5 Zenilton pegou 27 umbus e os distribuiu em grupos com a mesma quantidade. Observe:

a) Em quantos grupos Zenilton distribuiu os umbus? _____

b) Quantos umbus ele colocou em cada grupo? _____

c) Represente o que ele fez por meio de uma divisão:

_____

6 Observe os cubinhos coloridos a seguir e leia atentamente a frase:

"Mais da metade dos cubinhos são vermelhos."

Essa frase está correta? Explique:

_____

_____

7 Elabore um problema que envolva a quantia distribuída a seguir e apresente-o a um colega.

As cédulas e moedas não estão representadas em proporção.

Enunciado: _____

_____

_____

Cento e oitenta e cinco **185**

8 Renan, Eleonor, Flávia e Tadeu estavam brincando de dominó e dividiram as 28 peças igualmente entre eles.

Podemos afirmar que:

a) cada um recebeu um terço das peças.

b) cada um recebeu 4 peças.

c) cada um recebeu metade das peças.

d) cada um recebeu 7 peças.

9 Complete as sentenças.

a) A metade de 24 é _____.

b) A terça parte de 42 é _____.

c) 18 é a metade de _____

d) 18 é a terça parte de _____

10 Observe a sequência numérica e complete-a com o número que falta.

| 800 | 400 | 200 | 100 | 50 | ☐ |

- Explique como essa sequência é formada, da esquerda para a direita.

_____

_____

11 Complete a sequência numérica de modo que, da esquerda para a direita, um número seja a terça parte do que é imediatamente anterior.

| 243 | 81 | ☐ | ☐ | ☐ | ☐ |

12 Pense rápido para responder.

a) Qual é a metade do dobro de 10? _____

b) Qual é o dobro da terça parte de 30? _____

c) Marcos tem 60 reais, Pedro tem a metade de Marcos e Lúcia tem a terça parte de Pedro. Juntando essas quantias, quantos reais eles têm juntos? _____

Cento e oitenta e sete 187

Revendo o que aprendi

1 Os tomates foram vendidos em bandejas como a que aparece abaixo:

a) Quantos tomates estão em cada bandeja?

_____

b) Escreva uma multiplicação que represente uma maneira de calcular essa quantidade:

_____

2 Ligue cada adição à multiplicação correspondente.

2 + 2 + 2 + 2	2 × 5
5 + 5 + 5	4 × 2
5 + 5	4 × 4
3 + 3 + 3 + 3	3 × 5
4 + 4 + 4 + 4	4 × 3

3 Quantos reais tem cada amigo? Leia e depois calcule para saber.

"Alexandre, eu tenho 3 notas de 10 reais."

"Eu tenho 4 notas de 5 reais."

Fernando: _____

Alexandre: _____

Fernando tem _____ reais e Alexandre tem _____ reais.

4 Leia a parlenda:

>Meio-dia
>Macaco assobia
>Panela no fogo
>Barriga vazia
>
>Meio-dia
>Macaca Sofia
>Fazendo careta
>Pra dona Maria

Parlenda.

a) Quantas horas tem um dia? _____

b) Que horas são quando chega meio-dia? _____

c) Qual é a metade de 24? _____

5 Faça grupos com 3 adesivos cada um. Contorne os adesivos para formar os grupos.

a) Quantos grupos de adesivos você formou?

_____

b) Represente o que você fez por meio de uma divisão:

_____

Desafio

1 Você resolveu o desafio, do início da unidade, de dividir uma torta em 8 pedaços fazendo apenas 3 cortes? Resolveu sozinho ou precisou da ajuda de alguém? Agora, pense na solução do seguinte desafio relacionado à multiplicação:

- Na roleta inventada por Emília, o segredo está no número 12. Você deverá descobrir qual número deve ocupar a posição em que aparece a interrogação.

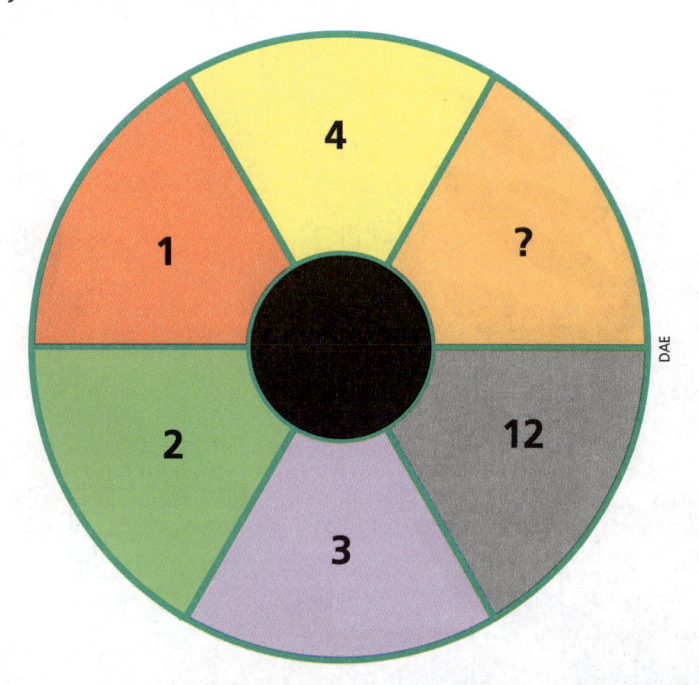

Para ir mais longe

Livro

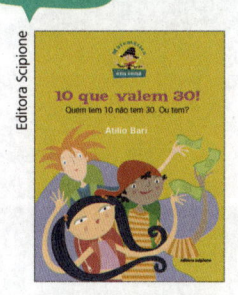

▶ **10 que valem 30! Quem tem 10 não tem 30. Ou tem?**, de Atílio Bari. São Paulo: Editora Scipione, 2002.

Três amigos devem dinheiro um ao outro. Depois de muito tempo, resolvem pagar as dívidas e descobrem que ficaram com os mesmos 10 reais de mesada que tinham antes. De forma divertida, a obra trabalha adição e subtração.

UNIDADE 7
Noções de estatística e probabilidade

Você sabia que, num dado, a soma dos pontos mostrados em duas faces opostas é 7?

▶ Se três dados forem lançados e a soma dos pontos obtidos nas faces de cima for 12, qual será a soma dos pontos obtidos nas faces de baixo desses dados?

A SOMA DOS PONTOS DOS TRÊS DADOS É 12!

Sucos e sanduíches

A lanchonete de Leandro vende sucos e sanduíches.

Leandro organiza toda semana o movimento de vendas em tabelas e gráficos. Observe o que aconteceu nesta semana e ajude-o a colorir o gráfico. Escolha uma cor para pintar as colunas da esquerda (sucos) e outra cor para pintar as colunas da direita (sanduíches) em cada dia da semana. Pinte também os quadrinhos da legenda.

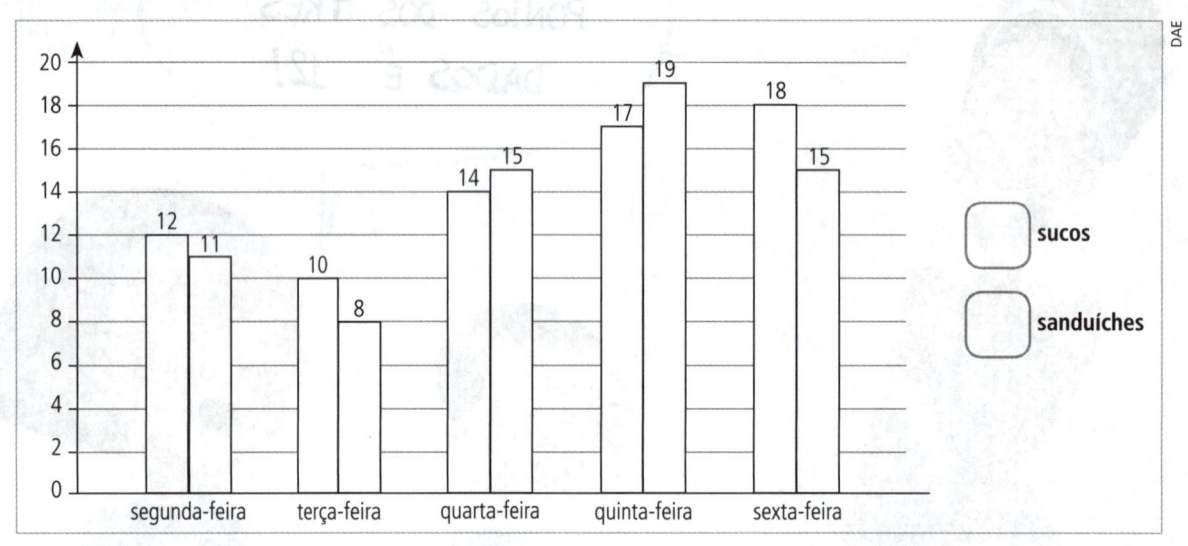

Valores do gráfico:
- segunda-feira: 12 sucos, 11 sanduíches
- terça-feira: 10 sucos, 8 sanduíches
- quarta-feira: 14 sucos, 15 sanduíches
- quinta-feira: 17 sucos, 19 sanduíches
- sexta-feira: 18 sucos, 15 sanduíches

☐ sucos
☐ sanduíches

Fonte: Lanchonete do Leandro.

◆ O que indicam as colunas pintadas com a primeira cor escolhida?

_____

◆ E as colunas pintadas com a segunda cor?

_____

◆ Pelo gráfico, todas as pessoas que compram suco também compram sanduíche? _____

◆ Que nomes você daria aos eixos? E que título daria ao gráfico?

_____

Qual é sua opinião?
Analisando tabelas e gráficos

Para a reunião de professores da escola, era preciso escolher um dia da semana. A diretora então decidiu que cada professor daria sua opinião.

- Após cada professor ter dado sua opinião, foi apresentada a seguinte tabela no mural da escola:

DIA	Segunda-feira	Terça-feira	Quarta-feira	Quinta-feira	Sexta-feira
NÚMERO DE VOTOS	13	20	23	19	10

Analise a tabela e responda:

- Qual foi o dia da semana mais votado? E o menos votado?

_____

Agora observe as mesmas informações apresentadas em um gráfico:

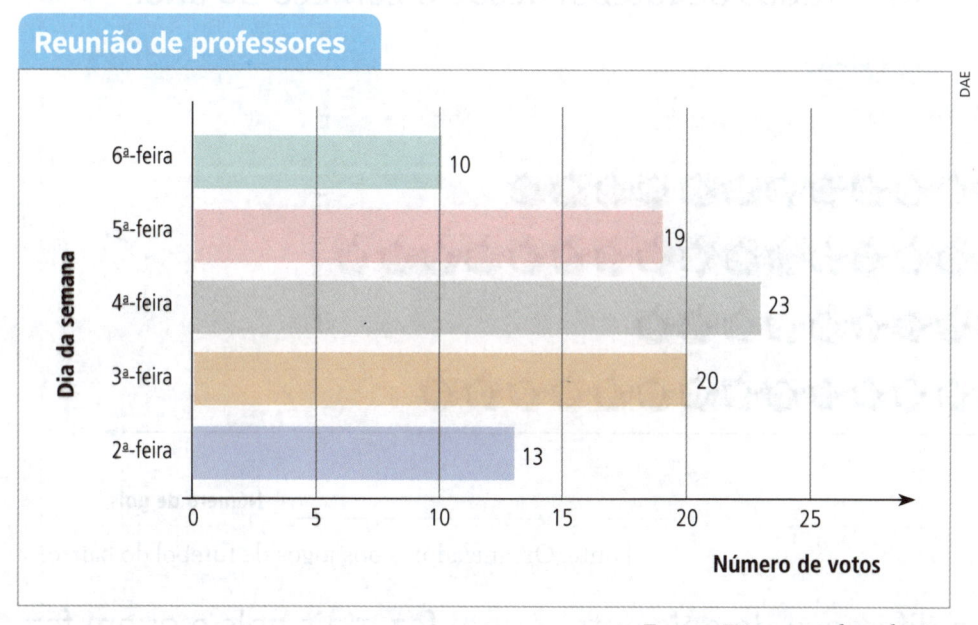

Reunião de professores

- 6ª-feira: 10
- 5ª-feira: 19
- 4ª-feira: 23
- 3ª-feira: 20
- 2ª-feira: 13

Eixo horizontal: Número de votos (0, 5, 10, 15, 20, 25)
Eixo vertical: Dia da semana

Fonte: Diretoria do colégio.

- Que forma de apresentar os votos dos professores você prefere? Marque um **X**.

☐ Tabela.   ☐ Gráfico.

1 Encontre um gráfico em jornal ou revista, recorte-o e cole-o no quadro a seguir. Depois, responda às questões.

a) Qual é o título do gráfico? _____

b) O que chamou sua atenção no gráfico? Discuta com os colegas.

2 Complete o gráfico com o número de gols que cada um dos quatro amigos fez em partidas de futebol desde o começo do ano.

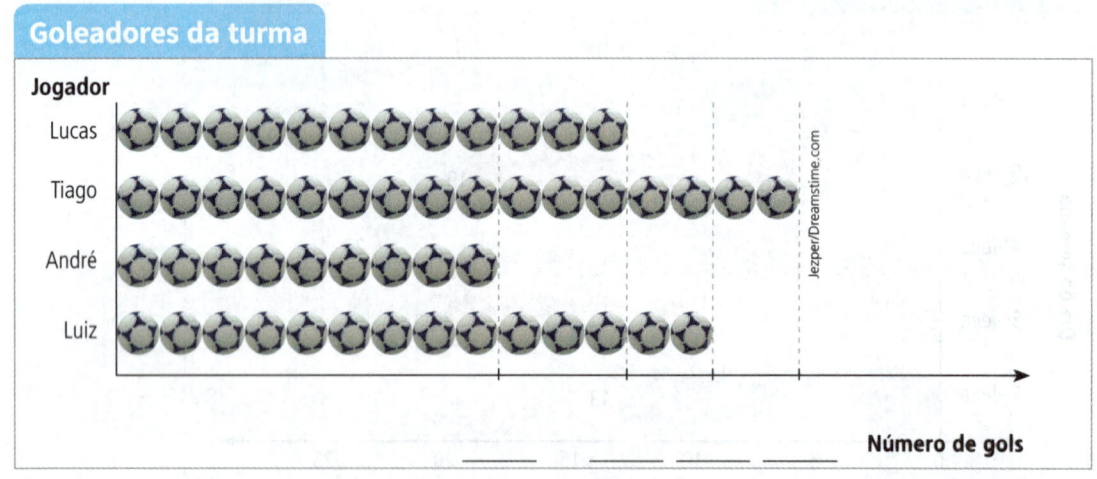

Goleadores da turma

Jogador
- Lucas: ⚽⚽⚽⚽⚽⚽⚽⚽⚽
- Tiago: ⚽⚽⚽⚽⚽⚽⚽⚽⚽⚽⚽⚽
- André: ⚽⚽⚽⚽⚽⚽⚽
- Luiz: ⚽⚽⚽⚽⚽⚽⚽⚽⚽⚽

Número de gols

Fonte: Organizadores dos jogos de futebol do bairro.

a) Qual é a diferença de gols entre quem fez mais gols e quem fez menos? _____

b) Quem ficou em 2º lugar no número de gols? _____

3 Ajude Ricardo a organizar as moedas que ele guardará. Conte-as e preencha o quadro.

Moeda	5 centavos	10 centavos	25 centavos	50 centavos	1 real
Quantidade					

Observando o quadro, responda:

a) Qual moeda ele tem em maior quantidade?

_____

b) Juntando as moedas de 50 centavos com as moedas de 1 real, quantas são as moedas? _____

c) Ricardo tem mais que 10 reais ou menos que 10 reais?

_____

4 Neste ano foi realizada uma gincana escolar e dela participaram 4 turmas do 2º ano. O gráfico apresenta a quantidade de pontos conseguidos por turma.

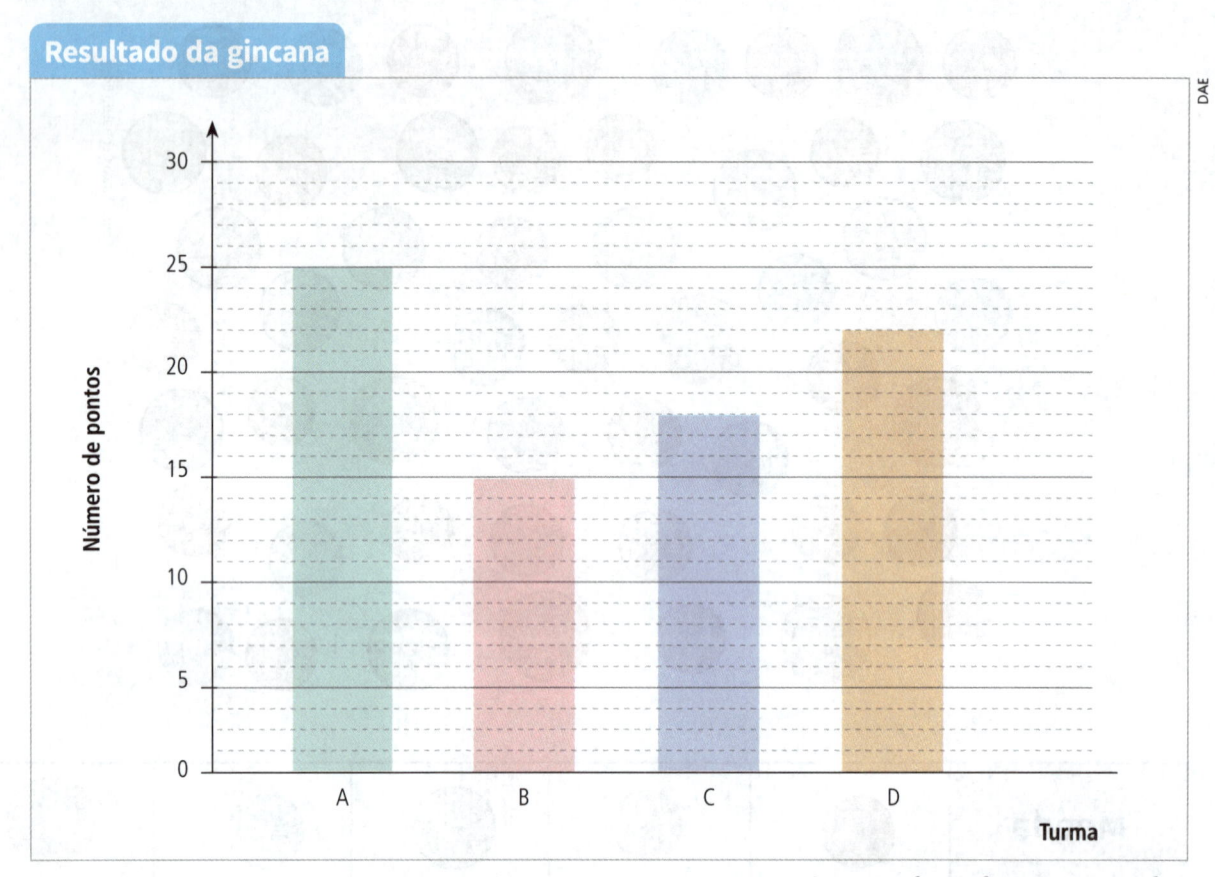

Resultado da gincana

Gráfico de barras — Número de pontos por turma:
- Turma A: 25
- Turma B: 15
- Turma C: 18
- Turma D: 22

Fonte: Organizadores da gincana escolar.

Observe as informações do gráfico e marque certa ou errada para cada afirmação no quadro.

Afirmação	Certa	Errada
A turma **A** venceu com 3 pontos a mais que a turma **D**.		
Duas turmas ficaram com o mesmo número de pontos.		
Com 4 pontos a mais, a turma **B** passaria a turma **C**.		
Com 10 pontos a mais, a turma **B** empataria com a turma **A**.		

Sol, chuva ou nublado?
Construindo tabelas e gráficos

Ao longo de alguns dias, Vivian e Fernanda observaram a condição do tempo sempre ao meio-dia e anotaram os dados em uma tabela. Fizeram isso durante todos os dias do mês de setembro.

As duas criaram a seguinte tabela:

Tempo	Quantidade de dias
Chuvoso	IIIIIII
Ensolarado	IIIIIIIIIIIIII
Nublado	IIIIIIIIII

Para ajudar as meninas, vamos elaborar uma nova tabela e um gráfico utilizando as informações que elas conseguiram.

◆ Complete a tabela escrevendo os números correspondentes às diferentes condições do tempo.

Tempo	Quantidade de dias
🌧️	
☀️	
⛅	

◆ Por quantos dias as duas meninas observaram as condições do tempo? _____

Cento e noventa e nove **199**

◆ Utilizando as mesmas informações, agora, complete o gráfico. Pinte um quadradinho para cada dia.

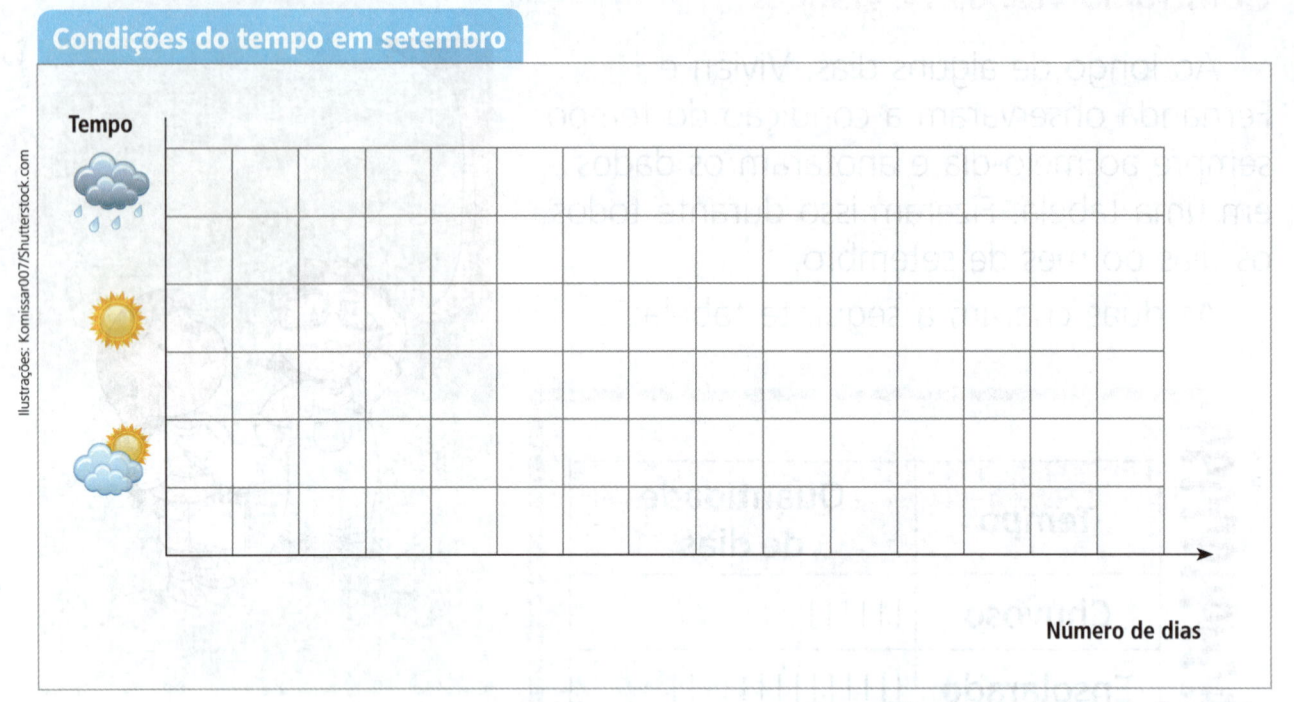

Condições do tempo em setembro

Tempo

Número de dias

Fonte: Observação de Vivian e Fernanda.

As tabelas e os gráficos que utilizamos representam formas de organizar e apresentar as informações por meio de dados de pesquisa, por exemplo.

1 Agora, observe as condições do tempo durante duas semanas em sua cidade. Organize na tabela quantos dias de chuva, quantos dias de sol e quantos dias nublados ocorreram nesse período. Mas cuidado: observe o tempo sempre no mesmo horário todos os dias.

Tempo	Quantidade de dias	Número de dias
🌧️		
☀️		
⛅		

2 Numa pesquisa, cada aluno escolheu, entre cinco atividades esportivas, aquela de que mais gostava. Veja, na tabela à esquerda, como ficou o resultado e, com base nessas informações, complete a tabela à direita.

Atividade	Número de votos
🤾	◩ ☐
🏃	◩ ◩ ╎
🏊	◩ ╵
🏀	◩ ╵
🤾‍♂️	☐

Atividade	Número de votos
Total	

a) Quantos alunos participaram da votação? _____

b) Qual foi a atividade esportiva preferida? _____

3 Utilizando as informações da tabela anterior, complete o gráfico.

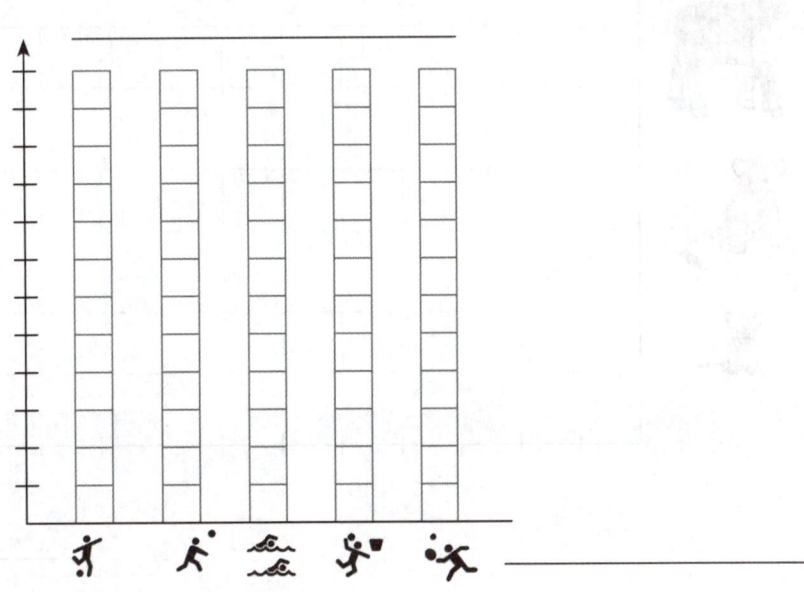

Fonte: Pesquisa realizada na turma.

4 Escolha apenas um dos animais e contorne-o.

Vamos agora ver qual foi o animal mais escolhido pela turma?

a) Cada um, na sua vez, diz o animal que escolheu. Você faz um tracinho abaixo do nome do animal.

Animal	cachorro	vaca	leão	gato
Número de escolhas				
Total				

b) Complete o gráfico para apresentar os dados da pesquisa.

Fonte: Escolhas da minha turma.

Jogando dados
Noções de probabilidade

Quem conseguir primeiro 4 faces com 6 pontos ganha o jogo. Observe como está o placar após 4 rodadas.

NOME	RESULTADOS
Marilda	5, 4, 1, 6
Lourdes	1, 2, 4, 3
Paulinho	1, 5, 6, 6
Anselmo	3, 6, 2, 6

◆ Quem já conseguiu algum resultado com 6 pontos no dado?

◆ Qual deles você acha que está mais próximo de ganhar?

◆ Qual deles está mais distante de ganhar o jogo?

◆ Quem ganhará o jogo?

◆ Lançando 4 dados é possível obter 4 pontos? E 3 pontos?

1 Você já brincou de **cara ou coroa**? Convide um amigo e pegue uma moeda para brincar. Primeiro decida:

cara   coroa

a) Quem vai ficar com cara? _____

b) Quem vai ficar com coroa? _____

c) A moeda é lançada 10 vezes no chão. Em cada vez, marque um X no quadro de acordo com a face mostrada da moeda caída: cara ou coroa. Conforme a escolha de cada um, ganha quem acertar mais.

FACE DA MOEDA	LANÇAMENTO									
	1º	2º	3º	4º	5º	6º	7º	8º	9º	10º
cara										
coroa										

- Quantas vezes saiu cara? _____ vezes

- Quantas vezes saiu coroa? _____ vezes

Quando lançamos uma moeda, não sabemos qual resultado sairá. Entretanto, dizemos que as duas faces têm iguais condições de sair, ou seja, os dois resultados têm a mesma **chance** de ocorrer. Dizemos que sair cara é tão **provável** quanto sair coroa.

2 Qual cor você prefere? Assinale com um **X**.

a) Quantas possibilidades de escolha você tem? _____

b) Qual cor você escolheu? _____

c) Agora escolha outra cor. Quantas possibilidades de escolha você tem agora? _____

3 A professora dividiu um prato de papelão em 4 partes do mesmo tamanho. Sobre cada parte, ela colou um papel colorido. Veja como ficou:

Depois, a professora colocou esse prato no chão. Cada aluno, na sua vez, tinha de jogar um grão de feijão dentro do prato e ver em qual parte colorida o feijão caía. Responda:

a) É mais provável acertar a parte azul ou a amarela?

_____

b) Qual é a cor mais provável de acertar?

_____

Duzentos e cinco **205**

4 Você já brincou de **par ou ímpar**? Nessa brincadeira, duas crianças decidem entre elas se querem o par ou o ímpar. Ao mesmo tempo, cada criança mostra 0, 1, 2, 3, 4 ou 5 dedos. A seguir, contam-se os dedos para saber o resultado.

> Par: quando o resultado for 0, 2, 4, 6, 8 ou 10.
>
> Ímpar: quando o resultado for 1, 3, 5, 7, ou 9.

a) Na cena ao lado, o resultado deu par ou ímpar?

b) Se uma criança mostrar 2 dedos, quantos dedos a outra deverá mostrar para que o resultado seja ímpar? _____

c) E, se uma criança mostrar 5 dedos, quantos dedos a outra deverá mostrar para que o resultado seja ímpar? _____

d) Nessa brincadeira, o que é mais provável acontecer: par ou ímpar?

5 Na festa junina da escola, Larissa e Juliana participaram do bingo. Veja como estavam as cartelas durante o jogo:

B	I	N	G	O
~~3~~	12	20	~~27~~	40
~~9~~	17	24	30	~~45~~
~~10~~	~~18~~	~~25~~	~~36~~	50

▶ Cartela da Larissa.

B	I	N	G	O
~~1~~	8	~~15~~	~~21~~	~~36~~
4	~~9~~	18	~~27~~	~~40~~
6	12	20	28	~~45~~

▶ Cartela da Juliana.

a) Quantos números faltam para Larissa completar sua cartela? _____

b) E para Juliana? _____

c) Qual das duas tem mais chance de completar a cartela primeiro?

_____

d) Você acha possível que Juliana ganhe sorteando-se mais **quatro** números?

_____

6 Imagine que você está entre as 500 crianças que participam do sorteio de **apenas uma** bicicleta. Para esse sorteio, cada uma das crianças recebeu um número diferente entre 1 e 500. Sobre você ser sorteado e ganhar a bicicleta, você acha:

☐ impossível.

☐ pouco provável.

☐ muito provável.

7 Alguns amigos estavam brincando com uma roleta. O disco colorido fica fixo e a seta vermelha gira até parar em um dos números.

Responda:

a) Após girar a seta, que números ela pode marcar quando parar?

_____

b) Qual deles tem maior probabilidade de sair?

_____

c) Qual deles tem menor probabilidade de sair?

_____

d) Quais números têm a mesma probabilidade de sair?

_____

8 No chão da sala de aula foram colocadas folhas quadradas coloridas, da seguinte maneira:

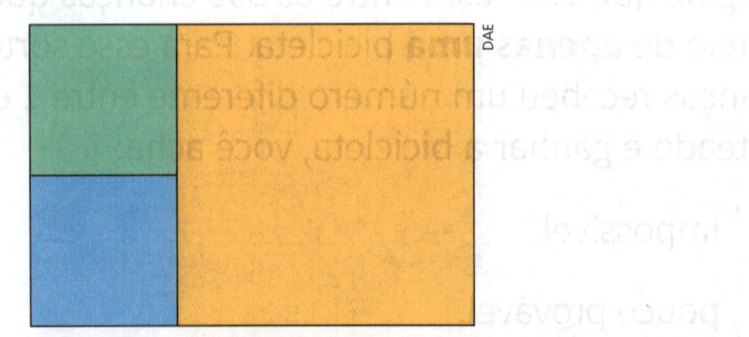

Cada aluno deve lançar uma tampinha de garrafa em cima das folhas coloridas.

◆ Marque as afirmações corretas com **X**.

☐ A tampinha não cairá em cima do quadrado azul.

☐ A tampinha cairá em cima do quadrado laranja.

☐ Há mais chance de que a tampinha caia no quadrado azul do que no quadrado verde.

☐ A chance de a tampinha cair no quadrado verde é igual à chance de cair no quadrado azul.

☐ É mais provável que a tampinha caia no quadrado laranja.

9 Imagine que as letras a seguir estão em uma urna e que você deverá retirar, sem ver, uma dessas letras.

A	A	A	B	B	B	B
C	D	D	E	E	E	E
E	E	F	F	G	G	G

a) É mais provável que retire a letra **A** ou a letra **G**?

_____

b) É certo que sairá a letra **E**?

_____

c) Qual é a letra menos provável de ser retirada? Justifique.

_____

MATEMÁTICA
em ação

Já observou como as frutas ficam bem organizadas numa barraca de feira ou mesmo num supermercado? Essa forma de apresentar os produtos para a venda também está presente quando elaboramos uma tabela com as informações numéricas.

BARRACA DO SEBASTIÃO		
Fruta	Quantidade	Preço unitário
laranja	100	50 centavos
maçã	70	2 reais
mamão	85	3 reais
abacaxi	37	5 reais
pera	80	1 real

Fonte: Pesquisa de preço.

- Qual das frutas é a mais cara? _____
- Qual fruta tem em maior quantidade na barraca do Sebastião?

_____

- Se você comprar 10 mamões, quanto gastará?

_____

- Você acha que essa tabela auxilia a organizar as informações da barraca do Sebastião ao iniciar a feira?

_____

_____

Assim como as tabelas, os gráficos também são muito empregados pelas pessoas, principalmente nas empresas, em diversas situações.

Para fazer comparações

O gráfico ao lado indica o número de meninas e o número de meninos de uma sala de aula. Explique oralmente.

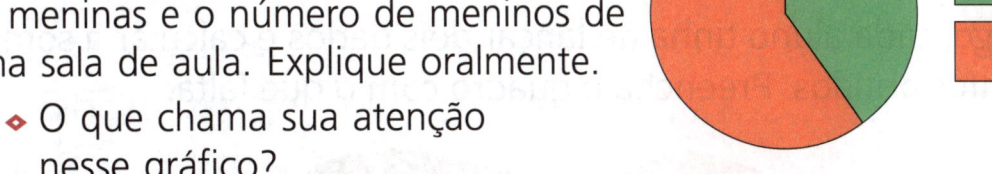

- O que chama sua atenção nesse gráfico?
- Em sua sala de aula o gráfico seria desse jeito?

Para observar dados ao longo do tempo

O gráfico a seguir é um exemplo que indica o número de alunos matriculados numa escola ao longo de alguns anos.

Alunos matriculados

Fonte: Secretaria da escola.

- Quantos alunos matriculados havia no ano de 2013? _____

O que aconteceu com o número de alunos matriculados:

- de 2013 a 2014? _____
- de 2014 a 2015? _____
- E de 2015 a 2016? _____

Revendo o que aprendi

1 Num jogo, cada aluno tinha de lançar dois dados e calcular a soma dos pontos obtidos. Preencha o quadro com o que falta.

ALUNO	DADOS		TOTAL DE PONTOS
	1º	2º	
João	3	5	
Marina	4	5	
Gabriel	1	5	
Pedro	6	5	

Observando o quadro, responda:

a) Qual dos alunos conseguiu maior número de pontos no total?

b) Houve empate no total de pontos?

2 Marcos é veterinário e fez um levantamento do tempo de vida de alguns animais de que ele cuida.
Complete a tabela de acordo com as informações do gráfico.

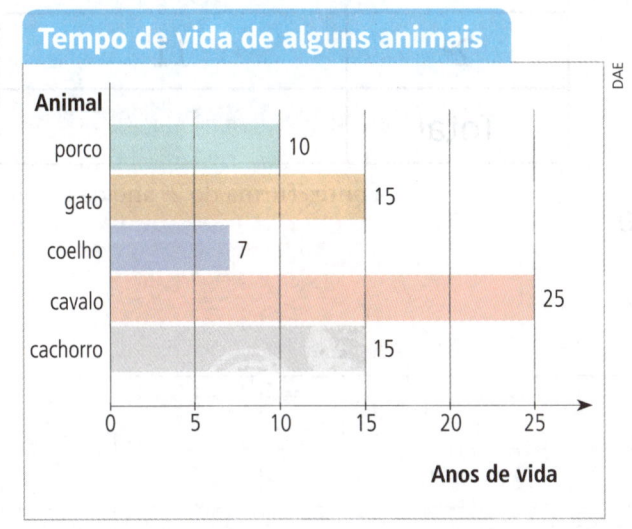

Tempo de vida de alguns animais

Animal	Anos de vida
porco	10
gato	15
coelho	7
cavalo	25
cachorro	15

Fonte: www.saudeanimal.com.br.
Acesso em: abr. 2019.

Animal	Anos de vida
	10
gato	
coelho	7
cavalo	
cachorro	

Agora responda:

a) Qual é o título do gráfico? E como se chamam seus eixos?

_____

_____

b) Entre os animais da tabela, qual tem o tempo de vida mais curto?

_____

c) E o mais longo?

_____

d) Quantos anos o cachorro vive a mais do que o porco?

_____

e) Quantos anos o coelho vive a menos que o gato?

_____

Duzentos e treze **213**

3 A tabela ao lado apresenta a quantidade de aniversariantes do 1º semestre e do 2º semestre de uma turma. Complete-a.

Semestre	Quantidade de aniversariantes
1º	10
2º	11
Total	

Fonte: Turma do 2º ano da escola.

a) Complete o gráfico para representar essas informações. Não se esqueça de colocar o nome dos eixos e o título do gráfico.

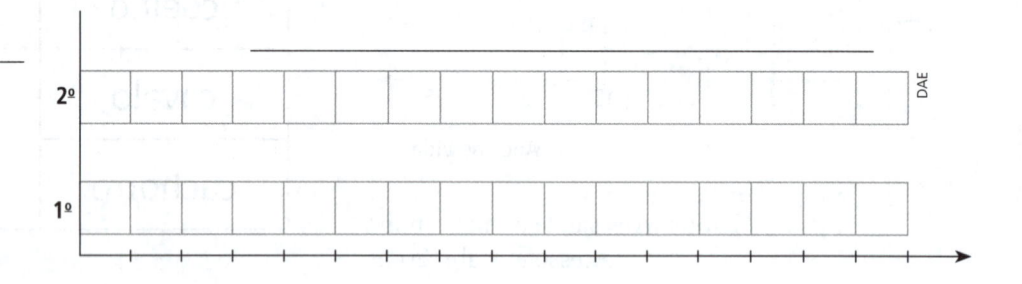

b) Quais são os meses de cada semestre do ano?

1º semestre: _____

2º semestre: _____

4 Observe o gráfico das frutas que estão na cantina da escola.

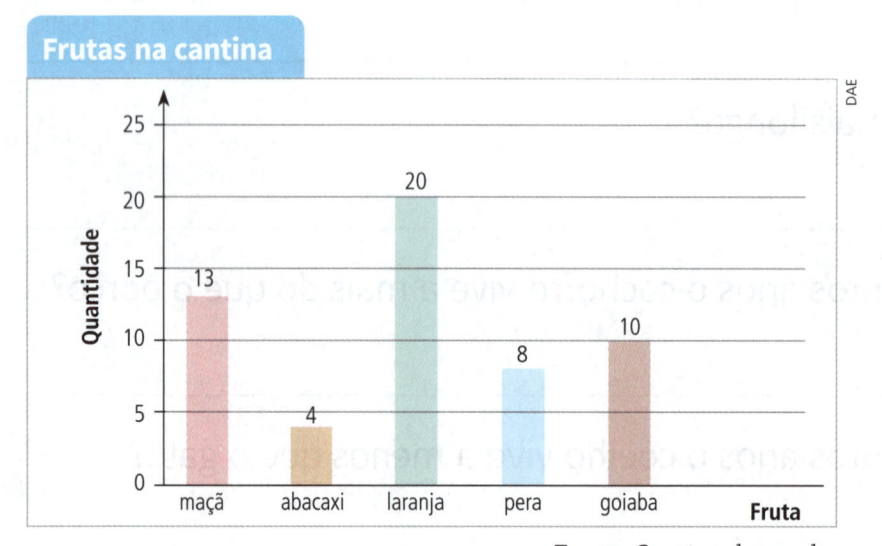

Frutas na cantina

- maçã: 13
- abacaxi: 4
- laranja: 20
- pera: 8
- goiaba: 10

Eixo y: Quantidade
Eixo x: Fruta

Fonte: Cantina da escola.

214 Duzentos e quatorze

a) Para fazer um copo de suco de laranja necessitamos de 4 laranjas. Quantos copos de suco podemos fazer com as laranjas da cantina?

_____

b) Juntando maçãs, peras e goiabas, quantas frutas temos?

_____

c) No início do dia havia 20 maçãs. Quantas maçãs foram vendidas de acordo com o gráfico? _____

Desafio

1 Você resolveu o desafio do início da unidade? Caso não tenha conseguido, volte e tente novamente com a ajuda de algum colega.

Agora temos o seguinte desafio para você.

- Descubra o segredo da tabela para terminar de preenchê-la.

	10		12
		5	

UNIDADE 8
Grandezas e medidas

OLHA LÁ, PAI! MEIO-DIA EM PONTO.

Olhe atentamente para um relógio de parede e descubra:

▸ Do meio-dia até a meia-noite de um mesmo dia, quantas vezes os dois ponteiros estão juntinhos, isto é, um em cima do outro?

OS DOIS PONTEIROS DO RELÓGIO ESTÃO NA MESMA POSIÇÃO: UM EM CIMA DO OUTRO.

A distância até o poste

Leia a tirinha abaixo, em que a Mônica e o Cebolinha estão conversando.

- O que Cebolinha quis dizer com "léguas"? _____
- Que instrumento você utilizaria para verificar a distância entre dois postes? _____
- Utilize 7 réguas de 30 centímetros, coloque uma depois da outra, como na tirinha, e verifique o que seria uma distância de "sete réguas". Comece colocando a primeira régua no chão, encostada numa parede da sala de aula.
- Você sabe o que é medir? Então explique oralmente o que cada um dos instrumentos abaixo mede.

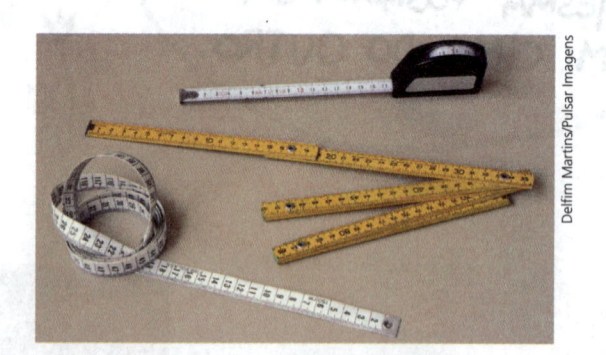

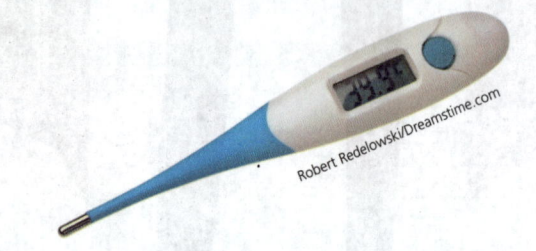

O relógio
Medida de tempo

Leia a poesia sobre o relógio com toda a turma.

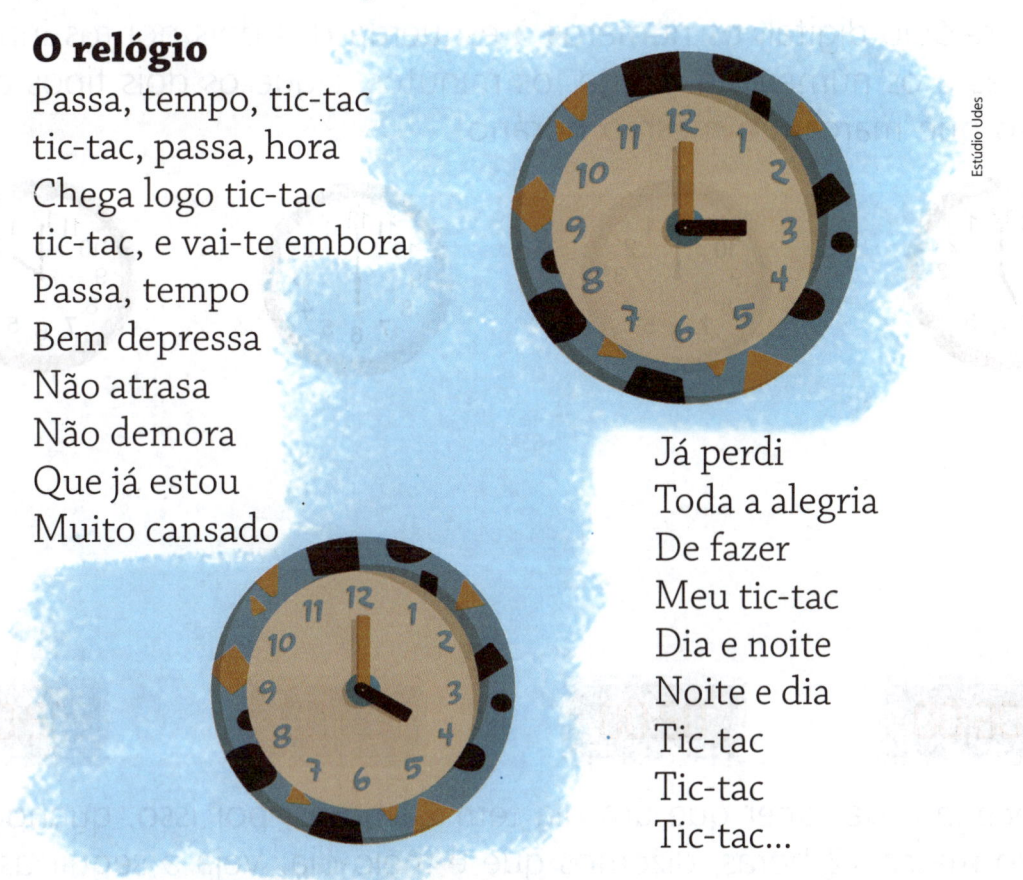

O relógio

Passa, tempo, tic-tac
tic-tac, passa, hora
Chega logo tic-tac
tic-tac, e vai-te embora
Passa, tempo
Bem depressa
Não atrasa
Não demora
Que já estou
Muito cansado

Já perdi
Toda a alegria
De fazer
Meu tic-tac
Dia e noite
Noite e dia
Tic-tac
Tic-tac
Tic-tac...

"O Relógio" de Vinicius de Moraes. In: *A Arca de Noé: poemas infantis*.
São Paulo: Cia das Letras; Editora Schwarcz Ltda., 1991. p. 56.

- Você sabe o que significa "tic-tac"? Responda oralmente para os colegas.
- Qual foi o primeiro horário indicado pelo relógio? E o segundo?

_____

- Escreva duas coisas que você faz durante o dia e duas coisas que você faz durante a noite.

DIA	NOITE

Utilizamos o relógio para marcar o tempo. Existem relógios de ponteiros (chamados analógicos) e relógios digitais.

No relógio analógico, quando o ponteiro grande está no 12, o ponteiro pequeno indica a hora exata.

No relógio digital, os números à esquerda dos dois pontos indicam as horas e os números à direita, os minutos. Ligue os dois tipos de relógio que marcam o mesmo horário.

Você já deve saber que um dia tem 24 horas; por isso, quando o relógio marca 12 horas, dizemos que é meio-dia. Veja a seguir as horas depois de 12 horas e complete as lacunas.

13 horas: 12 horas + 1 hora

14 horas: 12 horas + 2 horas

15 horas: 12 horas + 3 horas

16 horas: 12 horas + 4 horas

17 horas: 12 horas + 5 horas

18 horas: 12 horas + 6 horas

19 horas: 12 horas + _____ horas

20 horas: 12 horas + _____ horas

21 horas: 12 horas + _____ horas

22 horas: 12 horas + _____ horas

23 horas: 12 horas + _____ horas

24 horas: 12 horas + _____ horas

Além das **horas**, temos os **dias**, as **semanas**, os **meses** e os **anos** para medir o tempo.

1 Complete os quadros com as horas depois do meio-dia.

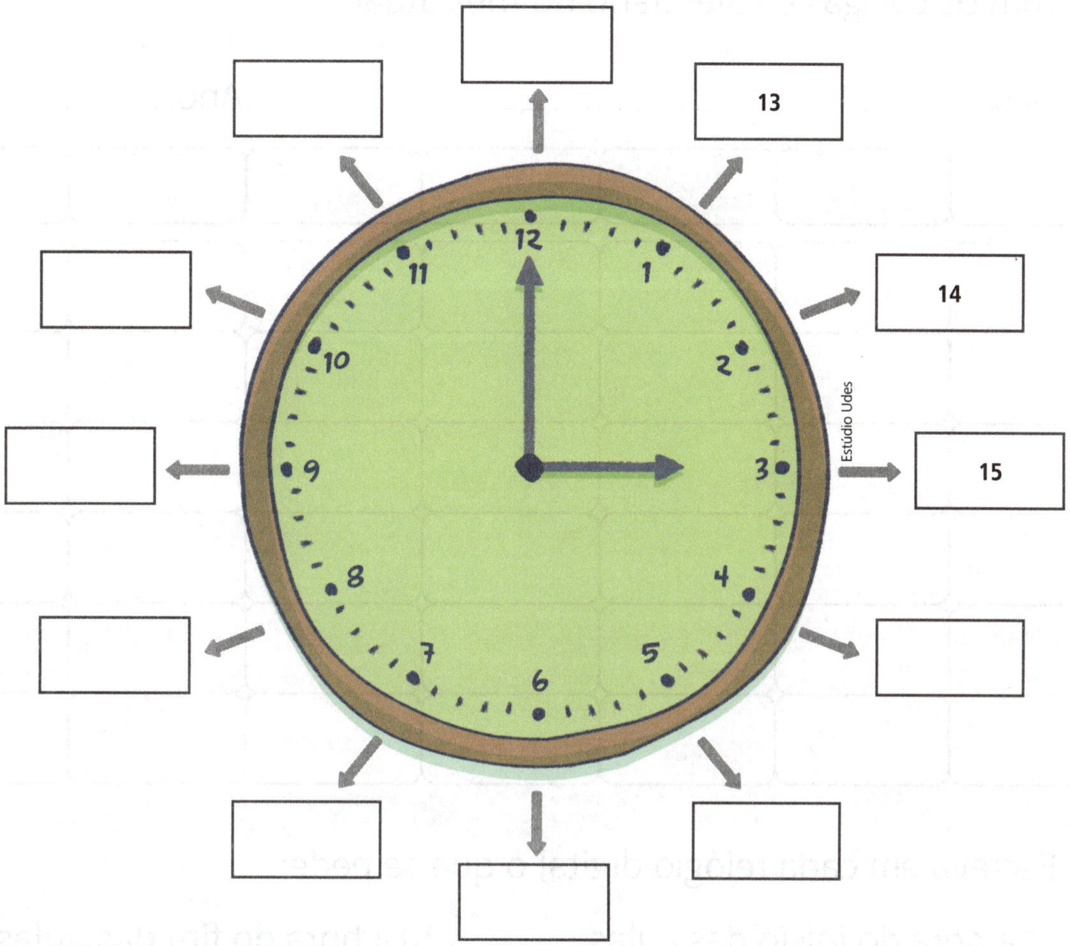

2 Que horário o relógio indica?

____

3 Complete as lacunas.

a) Ana Carolina costuma dormir às 21 horas. Isso é o mesmo que dizer que ela vai dormir às ______ horas da noite.

b) Hoje Breno saiu do trabalho às 19 horas, ou seja, às ______ horas da noite.

c) Rosa pega o transporte todos os dias para ir à faculdade por volta das ______ horas, isto é, 4 horas da tarde.

4 O calendário nos ajuda a contar e a organizar o tempo. Preencha com os colegas o calendário do mês atual.

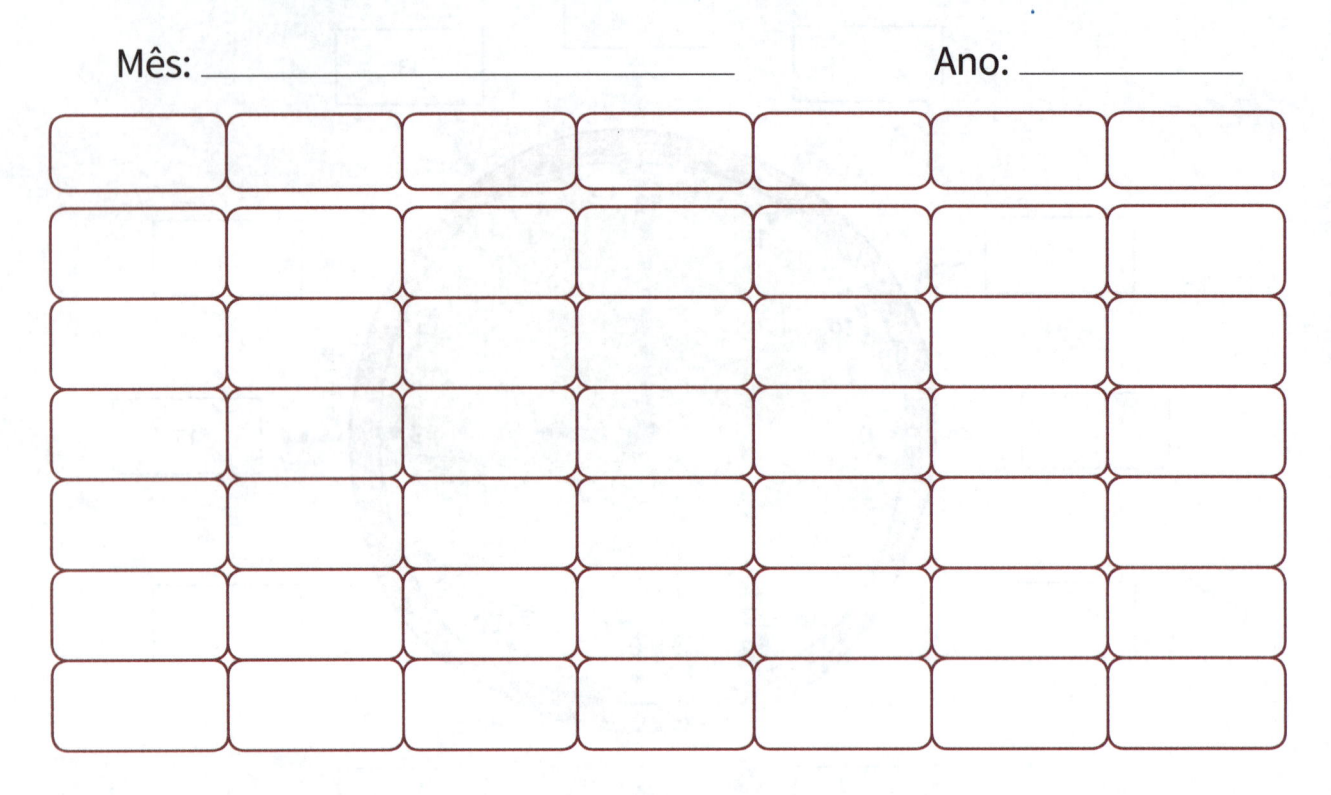

Mês: _____   Ano: _____

5 Escreva em cada relógio digital o que se pede:

a) a hora do início das aulas;

b) a hora do fim das aulas.

6 Pense no que você pretende fazer amanhã e complete a agenda.

6 horas

7 horas

8 horas

9 horas

10 horas

11 horas

12 horas
Meio-dia

13 horas

14 horas

15 horas

16 horas

17 horas

18 horas
Seis horas da tarde

7 Márcia marcou os compromissos de abril de 2020 no calendário.

ABRIL 2020						
D	S	T	Q	Q	S	S
			1	2	3	4
5	6	7	8	9	**10**	11
12	13	14	15	16	17	18
19	20	**21**	22	23	24	25
26	27	28	29	30		

- 12: Almoço na casa da avó
- 21: Trabalho de Geografia
- 10: Aniversário do pai

a) Em qual dia da semana está cada data marcada?

_____

b) Quantos dias depois do almoço na casa da avó ela tem o trabalho de Geografia? _____

8 Márcia olhou para o relógio e viu que ainda faltavam 2 horas para ela sair para o almoço. Se o relógio marcava 10 horas, a que horas ela sairá para almoçar? _____

9 Observe o diálogo.
Descubra o mês em que as meninas estão conversando.

_____

— Faltam 8 meses para o último mês do ano.
— É mesmo!

224 Duzentos e vinte e quatro

10 De acordo com a cena, complete as lacunas para indicar as horas.

a)

b)

_____ _____   _____ _____

11 Para assistir a um filme, a turma saiu da escola à 1 hora da tarde e retornou 4 horas depois. Pinte de vermelho o relógio que indica o horário de saída e de verde o horário de retorno.

01:00   02:00   03:00   04:00   05:00

12 No calendário de 2020 estão marcadas as datas de aniversário de Tânia e Ranieri.

		JANEIRO 2020				
D	S	T	Q	Q	S	S
			1	2	3	4
5	6	7	8	9	10	11
12	13	14	15	**16**	17	18
19	20	21	22	23	24	25
26	27	28	29	30	31	

Aniversário de Ranieri.

Aniversário de Tânia.

		JULHO 2020				
D	S	T	Q	Q	S	S
			1	2	3	4
5	6	7	8	9	10	11
12	13	14	15	**16**	17	18
19	20	21	22	23	24	25
26	27	28	29	30	31	

a) O que essas datas têm em comum? _____

b) Quanto tempo há entre elas? _____

Duzentos e vinte e cinco **225**

13 Leia o texto.

Todos os alunos da escola foram assistir ao espetáculo. Saíram da escola às 2 horas da tarde para ir ao teatro de ônibus. Assistiram à encenação da peça *O príncipe e o mendigo* e, 3 horas depois, voltaram à escola.

- Contorne de **vermelho** o relógio que indica o horário de saída da escola.
- Contorne de **amarelo** o relógio que indica o horário de retorno à escola.

14:00   15:00   16:00   17:00   18:00

14 Observe a hora no relógio digital ao lado e desenhe os ponteiros no relógio da parede para indicá-la.

21:00

O tamanho do nosso dinheiro

Medida de comprimento

Observando as cédulas (notas) do nosso dinheiro, descobrimos que elas têm medidas diferentes. Qual delas é a maior?

◆ Explique como você poderia descobrir as medidas dessas cédulas.

Utilizamos a unidade de medida **centímetro (cm)** para medir pequenos comprimentos. Observe a régua e a linha vermelha de **1 cm** de comprimento:

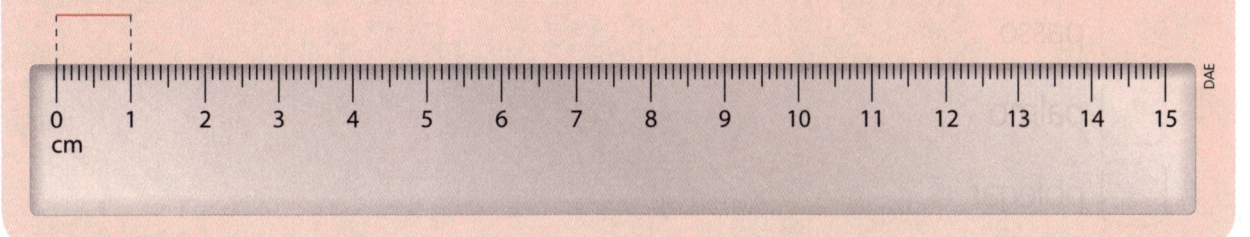

◆ Com quantos centímetros está graduada a régua acima? _____
◆ Agora utilize uma régua e obtenha o comprimento da imagem da haste flexível com algodão nas pontas.

A haste flexível mede _____ centímetros de comprimento.

Podemos descobrir o comprimento do que queremos medir utilizando partes do corpo. Veja:

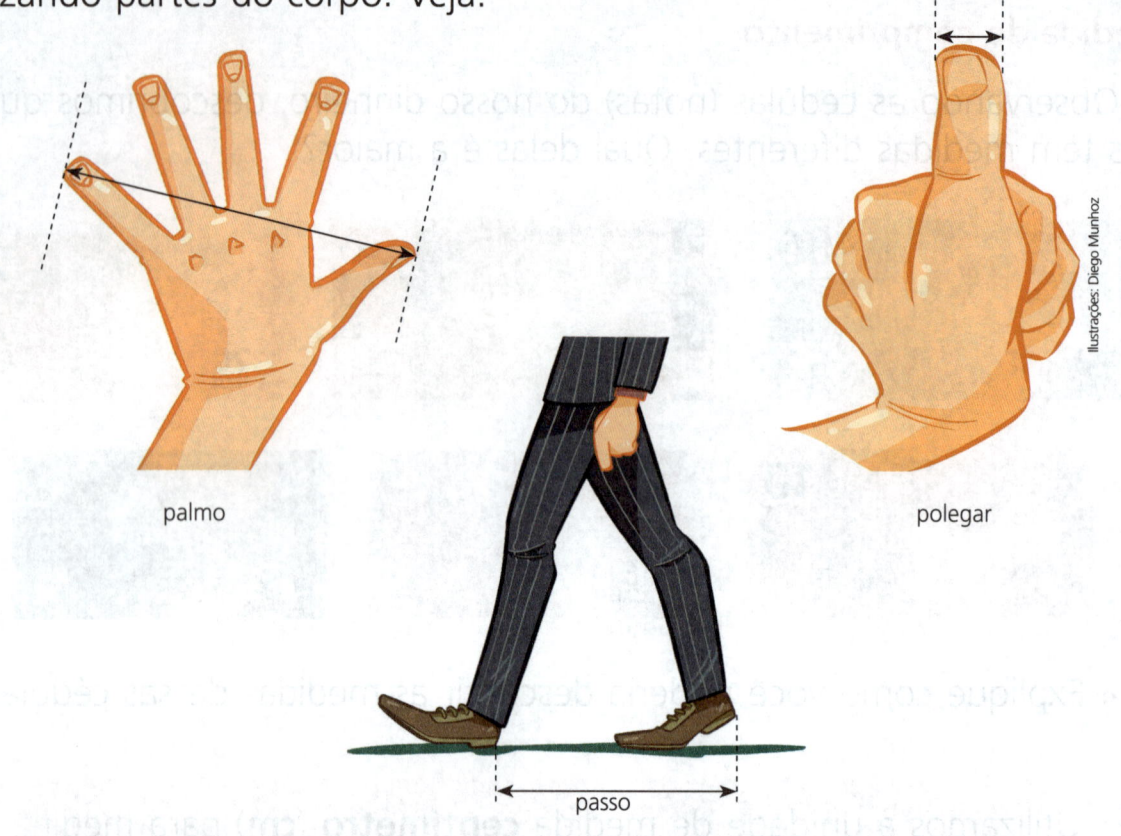

palmo

polegar

passo

Usando seu corpo, é mais adequado medir o comprimento da biblioteca da escola por meio do:

☐ passo

☐ palmo

☐ polegar

1 Patrícia segurou uma régua com uma das mãos em cima de uma folha e, com a outra mão, segurou um lápis e desenhou uma linha.

a) Ela começou a riscar a partir do zero da régua e terminou no _____.

b) Qual é o comprimento da linha desenhada? _____

2 Leia o texto.

A pisada pesada do gigante

Lá vem o grande gigante
Pisando forte no chão
Tururu, tum, tum
O seu pé é bem grandão
Quando bate
Faz tremer o chão
Tururu, tum, tum

Domínio público.

- A sua "pisada" é menor do que a do gigante. Descubra como você pode medir o tamanho de seu pé e complete a lacuna com a medida.

O meu pé tem _____ centímetros de comprimento.

- Qual é a distância da parede da lousa até a parede do fundo da sala de aula utilizando o pé como unidade de medida? E utilizando o passo?

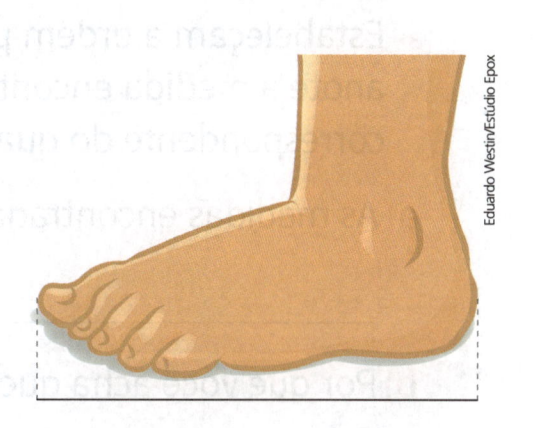

_____

- Discuta com os colegas os resultados que cada um obteve.

3 Junte-se a dois colegas. Vocês utilizarão partes do corpo para medir o comprimento do contorno da sala de aula.

◆ Preencham a primeira coluna do quadro abaixo com o nome de vocês.

Aluno	Estimativa da medida do contorno da sala de aula	Medida do contorno da sala de aula

◆ Escolham uma das unidades de medida a seguir para medir o contorno da sala de aula. Vocês devem escolher a mesma unidade.

☐ passo   ☐ palmo   ☐ polegar

◆ Considerando a unidade escolhida, antes de medir, estimem quanto vocês acham que mede o contorno da sala de aula e anotem na coluna correspondente do quadro.

◆ Estabeleçam a ordem para cada um medir. Na sua vez, meça e anote a medida encontrada na linha do seu nome e na coluna correspondente do quadro. Seus colegas devem fazer o mesmo.

a) As medidas encontradas são iguais?

_____

b) Por que você acha que isso aconteceu?

_____

_____

4 Na malha quadriculada foram desenhadas duas linhas coloridas, observe.

1 cm
1 cm

a) Qual das duas linhas é maior? _____

b) De quantos centímetros é o seu comprimento? _____

c) Quantos centímetros tem a linha menor? _____

d) Juntando as duas linhas, qual é o comprimento total? _____

e) Explique como você fez o cálculo:

5 Quantos centímetros de comprimento tem o palito de fósforo abaixo? Obtenha a medida com o auxílio de uma régua.

_____

- Qual é o comprimento da fileira de palitos? _____

Explique como você fez para responder.

```
┌─────────────────────────────────────────────────┐
│                                                 │
│                                                 │
│                                                 │
└─────────────────────────────────────────────────┘
```

6 Estes quadrados foram desenhados na malha quadriculada formada por quadradinhos com 1 cm de lado. Os quatro lados de cada quadrado formam seu contorno.

- Complete o quadro com as medidas.

MEDIDA	QUADRADO			
	A	B	C	D
do lado	2 cm		4 cm	
do contorno		12 cm		20 cm

Andando na escola

O metro e o milímetro

A turma foi para o pátio da escola. Na mão da professora havia um instrumento de medida chamado trena.

- Explique aos colegas o que é uma trena e o que ela mede.

Depois de apresentar a trena, a professora marcou no chão do pátio da escola uma linha reta com **100 cm** de comprimento. Ela disse que essa medida corresponde a **1 metro**.

> O metro é uma unidade de medida de comprimento correspondente a 100 centímetros. Em símbolos:
> **1 m = 100 cm**

A unidade metro é utilizada para medir comprimentos diversos, como altura das pessoas, largura das janelas etc.

- A altura da porta da sala de aula é maior do que 1 metro?

_____

- A largura da janela da sala de aula é maior do que 1 metro?

_____

- A distância da parede na qual está a lousa até a parede do fundo da sala é maior ou menor do que 10 metros?

_____

Duzentos e trinta e três **233**

Além do metro e do centímetro, também utilizamos a unidade de medida **milímetro**. Você pode observar o milímetro em uma régua. Veja a seguir.

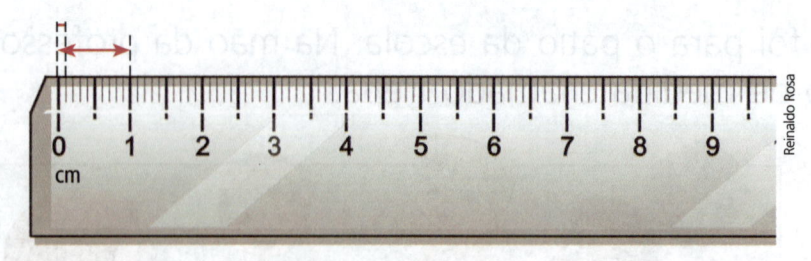

- Note que 1 cm está dividido em 10 partes iguais. Cada uma dessas partes mede 1 milímetro.

> O milímetro é uma unidade de medida de comprimento. Cada 10 milímetros correspondem a 1 cm. Em símbolos:
> **10 mm = 1 cm**

1 Complete:

a) se 1 m corresponde a 100 cm, então 2 m = _____ cm;

b) se 100 cm correspondem a 1 m, então 300 cm = _____ m;

c) se 10 mm correspondem a 1 cm, então 20 mm = _____ cm;

d) se 1 cm corresponde a 10 mm, então 4 cm = _____ mm.

2 Utilize uma régua para descobrir, em milímetros, qual é a espessura de um aparelho celular.

A espessura é: _____ mm.

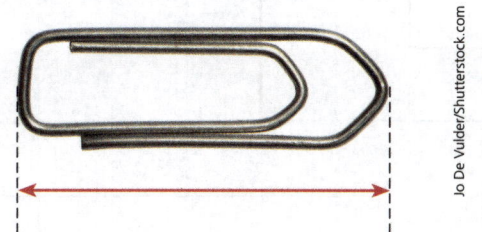

3 Junte-se a dois colegas e escrevam o nome de cinco objetos que tenham mais de 1 metro de comprimento.

- _____
- _____
- _____
- _____
- _____

4 Junte-se a dois colegas e escrevam o nome de cinco objetos que tenham menos de 10 mm de comprimento.

- _____
- _____
- _____
- _____
- _____

5 Utilize uma régua para medir o comprimento do clipe abaixo. Depois, escreva a medida que encontrou.

_____ mm

6 Esta é uma atividade coletiva. A turma deve ir ao pátio da escola com uma trena e seguir as instruções.

1. O professor dará a você um pedaço de barbante com 4 metros de comprimento.
2. Com uma caneta e uma régua (ou trena) divida o barbante (sem cortá-lo) em 4 partes. Cada parte terá 1 m de comprimento.
3. Com esse barbante represente, no chão do pátio da escola, um quadrado de 1 m de comprimento de lado.

7 Na malha quadriculada abaixo estão desenhados dois quadrados. Escreva em milímetros o comprimento do lado de cada um.

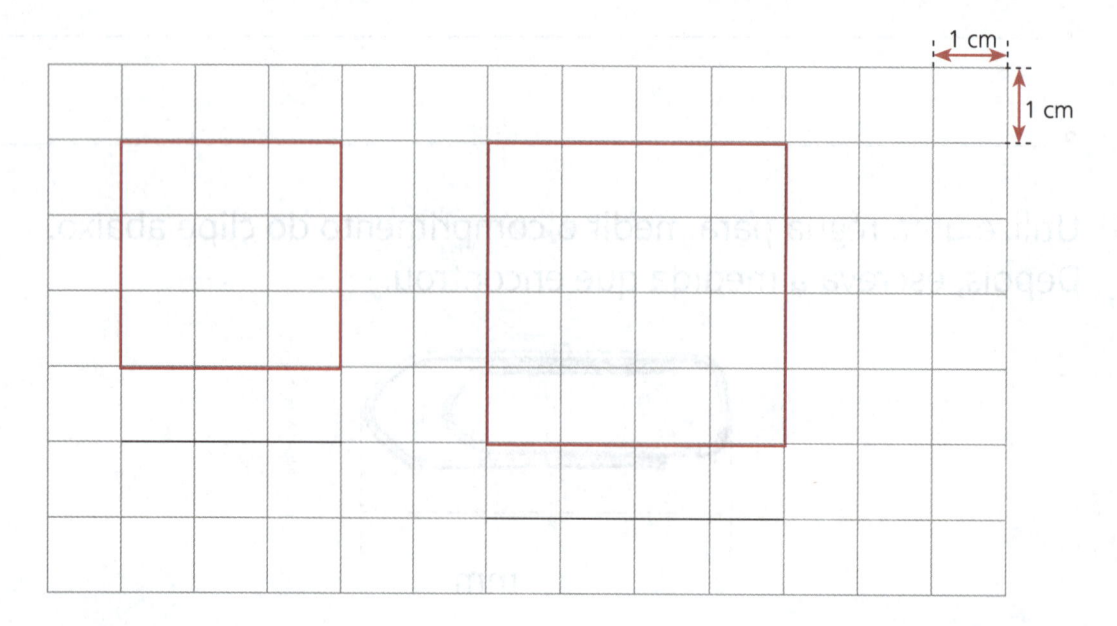

A balança
Medida de massa

Você já viu uma balança de dois pratos?

O desenho ao lado ilustra uma balança com dois pratos, e ela está em equilíbrio.

Responda:

- Qual é o motivo de os dois pratos estarem em equilíbrio? Responda oralmente.
- Você já se pesou este ano?

☐ Sim. ☐ Não.

- Marque com um **X** a balança que deve indicar a maior massa.

- O que você acha que pesa mais: uma melancia ou um pacote de açúcar de 1 kg? Responda oralmente para os colegas.

> Para medir a massa, utilizamos, principalmente, as unidades **quilograma**, indicado por **kg** e **grama**, indicado por **g**. Sabemos que **1 kg = 1000 g**.

Note que em um dos pratos há um peso que indica 1 kg e no outro prato, uma torta. Como a balança está em equilíbrio, dizemos que a torta tem 1 kg de peso.

1 Contorne na embalagem do pacote de arroz a indicação da massa.

2 Pinte os quadrinhos conforme o código de cores.

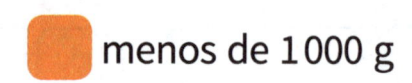

🟥 mais de 1 000 g | Os elementos não estão representados em proporção. | 🟧 menos de 1 000 g

3 O que você pode dizer sobre a massa dos 5 pêssegos? Marque um **X** para responder.

☐ 1 kg

☐ menor que 1 kg

☐ maior que 1 kg

238 Duzentos e trinta e oito

4 Marcos estava passando em frente a uma farmácia e resolveu se pesar numa balança eletrônica. Note nas duas cenas o que ele fez:

a) Qual é a massa da mochila de Marcos? _____

b) Explique como pensou e anote no quadro a seguir.

5 Leia o texto:

Algumas vezes precisamos ter uma ideia aproximada da massa de alguns objetos, pois não temos uma balança por perto.

Assim, fazemos estimativas de peso com base em algumas quantidades que conhecemos.

... Estimar o peso é dar uma ideia aproximada...

a) Escreva 5 coisas que você conhece que pesam mais de 10 kg.

_____

b) Escreva 5 coisas que você conhece que pesam menos de 500 g.

_____

Duzentos e trinta e nove **239**

6 Marque um **X** no que é mais pesado em cada caso.

Os elementos retratados não estão representados em proporção.

a) ☐ ▶ Banana. ☐ ▶ Melancia.

b) ☐ ▶ Elefante. ☐ ▶ Gato.

c) ☐ ▶ Carro. ☐ ▶ Bicicleta.

d) ☐ ▶ Pinto. ☐ ▶ Peru.

e) ☐ ▶ Jabuti. ☐ ▶ Sapo.

7 Júlio foi ao supermercado e comprou os seguintes produtos:

- 2 kg de café;
- 1 kg de açúcar;
- 3 kg de arroz;
- 2 kg de feijão;
- 1 kg de farinha;
- 2 kg de macarrão;
- 2 kg de batata;
- 1 kg de tomate;
- 1 kg de cebola.

a) Júlio comprou quantos quilogramas de arroz e feijão? _____

b) Quantos quilogramas ele teve de carregar com essa compra?

_____

8 Observe a balança e descubra qual é a massa de um pacote de açúcar.

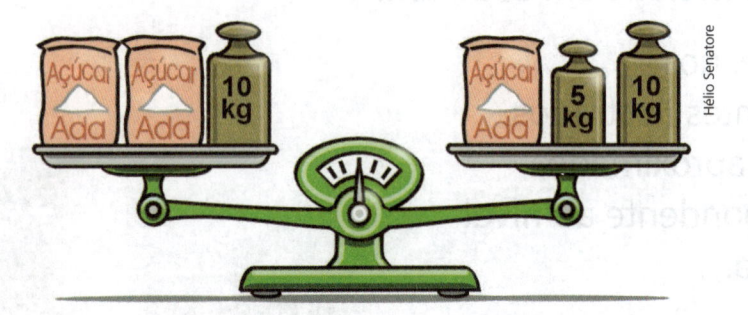

_____

9 Responda às questões.

a) Quantos quilogramas você tem de massa? _____

b) E seu melhor amigo ou sua melhor amiga? _____

Quantos litros?
Medida de capacidade

Você já observou que existem produtos vendidos em embalagens com formas variadas? Nos recipientes que contêm produtos líquidos, por exemplo, existem informações importantes escritas.

- Qual é o significado de 2 L? E o de 1 L?
- Você conhece algum produto que é vendido em litros?

Para medir a capacidade de recipientes utilizamos normalmente uma unidade conhecida como **litro**. Representamos litro por **L**.

1 Em dois recipientes de tamanhos diferentes, o professor colocou água pela metade em cada um.

a) Indique, nos recipientes ilustrados, o local aproximado correspondente ao nível da água.

b) Qual dos dois recipientes contém mais água: o da esquerda ou o da direita?

_____

2 Observe abaixo os recipientes cheios de água que estão na casa de Paulo. Ele verificou que 1 litro de água dá para encher 5 copos do mesmo tamanho, sem sobras.

a) As três garrafas de 1 litro enchem quantos copos?

_____

b) O garrafão de 5 litros pode encher quantos copos?

_____

3 Conforme orientação do professor, faça o que se pede e depois responda às questões.

- Encha um recipiente com exatamente 1 litro de água.
- Consiga copos de mesmo tamanho e encha-os de água, até esvaziar o recipiente.

a) Quantos copos bem cheios de água deu para encher? _____

b) Além dos copos cheios, sobrou ainda um pouco de água? _____

c) Se os copos tivessem tamanhos maiores, 1 litro de água encheria:

☐ o mesmo número de copos.

☐ mais copos.

☐ menos copos.

> Também utilizamos o **mililitro**, indicado por **mL**, para medir capacidades. Sabemos que **1 L = 1000 mL**.

4 Clemilson percebeu que 1 L de leite correspondiam a 5 copos cheios.

a) Qual é a capacidade de cada copo?

_____

b) Quantos desses copos são necessários para distribuir 2 litros de leite?

_____

5 Um cubinho que tem comprimento, largura e altura medindo 1 cm, ocupa um espaço de 1 cm³. Se empilharmos 1 000 deles podemos formar um novo cubo que ocupa 1 000 cm³.

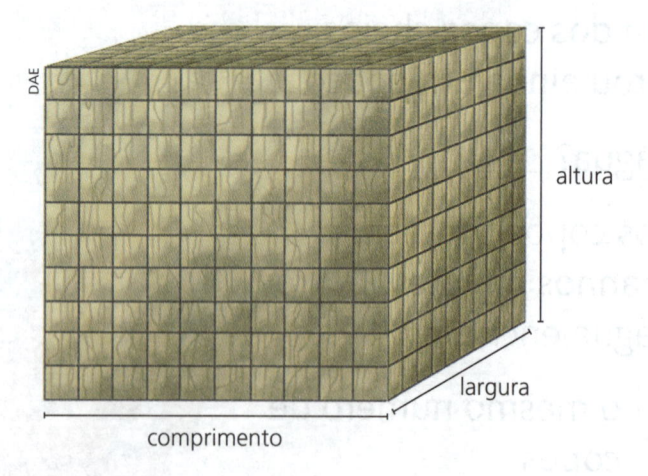

a) Quais são as medidas do novo cubo formado? _____

b) Qual é o resultado da multiplicação 10 × 10 × 10? _____

6 O professor levou para a sala de aula um aquário cúbico com 1000 cm³ e despejou 1 litro de água dentro dele. O cubo ficou completamente cheio.

Se num recipiente de 1000 cm³ cabe 1 litro de água, quantos litros cabem em 3000 cm³? _____

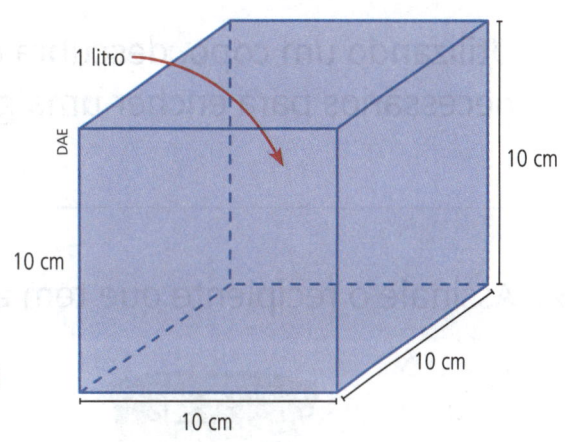

7 Veja a receita de uma vitamina de frutas.

Vitamina tropical

Ingredientes:
- 4 bananas;
- 2 maçãs;
- 1 mamão;
- 1 litro de leite.

Modo de fazer

1. Após tirar as cascas das frutas, corte-as em pedaços e coloque-as no liquidificador.
2. Acrescente 1 litro de leite.
3. Adoce a gosto.
4. Feche o liquidificador e ligue-o por 2 minutos.

Agora é só servir e tomar a vitamina.

◆ A mãe de Márcia fez a vitamina e conseguiu encher 5 copos. Qual será a quantidade de cada ingrediente se ela quiser dobrar o número de copos de vitamina?

8 Utilizando um copo, descubra quantos copos de água são necessários para encher uma garrafa de 1 litro.

_____

9 Assinale o recipiente que tem a maior capacidade em litros.

a) ☐

c) ☐

Os elementos retratados não estão representados em proporção.

b) ☐

d) ☐

10 No lanche saudável da escola, uma jarra que estava cheia de suco de laranja completou 8 copos de mesma capacidade. Quantos copos é possível encher com uma jarra e meia de suco?

_____

11 Em um balde, cabem 5 litros de água. Quantos baldes são necessários para guardar 30 litros de água?

_____

12 Pedro observou que eram necessários 20 litros de combustível para visitar uma amiga na cidade vizinha. Se cada litro desse combustível custa R$ 3,00, quanto ele gastará na compra dos 20 litros?

_____

13 Marque um **X** nos produtos que são vendidos em unidades de litro.

Os elementos retratados não estão representados em proporção.

FEIJÃO ☐   SAL ☐   Óleo de Soja ☐

Refrigerante ☐   SUCO ☐   Macarrão ☐

Revendo o que aprendi

1 Miranda acordou bem cedo e às 6 horas pegou o ônibus para ir à escola. Ela retornou à sua casa somente às 13 horas.

a) Quantas horas ela ficou fora de casa? _____

b) Ela voltou para casa antes do meio-dia ou depois do meio-dia?
_____

c) Escreva o horário em que Miranda pegou o ônibus e o horário em que ela voltou para casa.

Horário em que pegou o ônibus.

Horário em que voltou para casa.

2 Escolha 4 objetos e utilize uma régua para obter a medida do comprimento de cada um deles. Preencha o quadro a seguir com os dados obtidos:

Nome do objeto	Comprimento em centímetros

3 Na malha quadriculada abaixo, cada quadradinho tem 1 cm de medida de lado. Qual dos dois caminhos é maior: o azul ou o vermelho? Indique as medidas em centímetros.

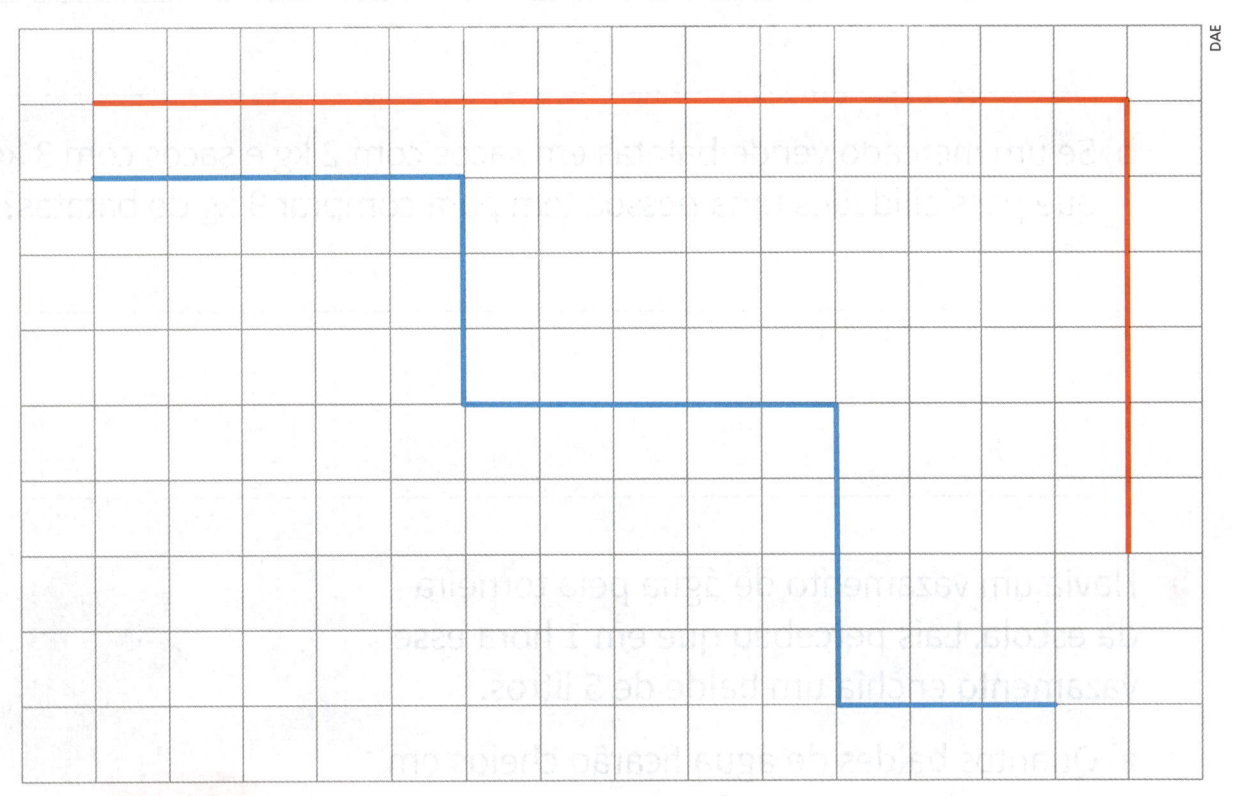

_____

_____

4 Preencha o quadro considerando que 1 kg de batatas custa 4 reais e que não há promoção na compra de mais do que um quilo.

Peso em quilos	Preço em reais
1	4
2	
3	
4	
5	

a) Observando o quadro, explique como você pode obter o preço de 9 kg de batatas.

_____

_____

b) Se um mercado vende batatas em sacos com 2 kg e sacos com 3 kg, que possibilidades uma pessoa tem para comprar 9 kg de batatas?

_____

_____

_____

5 Havia um vazamento de água pela torneira da escola． Laís percebeu que em 1 hora esse vazamento enchia um balde de 5 litros.

a) Quantos baldes de água ficarão cheios em 2 horas de vazamento?

_____

b) Se vazar água das 10 horas da manhã até às 14 horas do mesmo dia, quantos litros de água terão vazado pela torneira?

_____

c) Explique como você fez o cálculo.

Desafio

1 Você resolveu o desafio do início da unidade? Retorne a ele e verifique se pode resolvê-lo de uma maneira diferente. Depois, procure achar a solução do desafio dos baldes.

- Tem-se dois baldes. Quando cheios, em um deles cabem 5 litros de água e no outro cabem 3 litros. Como obter, com esses dois baldes, exatamente 7 litros de água de uma torneira? Troque ideias com os colegas e escreva ou desenhe a solução.

5 L

3 L

Para ir mais longe

Livros

▶ **Contando com o relógio**, de Nílson José Machado. São Paulo: Scipione, 2003.

Por meio de uma linguagem poética, você vai aprender a ler as horas no relógio de ponteiros, quanto tempo já passou e quanto tempo ainda falta.

▶ **As cores e os dias da semana**, de Ziraldo. São Paulo: Melhoramentos, 2002.

O livro trabalha as cores do arco-íris, os dias da semana e a importância das frutas por meio da imaginação do Bichinho da Maçã.

+ ATIVIDADES

UNIDADE 1

1 PINTE OS QUADRADINHOS CONFORME AS QUANTIDADES INDICADAS.

A) 7 (SETE)

B) 4 (QUATRO)

C) 9 (NOVE)

D) 2 (DOIS)

E) 5 (CINCO)

F) 8 (OITO)

2 ESCREVA **V** NAS AFIRMAÇÕES VERDADEIRAS E **F** NAS FALSAS.

A) 2 > 9 ☐   D) 9 < 1 ☐   G) 5 < 7 ☐

B) 4 > 0 ☐   E) 7 < 8 ☐   H) 2 > 3 ☐

C) 5 > 8 ☐   F) 3 > 0 ☐   I) 0 < 1 ☐

3 OBSERVE AS QUANTIAS QUE CADA AMIGO TEM.

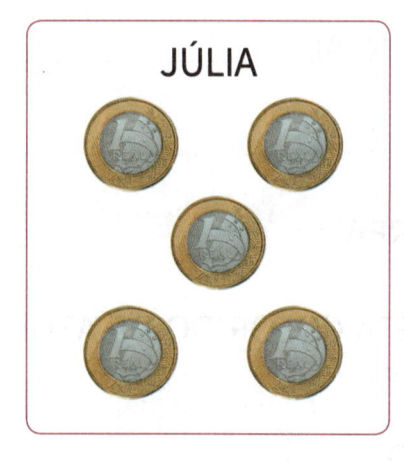

JÚLIA	PEDRO	LUANA

A) QUAL DELES TEM MAIS MOEDAS DE 1 REAL? _____

B) QUAL DELES TEM MENOS MOEDAS DE 1 REAL? _____

4 ESCREVA POR EXTENSO OS NÚMEROS QUE INDICAM A QUANTIDADE DE CARINHAS.

A) _____

C) _____

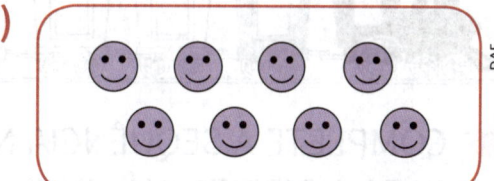

B) _____

D) _____

5 DESCUBRA A IDADE DE WILIAM DECIFRANDO AS SEGUINTES DICAS:

◆ ANO QUE VEM ELE TERÁ A IDADE QUE PAULA TEM HOJE;

◆ PAULA TINHA 6 ANOS NO ANO PASSADO.

QUAL É A IDADE DE WILIAM? _____

6 COMPLETE COM AS QUANTIAS CORRESPONDENTES.

A) 1 CÉDULA DE 10 REAIS E 9 MOEDAS DE 1 REAL: _____

B) 1 CÉDULA DE 20 REAIS E 8 MOEDAS DE 1 REAL: _____

C) 1 CÉDULA DE 50 REAIS E 1 MOEDA DE 1 REAL: _____

7 O 1º VAGÃO DEPOIS DA LOCOMOTIVA JÁ ESTÁ COLORIDO DE AZUL. PINTE DE ACORDO COM O CÓDIGO DE CORES.

🟧 O 2º VAGÃO, O 5º VAGÃO E O 8º VAGÃO.

🟦 O 4º VAGÃO, O 7º VAGÃO E O 10º VAGÃO.

🟥 O 3º VAGÃO, O 6º VAGÃO E O 9º VAGÃO.

8 COMPLETE A SEQUÊNCIA NUMÉRICA CRESCENTE DA ESQUERDA PARA A DIREITA. HÁ UM SEGREDO NESSA SEQUÊNCIA!

| 9 | 19 | 29 | | | | | |

A) SE VOCÊ TIVESSE DE ESCREVER MAIS DOIS TERMOS NESSA SEQUÊNCIA, QUAIS NÚMEROS SERIAM?

_____

B) QUAL É O SEGREDO DESSA SEQUÊNCIA?

_____

UNIDADE 2

1 COMPLETE OS ITENS ESCREVENDO OS RESULTADOS DAS OPERAÇÕES.

A) 2 + 7 = _____

B) 8 − 3 = _____

C) 4 + 5 = _____

D) 6 − 2 = _____

E) 4 + 4 = _____

F) 7 − 4 = _____

G) 9 + 0 = _____

H) 5 − 0 = _____

2 ESCREVA OS RESULTADOS DAS ADIÇÕES E DAS SUBTRAÇÕES INDICADAS.

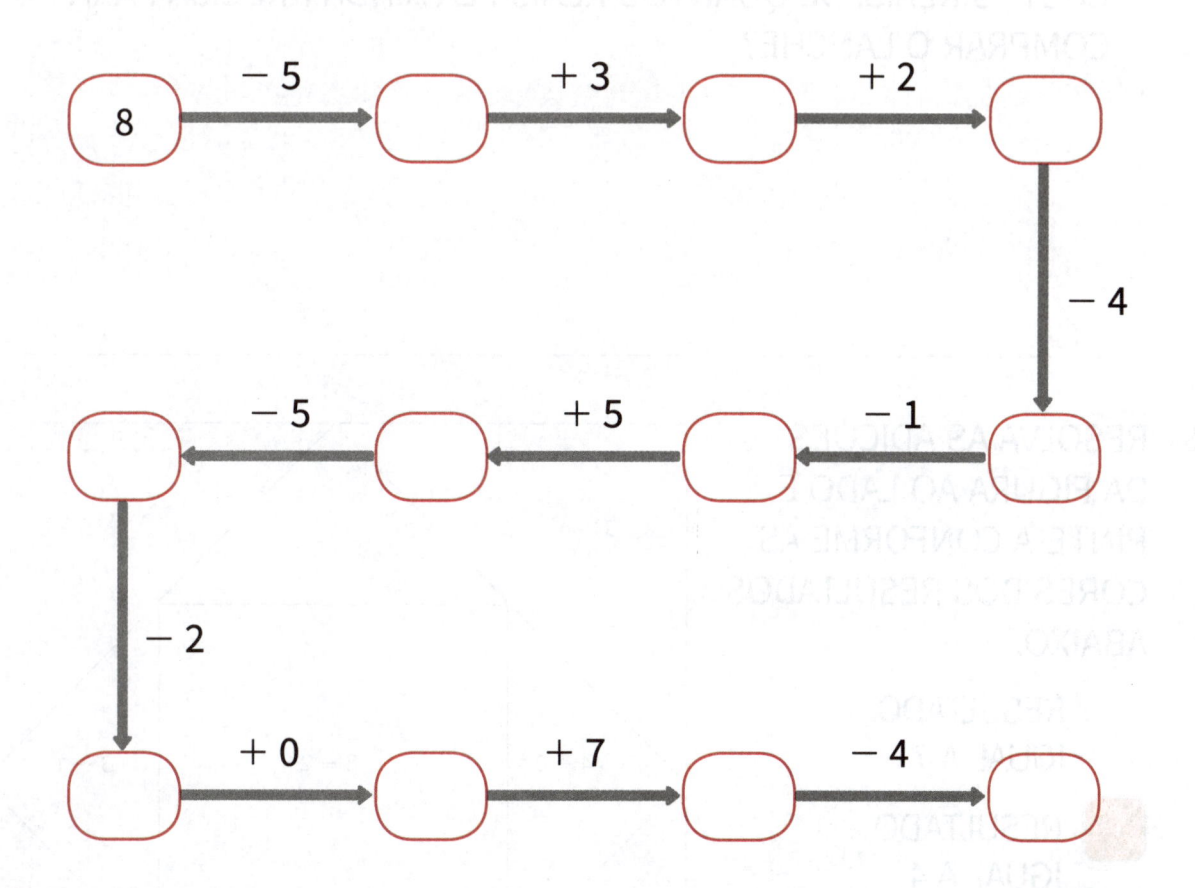

8 → −5 → ◯ → +3 → ◯ → +2 → ◯
                                    ↓ −4
◯ ← −5 ← ◯ ← +5 ← ◯ ← −1 ← ◯
↓ −2
◯ → +0 → ◯ → +7 → ◯ → −4 → ◯

3 NA ADIÇÃO 7 + 2 = 9, ESCREVA O QUE SE PEDE.

A) O VALOR DA SOMA: _____

B) OS VALORES DAS PARCELAS: _____

4 RESOLVA OS PROBLEMAS.

A) MAURÍCIO ANDOU 5 QUADRAS EM LINHA RETA E, DEPOIS, OUTRAS 4 QUADRAS, MUDANDO DE DIREÇÃO PARA CHEGAR À ESCOLA. QUANTAS QUADRAS ELE ANDOU AO TODO?

_____

B) MÁRCIA TEM 4 REAIS E GOSTARIA DE COMPRAR UM LANCHE QUE CUSTA 9 REAIS. DE QUANTOS REAIS ELA AINDA PRECISA PARA COMPRAR O LANCHE?

_____

5 RESOLVA AS ADIÇÕES DA FIGURA AO LADO E PINTE-A CONFORME AS CORES DOS RESULTADOS ABAIXO.

RESULTADO IGUAL A 7

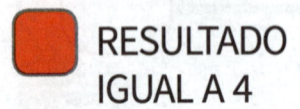

🟥 RESULTADO IGUAL A 4

🟩 RESULTADO IGUAL A 3

🟧 RESULTADO IGUAL A 6

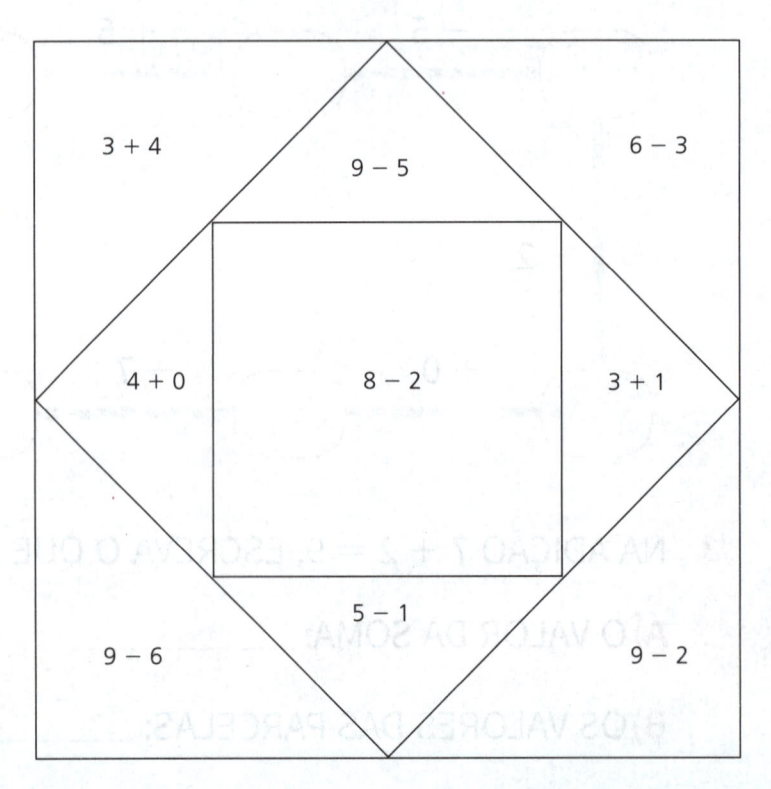

Operações na figura:
- 3 + 4
- 9 − 5
- 6 − 3
- 4 + 0
- 8 − 2
- 3 + 1
- 9 − 6
- 5 − 1
- 9 − 2

6 EFETUE AS ADIÇÕES E SUBTRAÇÕES MENTALMENTE E REGISTRE OS RESULTADOS.

A) 5 + 3 = _____   C) 2 + 6 = _____   E) 4 + 5 = _____

50 + 30 = _____   20 + 60 = _____   40 + 50 = _____

B) 5 − 3 = _____   D) 8 − 1 = _____   F) 9 − 3 = _____

50 − 30 = _____   80 − 10 = _____   90 − 30 = _____

7 CALCULE O RESULTADO E ESCREVA-O NO QUADRO VALOR DE LUGAR.

A)
D	U
2	3
+4	2

C)
D	U
7	9
−3	5

E)
D	U
5	2
+2	5

B)
D	U
4	1
+5	6

D)
D	U
9	9
−3	9

F)
D	U
8	7
−7	4

8 MAURÍCIO COMPROU UMA CAMISETA POR 23 REAIS E UMA BERMUDA POR 44 REAIS. PAGOU ESSES DOIS PRODUTOS COM 1 CÉDULA DE 50 REAIS E 1 CÉDULA DE 20 REAIS. QUAL FOI O TROCO QUE ELE RECEBEU?

UNIDADE 3

1 Escreva no diagrama o nome das formas geométricas planas.

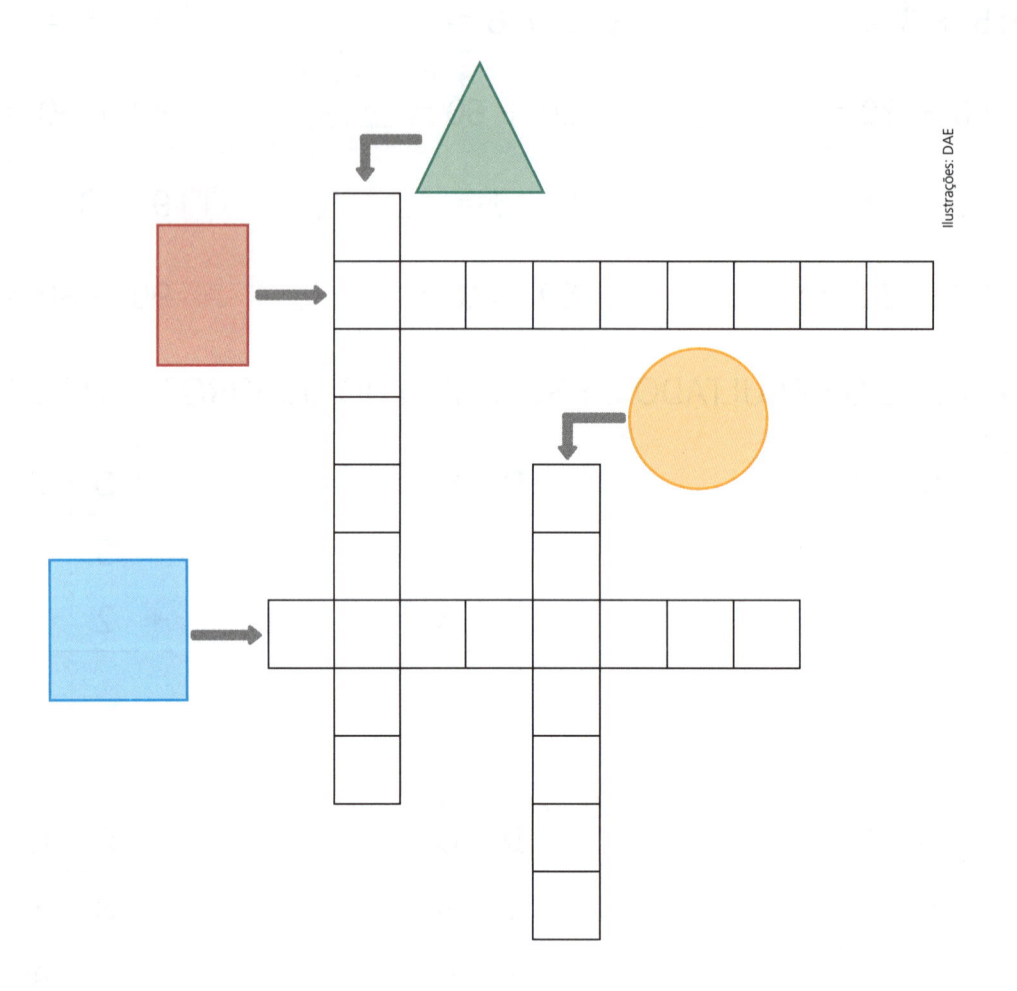

2 Em relação às formas geométricas acima, responda:

a) Em qual delas os lados têm o mesmo tamanho?

_____

b) Qual delas tem a forma parecida com a vista superior de uma moeda?

_____

c) Qual delas tem a forma parecida com a de um campo de futebol?

_____

3 Quadrados grandes, quadrados médios, quadradinhos...
Use a criatividade e pinte a figura a seguir com apenas 4 cores diferentes.

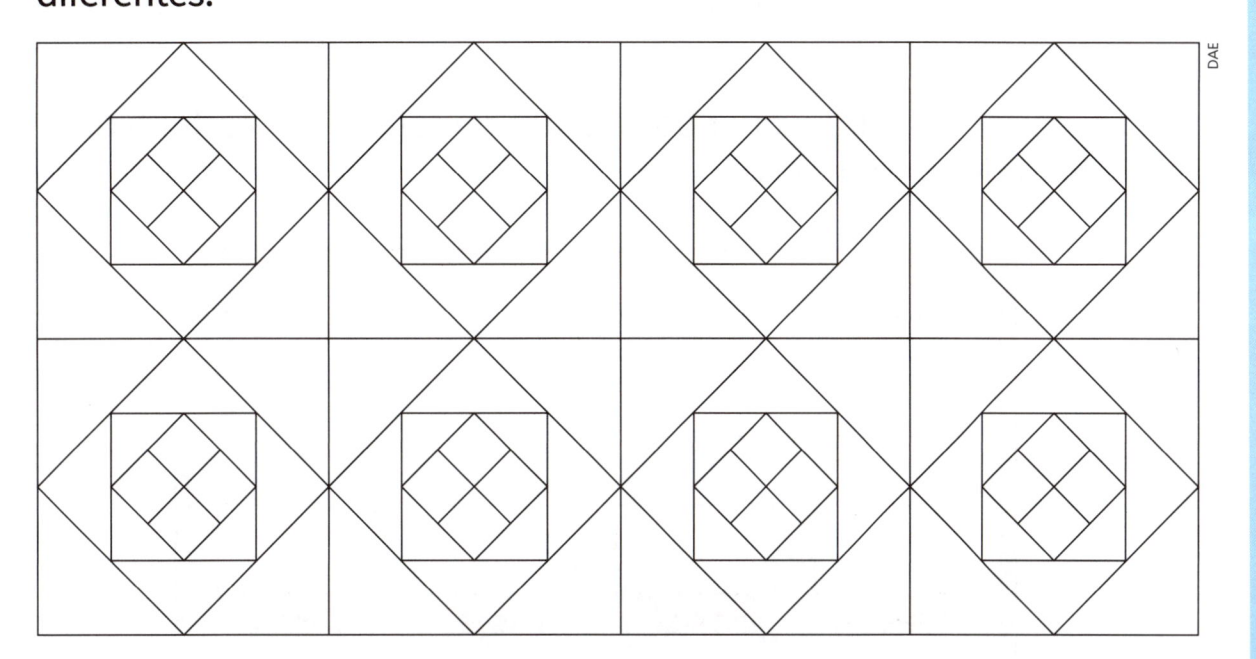

4 Observe os desenhos de um mesmo avião e escreva: vista de cima, vista de frente e vista de lado.

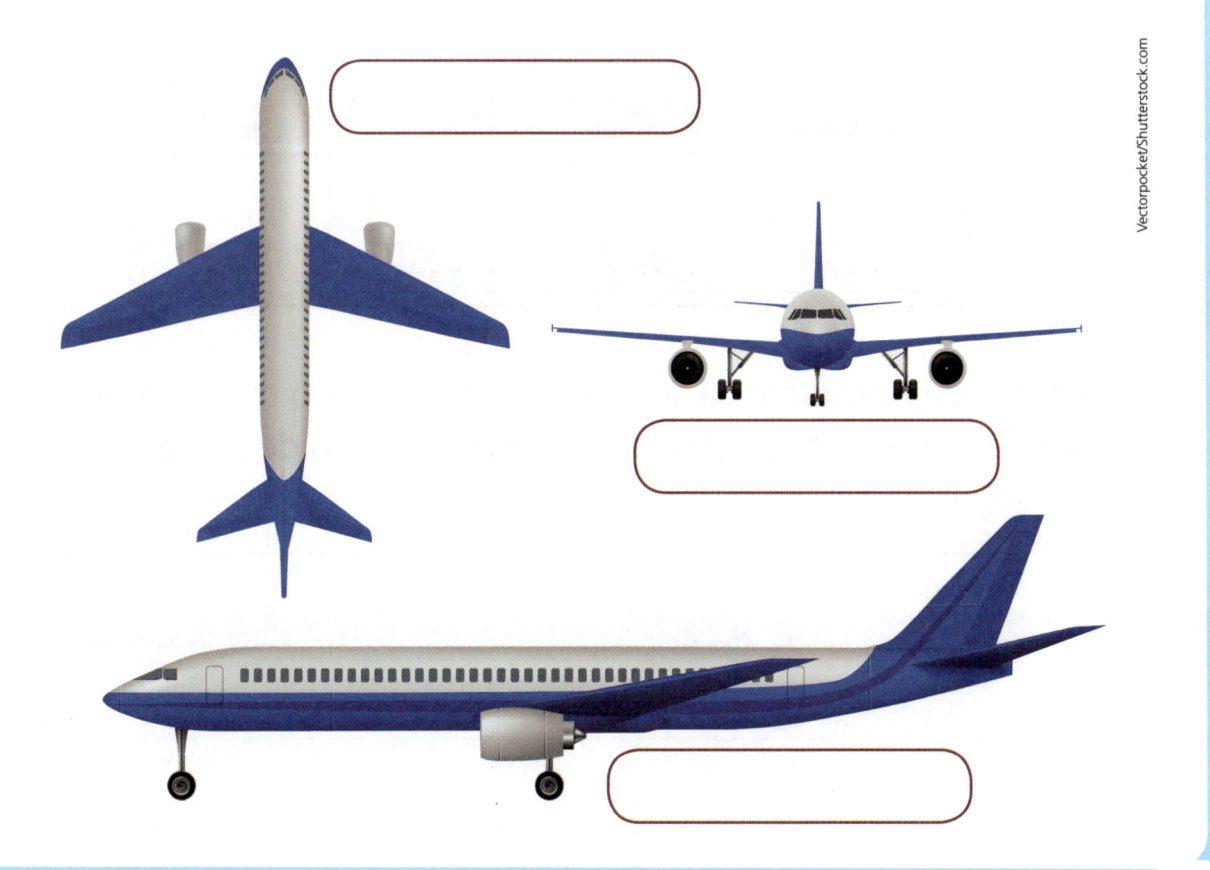

5 Analise as dicas para localizar a carteira em que Paulo se senta e a carteira em que Luiza se senta.

- Carteira de Paulo – é a 4ª carteira na fila, de frente para a cadeira do professor.
- Carteira de Luiza – quando se entra na sala, é a 3ª carteira da 2ª fila de frente para a lousa.

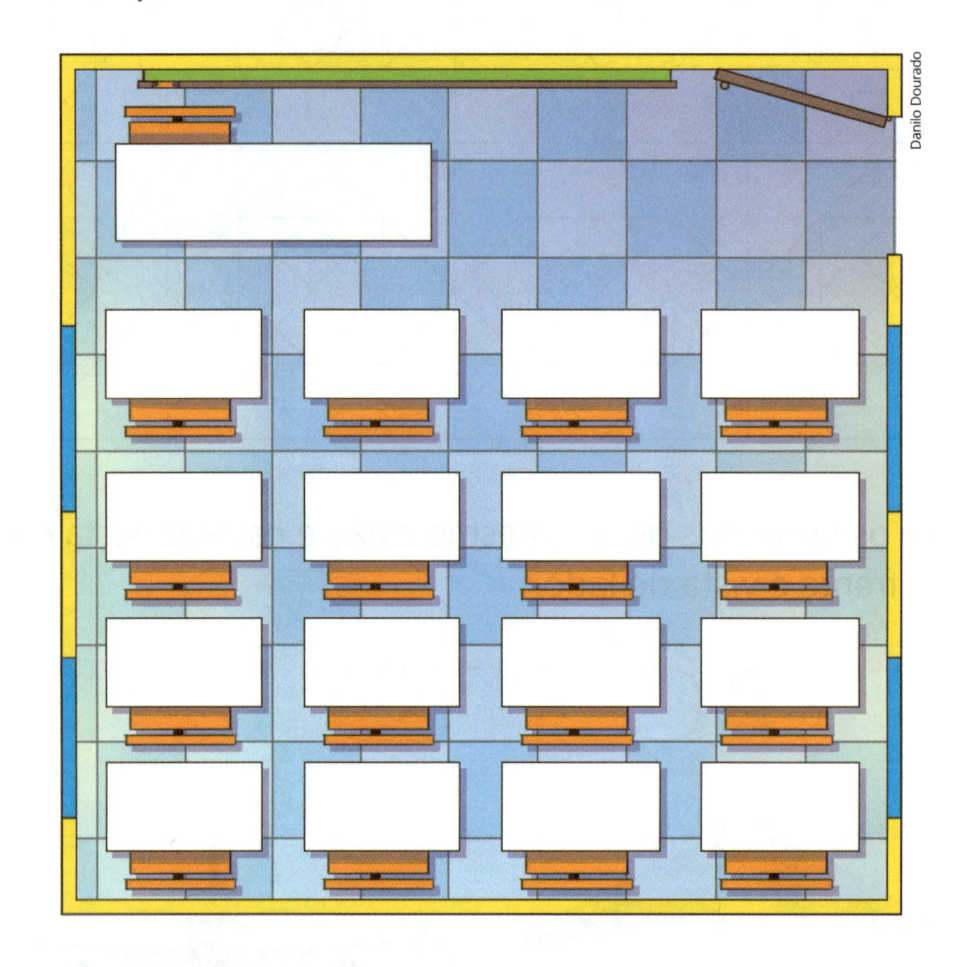

6 Observe atentamente a sua escola e descreva o trajeto que você faz desde quando sai da sala de aula até o portão de entrada.

_____

_____

_____

_____

UNIDADE 4

1 Escreva cada número no quadro valor de lugar.

a) Quarenta e nove

D	U

b) Noventa e cinco

D	U

c) Sessenta e sete

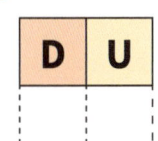

D	U

d) Vinte e dois

D	U

e) Oitenta e quatro

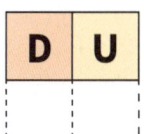

D	U

f) Trinta e sete

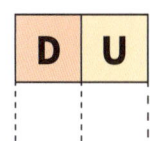

D	U

g) Setenta e seis

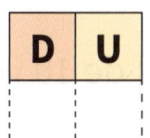

D	U

h) Cinquenta e três

D	U

2 Escreva os números por extenso.

a) 48 _____

b) 74 _____

c) 39 _____

d) 91 _____

e) 75 _____

f) 44 _____

g) 93 _____

h) 24 _____

3 Para contar os desenhos de lua, agrupe-os de 10 em 10, contornando cada agrupamento.

Agora, responda.

a) Quantos grupos de 10 você formou? _____

b) Quantas dezenas você formou? _____

c) Quantas luas ficaram fora dos grupos? _____

d) Quantas luas você contou no total? _____

4 Escreva como lemos os números a seguir.

a) 837 _____

b) 944 _____

5 Observe quanto eu tenho na carteira e responda às questões.

- 3 cédulas de 100 reais;
- 4 cédulas de 10 reais;
- 8 moedas de 1 real.

a) Quantos reais eu tenho ao todo? _____

b) Quantos reais faltam para que eu fique com 500 reais?

_____

6 Escreva o número correspondente a:

a) 5 centenas, 9 dezenas e 3 unidades _____

b) 8 centenas, 7 dezenas e 2 unidades _____

c) 3 centenas e 10 dezenas _____

d) 80 dezenas e 9 unidades _____

7 Patrícia separou o Material Dourado em sua mesa, como a seguir.

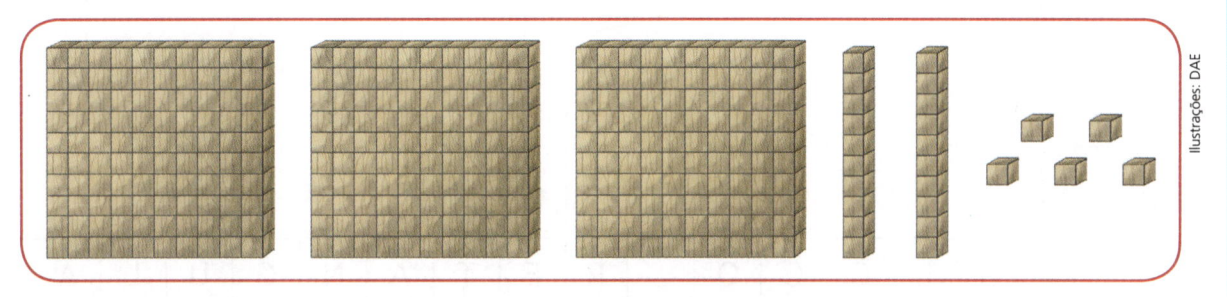

a) Escreva com os algarismos o número que Patrícia representou.

_____

b) Escreva como se lê esse número.

_____

8 Complete as adições.

a) 600 + 90 + 9 = _____

b) 500 + 80 + 2 = _____

c) 900 + 20 + 7 = _____

d) 700 + 40 + 3 = _____

9 Leia as dicas e adivinhe qual é o número.

- O algarismo das dezenas é igual a 4.
- Está entre 700 e 800.
- O algarismo das unidades é o dobro do algarismo das dezenas.

O número é: _____

UNIDADE 5

1 Escreva o nome de cada figura geométrica.

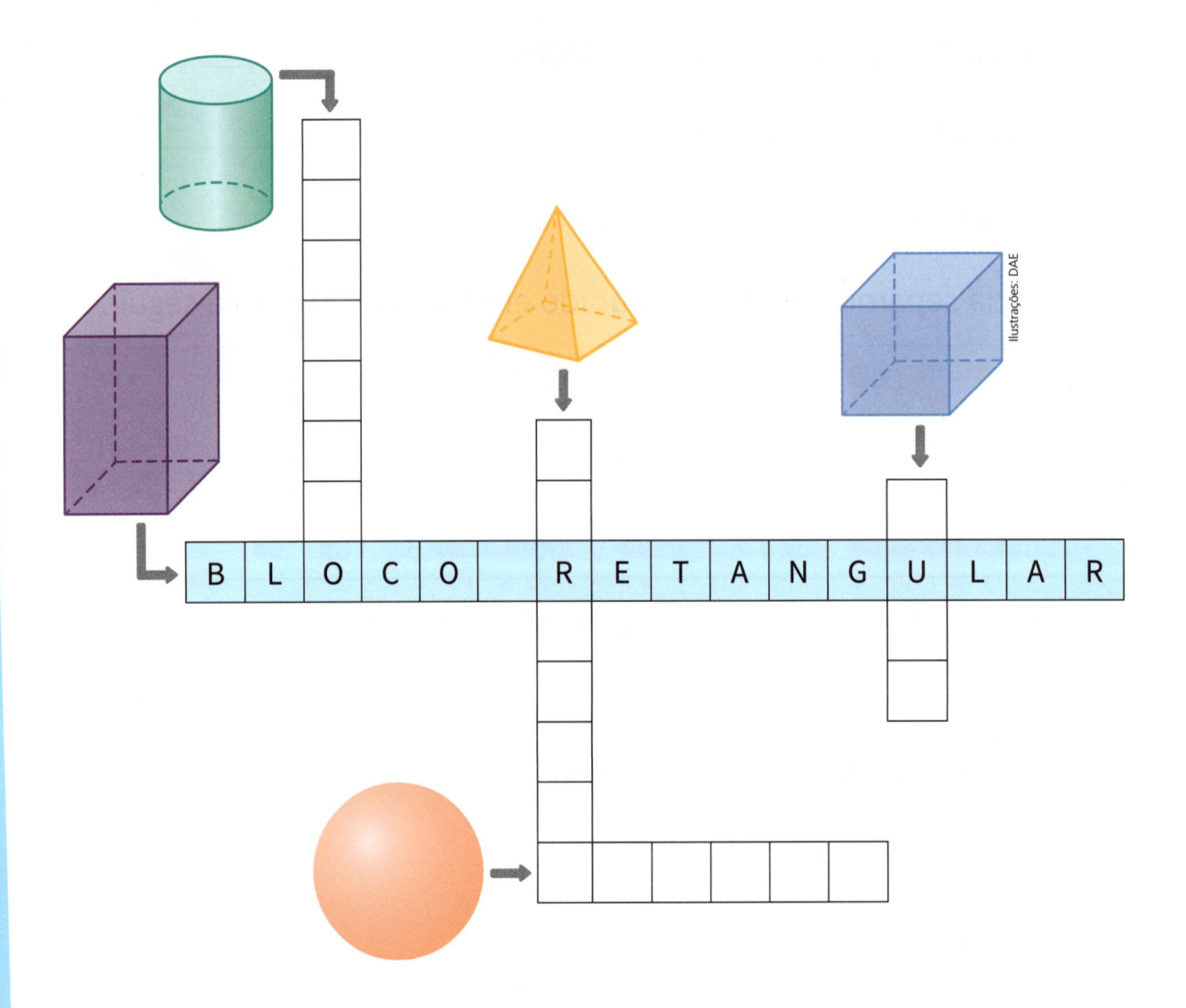

B L O C O   R E T A N G U L A R

2 Considerando as figuras geométricas acima, responda:

a) Qual delas tem a forma parecida com a de uma latinha de refrigerante? _____

b) E de uma caixa de sapatos? _____

c) Quais figuras geométricas têm formas arredondadas?
_____

3 O bloco retangular representado a seguir é formado apenas por blocos retangulares menores.

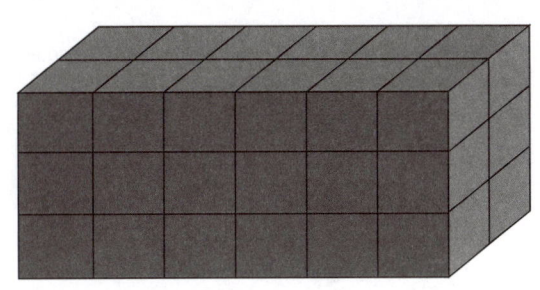

• Quantos blocos menores foram utilizados para formar o bloco maior?

_____

4 Utilizando apenas cubinhos do Material Dourado, a turma construiu o cubo desenhado abaixo.

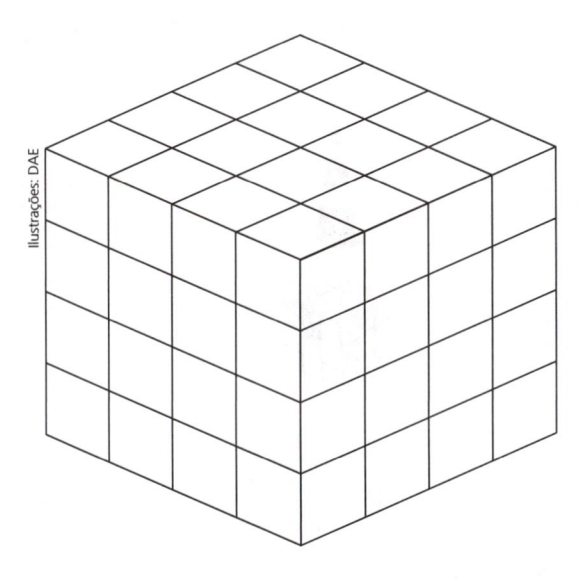

• Quantos cubinhos ao todo foram utilizados?

_____

5 Observe objetos em casa ou na sala de aula e indique o nome de um deles que tenha a forma parecida com:

a) um cilindro; _____

b) uma esfera. _____

6 Responda com suas palavras: O que o cubo e o bloco retangular têm em comum?

_____

_____

7 Observe os objetos e marque com **X** aqueles que lembram a forma de um cilindro.

a) ☐ (bola de basquete)

b) ☐ (lata)

c) ☐ (caixa de biscoito)

d) ☐ (biscoito Maria)

e) ☐ (caixa de fósforos)

f) ☐ (caixa de presente)

Os elementos retratados não estão representados em proporção.

8 Observe os objetos e marque com **X** aqueles que lembram a forma de um cone.

a) ☐ (pandeiro)

b) ☐ (tijolo)

c) ☐ (casquinha de sorvete)

d) ☐ (cone de trânsito)

e) ☐ (cubo mágico)

f) ☐ (globo terrestre)

Os elementos retratados não estão representados em proporção.

9 O que é diferente entre essas duas pirâmides?

_____
_____
_____
_____

266 DUZENTOS E SESSENTA E SEIS

UNIDADE 6

1 Pinte da mesma cor as multiplicações e seus resultados.

Multiplicações

2 × 4   2 × 10   3 × 9

2 × 7   5 × 5   4 × 8   4 × 7

3 × 8   4 × 4   5 × 6

Resultados

24   30   25

28   16   32   20

14   27   8

Responda.

a) Qual é o triplo de 8 reais? _____

b) Qual é o dobro de 10 metros? _____

c) Qual é a quarta parte de 32 quilogramas? _____

2 Resolva os problemas a seguir.

a) Quanto gasta no total uma pessoa que compra um produto e paga em 5 parcelas de 8 reais?

_____

b) Os 45 alunos que estavam na atividade física foram divididos em 5 grupos com a mesma quantidadde de alunos em cada um. Quantos alunos ficaram em cada grupo?

_____

DUZENTOS E SESSENTA E SETE

3 Complete a tabela com as multiplicações indicadas.

> Atenção!
> Multiplique cada número da primeira coluna pelos números da primeira linha.

×	0	1	2	3	4	5	6	7	8	9	10
1											
2											
3											
4											
5											

4 Efetue as divisões e escreva os resultados.

a) 10 ÷ 2 = _____

b) 21 ÷ 3 = _____

c) 18 ÷ 3 = _____

d) 20 ÷ 4 = _____

e) 16 ÷ 4 = _____

f) 40 ÷ 5 = _____

g) 12 ÷ 3 = _____

h) 18 ÷ 2 = _____

i) 35 ÷ 5 = _____

5 Escreva o resultado das operações indicadas.

10 →(× 2)→ ☐ →(÷ 4)→ ☐ →(+ 2)→ ☐ →(× 3)→ ☐ →(− 3)→ ☐ →(÷ 3)→ ☐ →(+ 2)→ ☐ →(× 2)→ ☐ →(− 2)→ ☐ →(÷ 2)→ ☐ →(− 7)→ ☐

6 Complete as lacunas.

a) Se juntarmos 4 cédulas de 5 reais teremos _____ reais.

b) 3 grupos com 6 alunos correspondem a _____ alunos.

c) 2 mãos com 5 dedos têm _____ dedos.

d) O triplo de 8 laranjas corresponde a _____ laranjas.

7 O desenho abaixo representa como ficou a distribuição da turma da professora Nádia depois de formar grupos.

a) Qual é o número de grupos formados? _____

b) Com quantos alunos cada grupo ficou? _____

Escreva uma divisão para representar a situação.

_____

8 Victor comprou no supermercado 4 caixas de suco, e em cada caixa havia 9 litros de suco. Quantos litros de suco ele comprou ao todo?

_____

9 Márcia precisa tomar 21 comprimidos de um remédio que o médico receitou, 3 comprimidos por dia. Em quantos dias ela tomará todos esses comprimidos?

_____

10 Responda:

a) Qual é a terça parte de 27 reais? _____

b) Qual é o triplo de 10 horas? _____

UNIDADE 7

1 No gráfico estão representadas as vendas de bicicletas de uma loja ao longo dos cinco primeiros meses do ano.

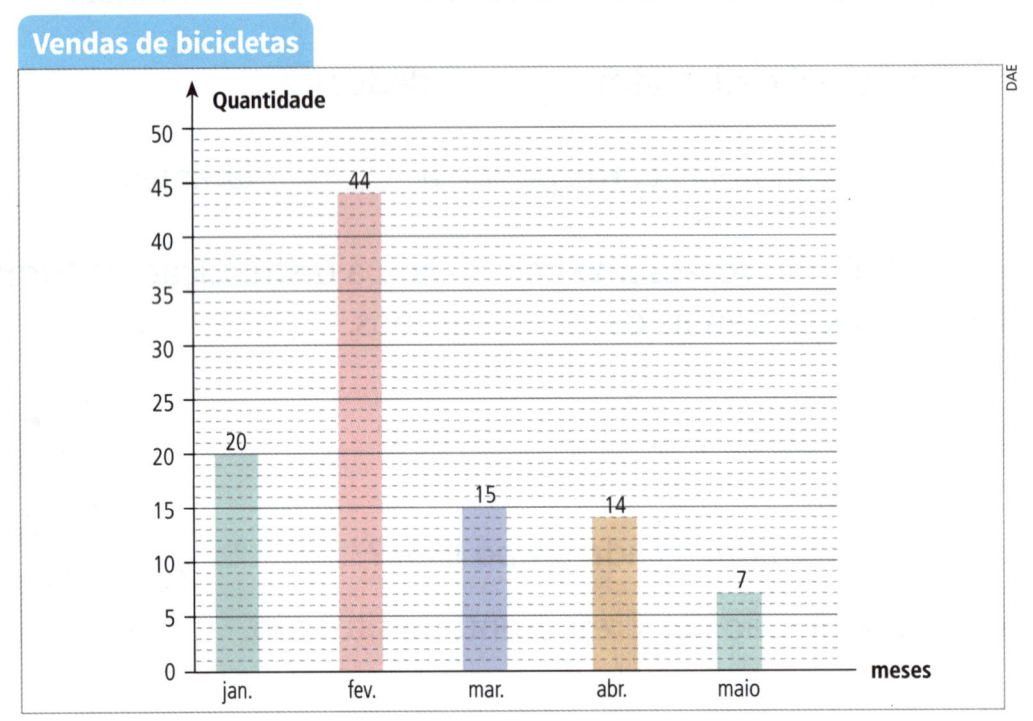

Vendas de bicicletas

Mês	Quantidade
jan.	20
fev.	44
mar.	15
abr.	14
maio	7

Fonte: Setor administrativo da loja de bicicletas.

a) Em qual mês houve maior venda? _____

b) Em qual mês a venda foi menor? _____

c) É correto afirmar que desde o começo do ano só houve decrescimento nas vendas? Justifique.

_____

d) Complete a tabela a seguir com os dados apresentados no gráfico acima.

VENDAS DE BICICLETAS					
Mês					
Quantidade					

2 Em uma escola, cada aluno respondeu em qual período do dia (manhã, tarde e noite) mais gosta de ler livros. Observe o gráfico com as respostas.

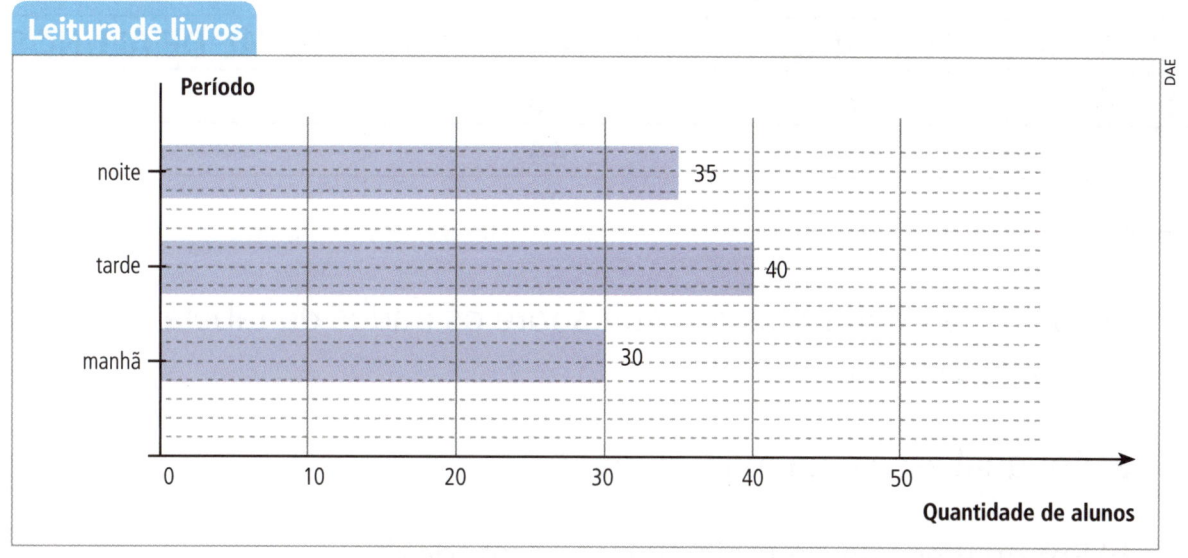

Leitura de livros

Período	Quantidade de alunos
noite	35
tarde	40
manhã	30

Fonte: Biblioteca da escola.

a) Em qual período os alunos mais gostam de ler livros?

_____

b) Qual foi o total de alunos que respondeu a essa pesquisa?

_____

3 Se for sorteado um livro para um dos alunos que participaram da pesquisa da atividade anterior, é **correto** afirmar que:

☐ É mais provável que seja sorteado um aluno que respondeu "manhã".

☐ É menos provável que seja sorteado um aluno que respondeu "tarde".

☐ É mais provável que seja sorteado um aluno que respondeu "tarde".

☐ É provável ser sorteado um aluno que respondeu "manhã" tanto quanto um que respondeu "tarde".

4 Esta tabela contém um levantamento das vacinas de todos os alunos de três escolas do bairro. Complete-a com as informações que faltam.

| LEVANTAMENTO DE VACINAS ||||
ESCOLA	VACINADOS	NÃO VACINADOS	TOTAL DE ALUNOS
A	20	45	
B	32	44	
C	40	26	

5 Responda às perguntas a seguir sobre os dados da tabela da atividade anterior.

a) Em qual escola há mais alunos? _____

b) Em qual escola há mais alunos vacinados? _____

c) Em qual escola há mais alunos não vacinados? _____

6 O gráfico a seguir contém informações sobre um levantamento entre algumas famílias do bairro em que Joana mora. Observe-o e responda às perguntas.

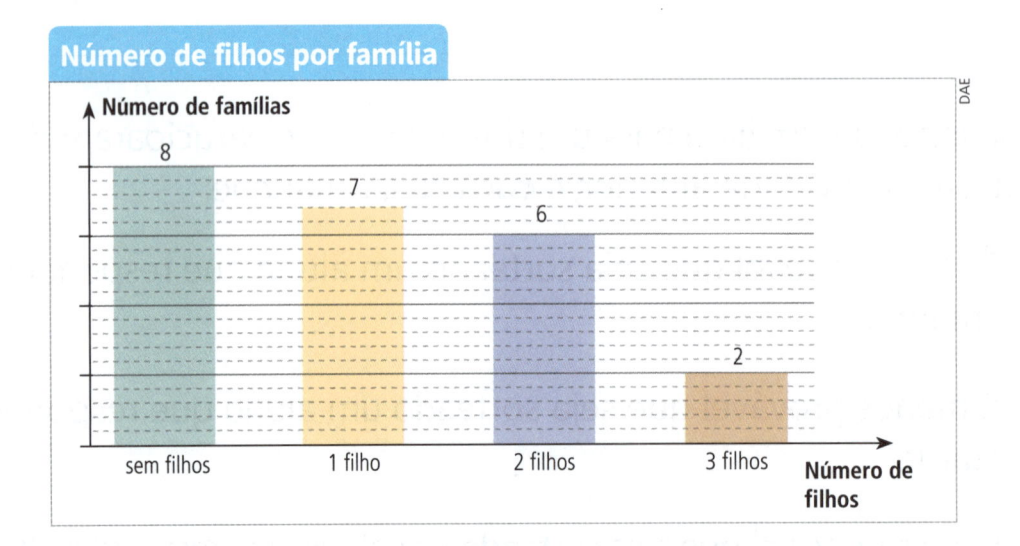

Número de filhos por família

Número de famílias
- sem filhos: 8
- 1 filho: 7
- 2 filhos: 6
- 3 filhos: 2

Número de filhos

a) Quantas dessas famílias têm exatamente 3 filhos? _____

b) Quantas famílias têm 1 ou mais filhos? _____

UNIDADE 8

1 Observe o calendário do mês de fevereiro de 2022.

DOM	SEG	TER	QUA	QUI	SEX	SÁB
		1	2	3	4	5
6	7	8	9	10	11	12
13	14	15	16	17	18	19
20	21	22	23	24	25	26
27	28					

a) Em que dia da semana começa o mês? _____

b) Em que dia da semana começará o próximo mês? _____

2 Escreva o nome de três objetos que tenham mais de 2 metros de altura.

_____

3 Observe os dois momentos de uma mesma manhã em um relógio de parede. Esses momentos correspondem ao horário de saída e de retorno de um ônibus.

▶ Horário de saída   ▶ Horário de retorno

Responda:

Do horário de saída até o horário de retorno desse ônibus, quanto tempo se passou?

_____

DUZENTOS E SETENTA E TRÊS **273**

4 Pinte de vermelho o que pesa menos de 1 quilograma e de azul o que pesa mais de 1 quilograma.

> Os elementos não estão representados em proporção.

5 Cada quadradinho da malha abaixo mede 1 cm de lado. Desenhe um retângulo de 11 cm por 6 cm. Em seguida, pinte todos os quadradinhos dentro desse retângulo.

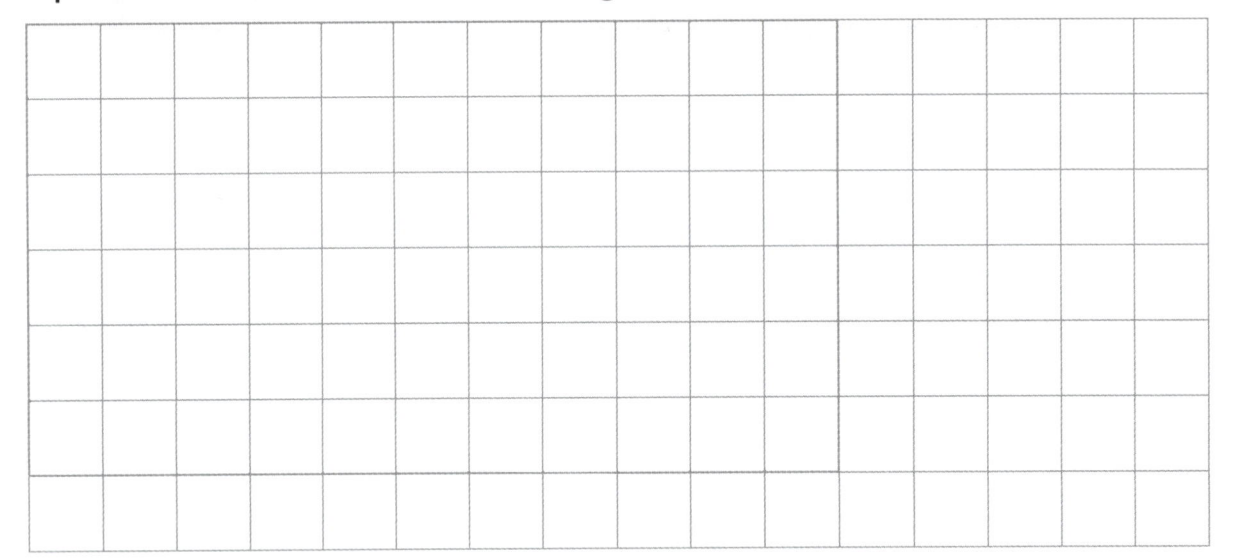

6 Joana observou que, com 10 copinhos de água bem cheios, dava para encher um recipiente com 1 litro de capacidade.

Responda:

a) Quantos copinhos desse tamanho serão necessários para encher um recipiente com 2 litros de água? _____

b) E se fossem três litros de água, quantos copinhos seriam necessários? _____

7 Complete:

a) 1 m = _____ cm

b) 200 cm = _____ m

c) 1 cm = _____ mm

d) 1 m = _____ mm

8 Marque com **X** a afirmação correta.

☐ A altura da porta da sala de aula é menor que 1 m.

☐ A distância entre a parede do fundo da sala e a parede na qual está a lousa é maior que 1 m.

☐ A espessura de um livro é maior que 1 m.

9 Cada quadradinho da malha quadriculada tem 10 mm de comprimento.

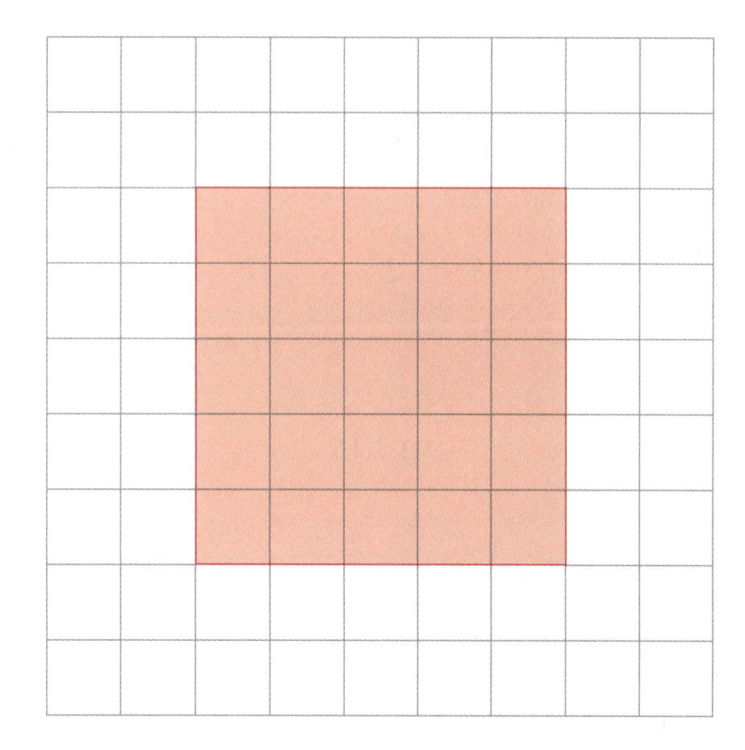

◆ Qual é a medida de cada lado do quadrado vermelho desenhado nessa malha?

_____

Referências

BRASIL. MEC. SEB. *Base Nacional Comum Curricular*. Brasília, 2017.

BOYER, Carl B. *História da Matemática*. São Paulo: Edgar Blücher, 1996.

CARRAHER, Terezinha Nunes; SCHLIEMANN, Ana L. D.; CARRAHER, David. *Na vida dez, na escola zero*. São Paulo: Cortez, 2001.

COOL, César; TEBEROSKY, Ana. *Aprendendo matemática*. São Paulo: Ática, 2000.

D'AMBRÓSIO, Ubiratan. *Educação matemática*: da teoria à prática. 23. ed. Campinas: Papirus, 2013.

D'AMORE, Bruno. *Epistemologia e didática da Matemática*. São Paulo: Escrituras, 2005. (Coleção Ensaios Transversais).

DUHALDE, María Elena; CUBERES, María Teresa Gonzáles. *Encontros iniciais com a Matemática*: contribuição à educação infantil. Porto Alegre: Artmed, 1998.

EVES, Howard. *Introdução à história da Matemática*. Campinas: Editora da Unicamp, 1997.

FONSECA, Maria da Conceição F. R. (Org.). *Letramento no Brasil*: habilidades matemáticas. São Paulo: Global; Ação Educativa; Instituto Paulo Montenegro, 2004.

KAMII, Constance. *A criança e o número*. Trad. Regina A. de Assis. 39. ed. Campinas: Papirus, 2013.

MACHADO, Silvia Dias (Org.). *Aprendizagem em matemática*: registros de representação semiótica. 8. ed. Campinas: Papirus, 2011.

MATOS, José Manuel; SERRAZINA, Maria de Lurdes. *Didáctica da Matemática*. Lisboa: Universidade Aberta, 1996.

NUNES, Therezinha; BRYANT, Peter. *Crianças fazendo matemática*. Porto Alegre: Artmed, 1997.

PANIZZA, Mabel (Org.). *Ensinar Matemática na Educação Infantil e séries iniciais*. 2. ed. Porto Alegre: Artmed, 2006.

TOLEDO, Marília; TOLEDO, Mauro. *Didática de Matemática*: como dois e dois. São Paulo: FTD, 1997.

ENCARTES

PEÇAS PARA A ATIVIDADE DA PÁGINA 48.

RECORTAR

Peças para a atividade 2 da página 146.

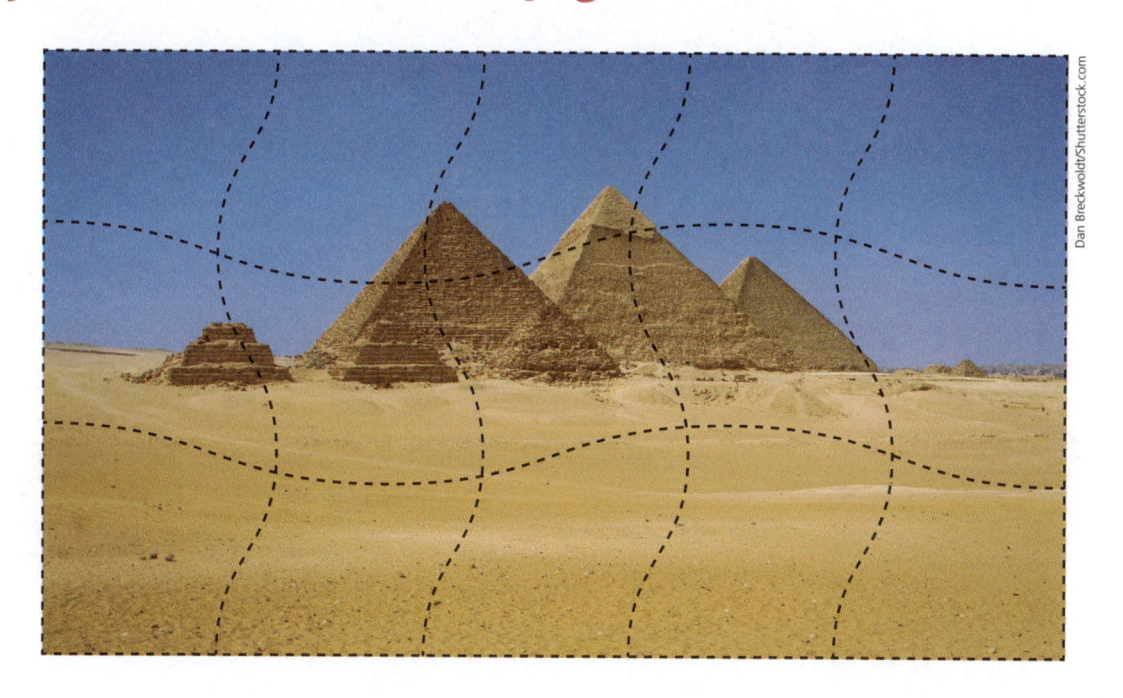

Molde para a atividade 1 da página 80.

Recortar
Dobrar
Colar

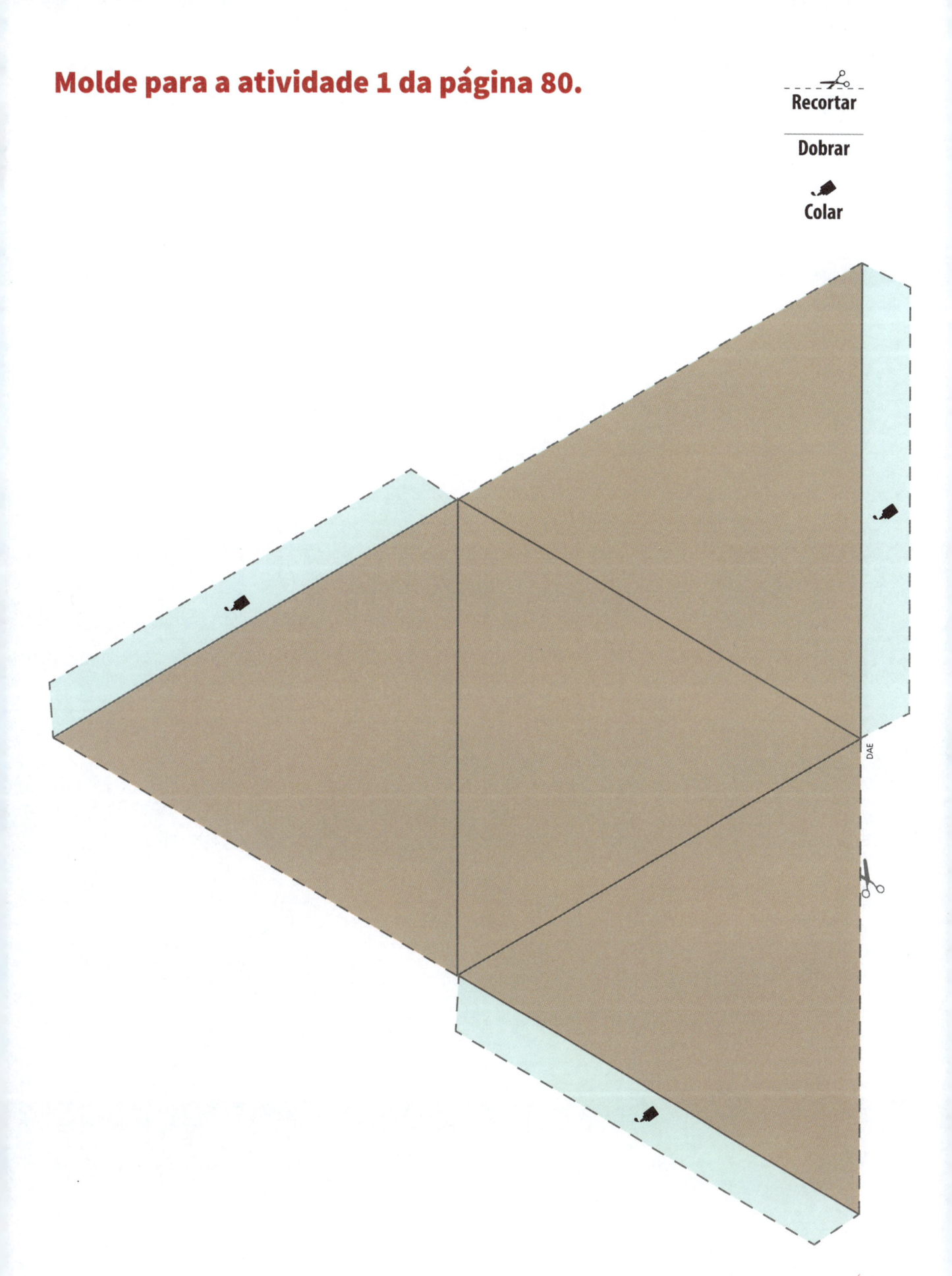

DUZENTOS E SETENTA E NOVE **279**

Peças para a atividade da página 93.

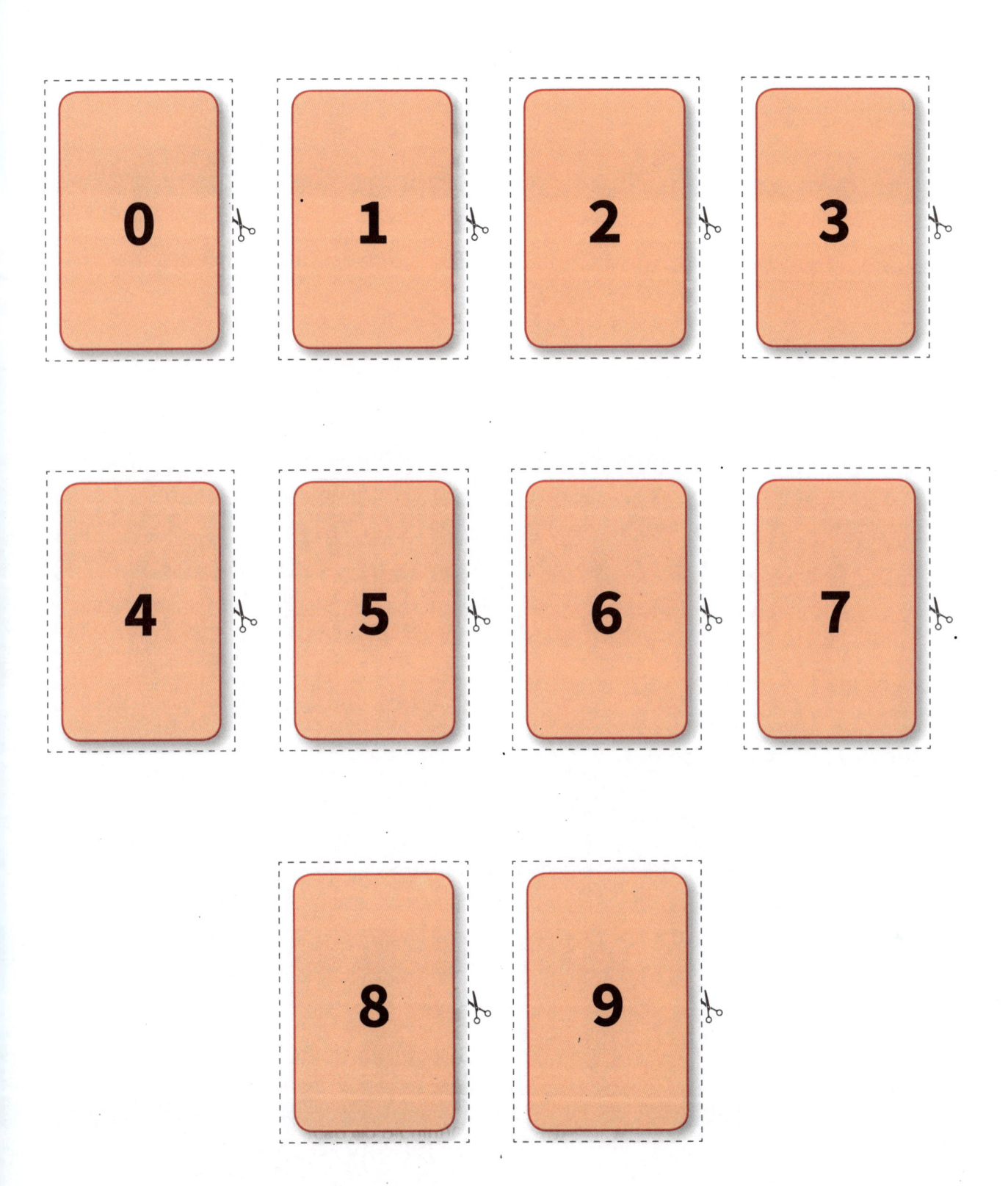

Cartas para a atividade 3 da página 110.

Recortar

0	1	2	3
4	5	6	7
	8	9	

DUZENTOS E OITENTA E TRÊS 283

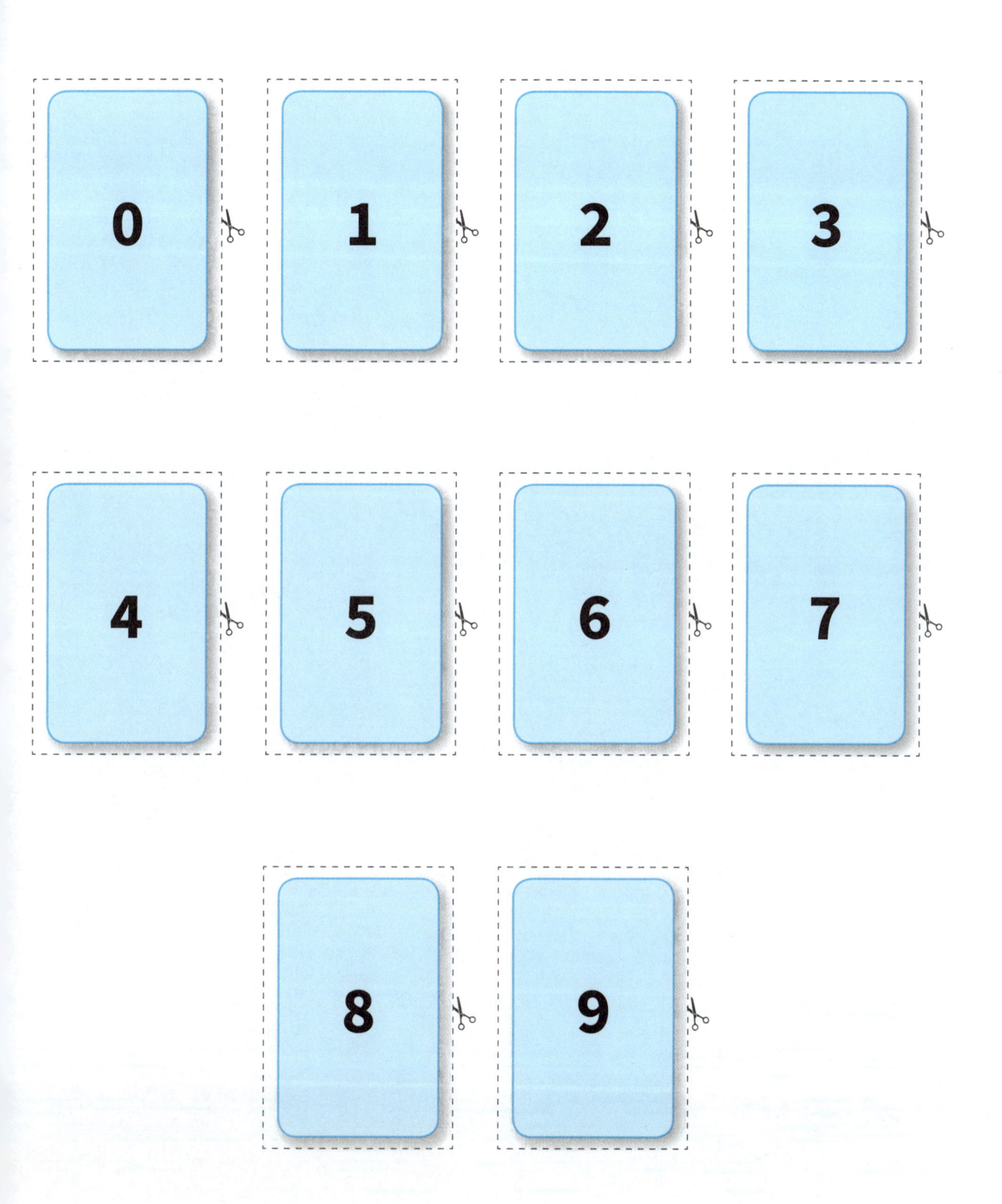

Cartas para a atividade 3 da página 110.

Recortar

| 0 | 1 | 2 | 3 |

| 4 | 5 | 6 | 7 |

| 8 | 9 |

Peças para a atividade da página 176.

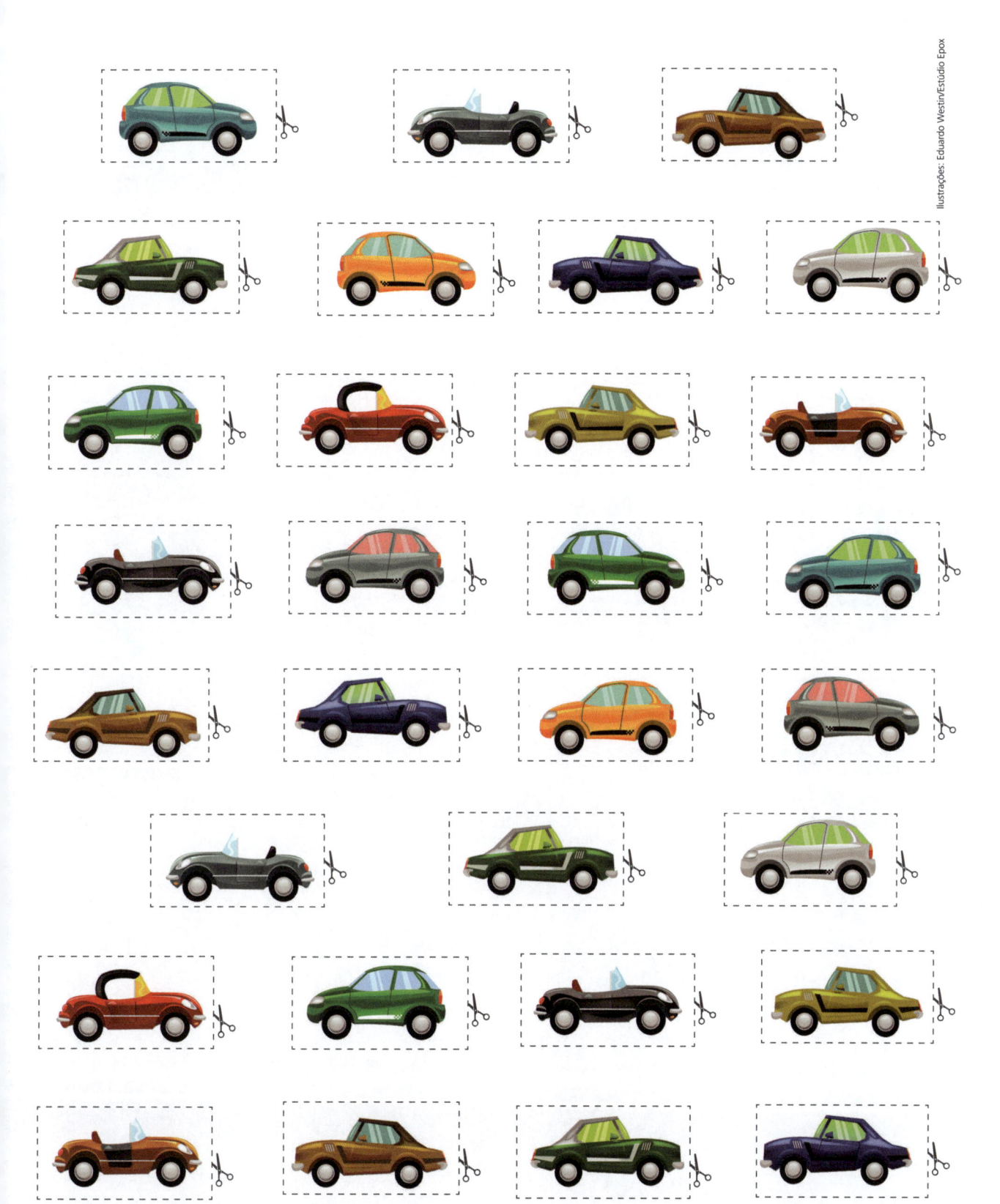

Recortar

DUZENTOS E OITENTA E SETE 287